AF572028

TURKISH NEWSPAPER READER

John D. Murphy & Metin Somay

Dunwoody Press/Wheaton, Maryland
1988

All questions and inquires should be directed to:
Dunwoody Press, Box 1825, Wheaton, MD 20902

First edition: 1988
87 88 89 90 91 5 4 3 2 1

Printed in the United States of America

Library of Congress Catalog Card Number: 88-70934

ISBN 0-931745-35-7

TABLE OF CONTENTS

PART I

Thirty-six Turkish Newspaper Selections

PART II

English Translations Of The Thirty-six Selections

PART III

General Glossary

PREFACE

The purpose of the present Reader is to provide the intermediate student of Turkish with an abundance of high-quality newspaper selections together with lexical and grammatical aids which, it is hoped, will facilitate their comprehension.

Several of the thirty-six selections in the Reader are general news items. These, because of their relative simplicity, are placed at or near the beginning of the Reader. However, the great majority of the selections consists of the writings of distinguished Turkish columnists that appeared in the Turkish press during the year 1986. The newspapers represented are: Cumhuriyet, Günaydın, Güneş, Hürriyet, Merhaba, Milliyet, and Tercüman. A broad range of the political spectrum is covered and, as might be expected, many of the selections are of a highly controversial, not to say inflammatory, nature.

The organization of the present Reader is conditioned by our belief that, because of its synatactic complexities, Turkish is a very difficult language, and that even the ability to read ordinary newspaper text is attained only after prolonged and serious effort. In terms of difficulty Turkish has been compared with Amharic and Tamil, languages with which it has striking typological correspondences, even though it is not genetically related to either of them. It is our further belief that even a student who has mastered any one of the several excellent elementary Turkish textbooks will experience difficulty in reading newspaper text if he has nothing to aid him but a dictionary. There are two major difficulties. The first may seem mechanical, but is nevertheless very real; and that is the necessity of acquiring at least a passive knowledge of the meanings of an extremely large number of words. This must be stressed because many first-year courses, particularly spoken-language courses, limit themselves to 1,000 to 1,500 words. Then too Turkish, unlike the Romance and the Germanic languages, has few cognates with English, and those that exist are mostly French loan words taken into Turkish.

The second difficulty is due to the tendency of Turkish writers to write extremely (more properly, incredibly) long sentences, sharply divergent in form from English sentences. Typically, the subject may be separated from its verb by thirty or more words; the object or objects may be nominalizations governing preceding elements of considerable length and complexity. And then, since in general Turkish uses relative participles instead of the relative clauses that we are accustomed to, nouns are often modified by one or more participial phrases of considerable length.

In the present Reader we have tried to address both the lexical and the syntactic hurdles.

In addition to the final general glossary containing all of the words used in the Reader, each of the subdivisions of the individual selections is provided with its own vocabulary. Ordinarily each such vocabulary lists all words occurring for the first time in the Reader. If a word occurs on subsequent occasions it is not listed, but the user may find it in the general glossary. There are two exceptions to this procedure. First, if, as is the case of most French and English loanwords, the meaning of the word is obvious, it is listed only in the general glossary. Such words are *slogan, modern, diplomatik,* etc. Secondly, a word may be entered in the selection vocabularies on two or more occasions if it is used in a special sense not covered in the original gloss.

In giving English glosses for Turkish words we have not restricted ourselves to the meanings required by the context, but have given the more common meanings as well. This obliges the reader to use his judgment in selecting the right word. On the other hand, it would have been impractical to try to give the full sets of meanings such as are found in the dictionary.

The method of presenting vocabulary outlined above is designed to eliminate much (but not all!) of the mechanical labor and tedium involved in the looking up of the meaning of new words, and thereby to enable the student to concentrate his attention on grammatical structures.

Most of the selections are accompanied by grammatical notes. Besides dealing with word structure, idioms, and the like, special emphasis is given to the treatment of long sentences by the technique of quickly identifying the key elements. In most cases these consist of the subject (without modifiers), the finite verb (without modifiers), and, if the verb is transitive, the object or objects (also without modifiers). Each of these in turn is analyzed in terms of its modifiers, which may be simple or highly complex. Finally, for purposes of translation, the units must be selected one by one and rearranged in order to conform to English word order. For those wishing additional information on an item under discussion, references are often made to appropriate sections of *Turkish Grammar,* by Robert Underhill, and/or *Turkish Grammar,* by G.L. Lewis (see below).

Part II of the Reader consists of English translations of the Turkish selections in Part I. These are provided especially for the benefit of those who are studying without a teacher. The translations have been purposely kept as close to the original Turkish as possible, resulting on occasion in stiff or unidiomatic English. This has been done in order to make the meaning of the Turkish text as clear as possible. Brackets are used to enclose words or phrases which, although having no equivalent in the Turkish text, are needed to complete the sense of the English translation. Parentheses are used to enclose equivalents of words or phrases which occur in the original text, but which are unnecessary or superfluous in English translation. The abbreviation *lit.* means *literally*.

We wish to express our deep indebtedness to the authors and compilers of the following works which were of particular value to us in the compilation of the Reader:

Turkish Grammar, by Geoffrey L. Lewis, Oxford, 1967, is a reference grammar characterized by a breadth of scope, a clarity of exposition and, on occasion, by a certain puckishness exemplified by the reproach against Ottoman Turkish for having "followed Persian in borrowing from Arabic the curse of grammatical gender from which Turkish and Persian were born free" (page 51). And then there is the principal of "suspended affixation" (page 35), a principle that has broad application not only for Turkish but for many other languages. Many of the grammatical notes in the Reader have references to Lewis' Grammar. The abbreviation used is TG-L.

Turkish Grammar, by Robert Underhill, Cambridge, Massachusetts, 3rd printing, 1980, is in our opinion the best introduction to the Turkish language, particularly for those who wish to learn to read complicated newspaper and literary texts. Its virtue is that it limits itself to the essential, that it has no fat; also, it avoids the frequent practice of treating an elaborate morphology in an inductive manner, strewing "grammatical notes" here and there. In fact it resembles in many ways some of the better traditional courses, and that in more ways than in terminology. For users of the present Reader we recommend in particular Underhill's treatment of participles (lessons 24-26), and even more so, his treatment of nominalizations (lesson 28). As is the case with Lewis' Grammar, the grammatical notes in the Reader carry frequent references to Underhill's *Grammar*. The abbreviation used is TG-U.

We are also indebted to the compilers of the following dictionaries, all of which were extensively used in the compilation of the Reader:

Redhouse: Contemporary Turkish-English Dictionary, Redhouse Publishing House, Istanbul, 1983

The Oxford Turkish-English Dictionary, third edition, by A.D. Alderson and Fahir İz, Oxford, 1984

Turetsko-Russkiy Slovar' (Turkish-Russian Dictionary), published by Russkiy Yazyk, Moscow, 1977

The three dictionaries are constructed on very different lines. They differ in systems of alphabeticity, in illustrative phrases, and in points of emphasis. They complement each other; what one lacks the other provides.

One rather appealing feature of the Redhouse dictionary is the presence in it of a very large number of breezy Americanisms. Under the headword *ya* (oh!), for example, the following illustrative sentences appear: You know that blonde bombshell who's in our physics class? So that's the way it is, eh? I like New York in June. How about you?

The Russian-Turkish dictionary is far larger than the other two dictionaries combined, and is of particular value because of its enormous wealth of phraseology. It also contains a glossary of affixes.

The entire text of the Reader has been recorded by Mr. Metin Somay, and is available in the form of cassettes.

The compilers wish especially to express their deep gratitude to Mr. Harry Goff who prepared the final text of the publication. The format which he designed for all the sections, particularly the selection vocabularies, will contribute much to easing the task of the user. We also wish to express our thanks to Mrs. Harolyn T. Johnson who was very instrumental in bringing the project to a successful conclusion.

J.D.M.
January, 1988
Washington, D.C.

ABBREVIATIONS

a.	adjective
abbr.	abbreviation
acron.	acronym
adv.	adverb
art	art
attr.	attributive
caps.	capital letters
cf.	compare
colloq.	colloquial
conj.	conjunction
dat.	dative
dip.	diplomacy
econ.	economics
educ.	education
e.g.	for example
eng.	engineering
fem.	feminine
fig.	figurative
fin.	finance
Fr.	French
fut.	future
his.	history
impers.	impersonal
ind.	industry
indef.	indefinite
inf.	infinitive
int.	interjection
irreg.	irregular
It.	Italian
leg.	legal
ling.	linguistics
lit.	literally
loc.	locative
lrnd.	learned
med.	medicine
mil.	military
mus.	music
n.	noun
neg.	negative
Ott.	Ottoman
p.	passive
pers. n.	personal name
phil.	philosophy
phys.	physics
pl.	plural
pol.	politics
post.	postposition
pr. n.	proper noun
prep.	preposition
pron.	pronoun
prov.	proverb
pub.	publishing
rel.	religion
refl.	reflexive
s.	singular
sl.	slang
s.o.	someone
soc.	sociology
sp.	sports
stg.	something
suf.	suffix
TG-L	Turkish Grammar-Lewis
TG-U	Turkish Grammar-Underhill
th.	theater
vc.	verb causative
vi.	verb intransitive
vn.	verbal noun
vp.	verb passive
vt.	verb transitive
zool.	zoology

PART I

THIRTY-SIX TURKISH NEWSPAPER SELECTIONS

SELECTION ONE

SECTION 1

"Paris-Ankara arasında bahar havası"

FRANSA, ERMENİ TERÖRÜNÜ DURDURMAYA KARARLI

KUVEYT, (A.A.)- Ortadoğu'nun etkili Ekonomi-Politika dergisi Meed, Türkiye-Fransa ilişkilerinin uzun bir soğukluk döneminin ardından "Bahar havası"na girdiğini bildirdi.

Başbakan Turgut Özal'ın Paris'e yaptığı son ziyaretin ardından iki ülke ilişkilerinin daha da ısınmasının beklendiğini kaydeden dergi, Fransa'nın, ilişkilerin gerilemesinde önemli payı olan Ermeni terör faaliyetlerine izin vermemeye kararlı olduğunu duyurdu.

Meed, sosyalist yönetimin Ermeni iddialarına yakın bir tavır sergilemesinin[1] ve Cumhurbaşkanı François Mitterrand'ın 1984'te Ermenilerce düzenlenen törenlere katılmasının[2] Ankara'da tepkiyle karşılandığını hatırlattıktan sonra şu görüşlere yer verdi:

VOCABULARY

arasında	between, among
bahar	spring, springtime
hava	air; weather; climate
Ermeni	Armenian
terör	terror; terrorism
durdurmak *vc.*	stop, bring a stop to, make stand still
kararlı	determined, resolved, resolute
Kuveyt	Kuwait
A.A. *abbr.* **Anadolu Ajansı**	Anatolian Agency
Ortadoğu	the Middle East
etkili	influential, effective
ekonomi	economics; economy
politika	politics; policy
dergi	journal, magazine, review
Meed *acron.*	Middle East Economic Digest
ilişki	relation, connection
uzun	long
bir	one; a, an
soğukluk	coldness, chill
dönem	period of time, age, era
ardından	after; behind
girmek (-e)	enter
bildirmek *vc.*	make known; inform; announce; report; communicate

başbakan prime minister, premier

yapmak (*p.* yapılmak) make, do

son *a.* last; final; the most recent; *n.* end; result

ziyaret visit

iki two

ülke country, political state

daha more; still, yet; so far, already, until now

de/da/te/ta *conj.* and; also, too

ısınmak grow warm, warm up

beklemek (*p.* beklenmek) expect; hope for; await

kaydetmek note; record, write down; enroll

gerilemek regress; worsen

önemli important; considerable; significant

pay share; lot; part; role

olmak be; become

faaliyet activity

izin (-zni) permission, consent

vermek (*p.* verilmek) give, give out

izin vermek (-e) permit, allow; give permission to

duyurmak divulge, make known; make heard/felt/perceived

yönetim government; regime; administration; management

iddia claim, pretension

yakın near; close

tavır manner; mode; attitude

sergilemek (*vn.* sergileme) show, display, exhibit

ve and

cumhurbaşkanı president of a republic

düzenlemek (*p.* düzenlenmek) organize; arrange; put in order

tören ceremony, ceremonial

katılmak (-e) *vp.* be added (to); be included (in); participate (in); join

tepki reaction, response; negative reaction, opposition

karşılanmak be met; be received

hatırlatmak remind, bring to mind, recall

sonra *adv.* afterwards, later; *post.* (-den) after

şu (*pl.* **şunlar**) *a./pron.* this, that, the following

görüş manner of seeing; opinion, view

yer earth; ground; floor; place; space, room

yer vermek (-e) give space to; *here* express (views)

NOTES

1. **sosyalist yönetimin Ermeni iddialarına yakın bir tavır sergilemesinin**, *(of) the socialist government's showing a receptive attitude* (lit. *a close attitude) to Armenian claims.*

2. **Mitterrand'ın...Ermenilerce düzenlenen törenlere katılmasının**, *(of) Mitterrand's participation in ceremonies arranged by Armenians.* The agent in a passive construction is sometimes expressed by an adverb composed of a noun and the adverbial suffix **-ce/-ca**. (TG-U 333)

SECTION 2

Ancak Ermeniler konusundaki resmı çizgideki değişme sosyalistlerin iktidarı kaybettiği Mart seçimlerinden önce başladı. Ermeni terör faaliyetleri geniş şekilde kınandı, Ermeni grupların Türkiye sınırları içindeki toprak talepleri reddedildi. 23 Nisan'da parlamentoda konuşan Dışilişkiler Bakanı Jean Bernard Raimond, "71 yıl önce meydana gelen olaylardan ne Türk halkı, ne de Türk hükümeti sorumlu tutulabilir" dedi.

Meed,[1] Türkiye'de sıkıyönetimin birkaç il dışında kaldırılmasının da ilişkilere katkı sağladığını, Fransa'nın, Avrupa Konseyi Dışişleri Komitesi'ne Türkiye'nin başkanlık yapması konusunda olumlu oy kullandığını kaydetti.

VOCABULARY

ancak *conj.*	however, but, on the other hand; *adv.* only, barely, hardly, just
konu	theme, subject, topic
konusunda	concerning, regarding
resmı *a.*	official
çizgi	line; stripe; dash
değişme *vn.*	change, variation
iktidar	ability, capacity; party in power, government
kaybetmek	lose
Mart	March
seçim	choice, selection; election
önce *adv.*	ago, before; early; *post.* (-den) before
başlamak (*p.* **başlanmak**)	begin, start
geniş	wide, broad; extensive
şekil (-kli)	manner, way; form, shape; kind, sort
kınamak (*p.* **kınanmak**)	condemn, censure; blame
grup (-bu)	group
sınır	frontier, border; boundary; limit
içinde	inside, within
toprak	earth; land; territory; soil; ground

talep (-bi)	request; demand
reddetmek (*p.* **reddedilmek**)	reject, repudiate, disallow
Nisan	April
konuşmak (ile)	talk/speak with
dış *a.*	outer; external; foreign; *n.* outside, exterior
bakan	minister, member of a cabinet
dış ilişkiler bakanı	minister of foreign affairs, foreign minister
yıl	year
meydan	public square; open space; the open
gelmek	come
meydana gelmek	occur, happen; come into the open
olay	event, incident, occurrence; fact
ne...ne	neither...nor
Türk *n.*	Turk; *attr.* Turkish
halk *n.*	people; *attr.* public
hükümet	government
sorumlu	responsible
tutmak	hold; hold on to; keep, retain; capture; catch, seize
demek, (**der, diyor, diyecek, diyen**)	say; tell; mean; call, give a name to
sıkıyönetim	martial law, state of siege
birkaç	some, a few, several
il	province (of a country)
dışında	outside of; except, with the exception of
kaldırmak *vc.* (*p.* **kaldırılmak**; *p. vn.* **kaldırılma**)	raise, lift; abolish; cancel, take away, remove
katkı	aid, help; contribution
sağlamak (*p.* **sağlanmak**)	ensure, make certain; provide
Avrupa Konseyi	the Council of Europe
dışişleri	foreign affairs
komite	committee
başkanlık	presidency; chairmanship
olumlu	affirmative; positive
oy	vote, ballot
kullanmak	use, employ; make use of
oy kullanmak	cast a vote

NOTE

1. The entire last paragraph consists of a single sentence. The first word *Meed (Middle East Economic Digest)* is the subject. Note that it is marked off by a comma. The last word **kaydetti** *(noted)* is the verb. The two coordinate objects consist of nominalizations with dependent genitives. The key elements of the first nominalization are: **kaldırılmasının...sağladığını**, *the suspension's...providing/assuring = the fact that the suspension... provided/assured.* The key elements of the second nominalization are: **Fransa'nın...kullandığını**, *France's...casting* (lit. *using) = the fact that France cast (a vote).* (TG-U 321-324)

SELECTION TWO

SECTION 1

SOVYETLER'İN GÖZÜNDEN DÜŞEN AFGAN DEVLET BAŞKANI HASTA

Bir süredir ortalarda görünmeyen Babrak Karmal'ın hasta olduğu ve Sovyetler Birliği'nde tedavi görmekte olduğu açıklandı. Batılılar ise hastalığın bahane olduğunu, Karmal'ın görevden uzaklaştırılacağını belirtiyorlar.

İSLAMABAD, (A.A.) - Uzun zamandır ortalarda görünmediği için[1] Sovyetler Birliği'nin "gözünden düştüğü" öne sürülen ve Moskova'da olduğu bildirilen Afganistan Devlet Başkanı Babrak Karmal'ın[2] şimdi de hasta olduğu açıklandı.

Batılı diplomatlar, Karmal'ın Kabil'deki törenlere katılmayışının Sovyetler Birliği'ndeki tedavisinin uzamasından ileri geldiği yolunda açıklama yapıldığını söylediler.

Afgan yetkilileri tarafından yapıldığı öne sürülen açıklamada[3], 30 Mart'ta Kabil'den ayrılan Karmal'ın rahatsızlığı hakkında bilgi verilmediği bildirildi.

VOCABULARY

göz	eye
düşmek	fall; drop
gözünden düşmek	fall into the disfavor of
devlet	state; government
başkan	president; chairman
hasta	sick, ill
süre	period of time, interval
orta *n.*	middle, center; *a.* middle, central
görünmek *vi.*	appear, be visible; show oneself; seem
ortalarda görünmemek	not to be seen in public
birlik	unity; union; *mil.* unit
Sovyetler Birliği	the Soviet Union
tedavi	medical treatment
görmek	see; experience, undergo
tedavi görmek	receive medical treatment
açıklamak (*p.* açıklanmak)	clarify; explain, make public, reveal
batılı *a.*	Western, occidental; *n.* Westerner

ise	as for, with regard to, *lit.* if it is (TG-U 416-417)	**uzama** *vn.*	prolongation, extension in time
hastalık	sickness, illness; disease	**ileri** *n.*	forward part; *adv.* forward, ahead
bahane	pretext, excuse	**ileri gelmek (-den)**	be due to, result from
görev	duty; work; function	yol	road; path; way
uzaklaştırmak	remove, take away; drive away; displace	**yolunda**	to the effect that, in the sense that
belirtmek	make clear/known; reveal	**açıklama** *vn.*	explanation; statement; disclosure
zaman	time; *as conj.* when	**söylemek**	say; speak; tell
için *post.*	for; on account of; about, concerning; in order to; (*after a nominalization in* **-diği**) because	**yetkili**	authorized; competent
		yetkililer	(the) authorities; those competent
		taraf	side; aspect; direction
ön *n.*	front, space in front; *a.* front	**tarafından**	by *(designator of agent in a passive construction)*
sürmek (*p.* **sürülmek**) *vt.*	push; drive (a vehicle); *vi.* go on, continue, last (of time)	**ayrılmak**	depart, leave, go away; separate from one another
öne sürmek	put forth (as an explanation, an excuse); propose	**rahatsızlık**	discomfort; ailment; indisposition
şimdi	now	**hakkında** *as post.*	about, concerning, regarding
Kabil	Kabul	**bilgi**	knowledge; information
katılmayış	failure to participate/take part	**bilgi vermek**	provide/give information; give a briefing

NOTES

1. **görünmediği için**, *because he has not been seen.* **için** following a nominalization may be rendered *because, since.*

2. The proper noun **Karmal** is modified by two present passive participles: ...**öne sürülen** *(being put forward/presumed);* and ...**bildirilen** *(being reported).* Both of these participles in turn are the final elements of fairly lengthy participial constructions. Ordinarily a Turkish participle may be translated by an English relative clause, but in cases of considerable complexity it may be desirable to render the Turkish sentence by two English sentences, and to equate the Turkish participles with English present tense verbs, e.g., *he [Karmal]...is presumed, and...is reported.* (TG-U 279)

3. **Afgan yetkilileri tarafından yapıldığı öne sürülen açıklamada**, *in a statement (made and) put out by Afghan authorities.*

SECTION 2

Diplomatlar, özellikle Sovyet resmi yayın Pravda'da aleyhinde eleştiriler çıkmasına dayanarak, Karmal'ın "görevinden alındığı" ve Sovyetler'in yeni bir lider arayışı içinde olduğunu öne sürüyorlar.

Gözlemciler[1], hakkında[2] çeşitli söylentiler çıkan Karmal'ın "hastalığının" açıklanmasının uzun süredir beklendiğini, ancak olayın doğruluk derecesinin bilinmediğini kaydettiler.

Bir darbe ile işbaşına geçen Babrak Karmal, 1979 yılı sonunda Sovyetler Birliği'ne çağrı yaparak Afganistan'a müdahale etmesini istemiş ve ülkenin Sovyet askerleri tarafından işgal edilmesine ön ayak olmuştu. Afganistan'da şu anda 115 bin Sovyet askeri ile çeşitli özel savaş birlikleri[3] bulunuyor.

VOCABULARY

özellik	peculiarity, characteristic, special feature	çıkmak (*vn.* çıkma)	come out, go out, emerge; appear; depart from, leave; go up, climb; happen; occur; break out
özellikle	in particular, especially		
yayın	publication; broadcast	dayanmak (-e)	lean (on); be based (on); rely/depend (on)
aleyh *post. with dat. and loc.*	against, in opposition to		
eleştiri	criticism; critique	almak (*p.* alınmak)	take; get; obtain; buy, receive

görevden alınmak	be dismissed/discharged; be removed from office
yeni	new
lider	leader
arayış	search
gözlemci	observer
çeşitli	different, various, of different kinds
söylenti	rumor
doğruluk	straightness; accuracy; truth; honesty
derece	degree, level, extent
bilmek	know
darbe	blow, stroke; coup d'état
ile	and; with; together with
iş	work; job, employment; business, commerce; matter, affair
baş *n.*	head; leader, chief; beginning; (one) self, *a.* head, chief, primary
geçmek	pass; exceed
işbaşına geçmek	come to power; take the lead
çağrı	invitation; summons
müdahale	intervention; interference
etmek (*vn.* **etme**)	do; make
müdahale etmek	intervene; interfere
istemek	want; wish for, desire; request
asker	soldier; troops
işgal etmek	occupy (space); occupy, hold by force
ayak	foot; leg
ön ayak olmak	be a pioneer/promoter/initiator, be one originally responsible
an	moment, instant
şu anda	at this moment, now
bin	thousand
özel	private; personal; special
savaş	war; battle; combat
bulunmak *vi.*	be found; be present/located; be, exist

NOTES

1. **Gözlemciler...kaydettiler.** The first word of the sentence (**gözlemciler**, *observers)* is the subject; the final word (**kaydettiler**, *noted)* is the verb of the main clause. This is a fairly common pattern. Note that when the subject is distantly removed from the verb, it is often set off with a comma. Since the verb form **kaydettiler** is transitive, the next step is to find the object or objects. These are the two nominalizations: **beklendiğini** *(the fact that...is/was expected);* and **bilinmediğini** *(the fact that...is/was not known).* When the primary elements of a sentence are located, the remaining parts should fall easily into place.

2. **hakkında çeşitli söylentiler çıkan Karmal**, *Karmal, about whom various rumors are circulating/coming out.* In a free translation the participial construction in this case might more appropriately be replaced by a parenthetical phrase, *Karmal (a variety of rumors about him are circulating).*

3. **115 bin Sovyet askeri ile çeşitli savaş birlikleri**, *115 thousand Soviet troops and various special combat units.*

SELECTION THREE

SECTION 1

YAVUZTÜRK: "IRAK LEHİNE TAVIR İÇİN BASKI YOK"

Türkiye'nin barış döneminin başlatılabilmesi için en uygun durumda olduğunu[1] tekrarlayan Milli Savunma Bakanı "İran-Irak savaşı konusunda bir tarafa ağırlık verilmesi sözkonusu değil" dedi.

ANKARA, - Milli Savunma Bakanı Zeki Yavuztürk, "Türkiye'nin Irak-İran savaşında bir tarafa destek vermesi sözkonusu değildir" dedi.

Yavuztürk, Türkiye'ye savaşta Irak lehine ağırlığını koyması yönünde herhangi bir baskı yapılmasının sözkonusu olamayacağını belirterek şunları söyledi:

"Türkiye, yakın ilişkiler sürdürdüğü komşuları İran ve Irak arasında, sınırlarının hemen ötesinde cereyan eden savaştan büyük endişe ve üzüntü duymaktadır. Ülkemiz, savaşın başlangıcından beri titiz ve dengeli bir tarafsızlık politikası izlemiştir."

VOCABULARY

leh *post.* (*only with the dat. and loc.*)	in favor of
baskı	pressure; (the) press; printing
yok	it does not exist; there is/are not
barış	reconciliation; peace; concord
dönem	period of time; age; era
başlatmak *vc.*	make/let begin
uygun	suitable, appropriate, fitting
durum	state, condition; situation; circumstances
tekrarlamak	repeat, do again
milli	national
savunma *vn.*	defense; protection
Milli Savunma Bakanı	Minister of National Defense
ağırlık	weight; heaviness; importance
ağırlık vermek (-e)	attach importance (to); show preference (toward); emphasize
sözkonusu	matter/question being discussed; person/thing being talked about
destek	prop; support; *fig.* aid
koymak	place, put; insert

yön direction, quarter; side

herhangi whatever, whichever; whoever; *(in neg. sentences)* any, whatsoever

sürdürmek *vc.* continue, carry on (an action)

ilişkiler sürdürmek conduct/carry on relations

komşu *n.* neighbor; *a.* neighboring, adjacent

hemen at once, right away; about, nearly; just

öte the further/other side

cereyan current; occurrence

cereyan etmek flow; happen, occur, take place

büyük big, large; great; important

endişe anxiety, alarm, worry, concern

üzüntü distress, sorrow, anxiety

duymak feel; perceive; hear

başlangıç (-cı) beginning, start

beri (-den) *post.* since, from the time of

titiz fastidious, scrupulous; finicky, hard to please

dengeli moderate; balanced; stable

tarafsızlık neutrality; impartiality

izlemek trace; track; pursue; follow

NOTE

1. **Türkiye'nin barış döneminin başlatılabilmesi için en uygun durumda olduğunu**, lit. *Turkey's being in the most suitable position for a possible initiation* (**baş-la-t-ıl-abil-me-si** = *its being able to be begun) of a period of peace.*

SECTION 2

"Bu siyasetin,[1] sözkonusu iki ülke ile ilişkilerinde yarattığı güven havasından da yararlanmak suretiyle Türkiye[2] savaşın adil ve şerefli bir çözüme kavuşturulması amacıyla taraflara ısrarlı telkin ve temennilerde bulunmuş[3] ve her iki ülkece arzu ve talep edildiği takdirde savaşın sona erdirilmesi için yardımcı olmaya hazır olduğunu bildirmiştir. Takip edegeldiğimiz bu tarafsızlık siyaseti[4] sayesinde, ülkemiz, ileride savaşın sona erdirimesi hususunda elverişli bir ortam doğduğunda barış sürecinin başlatılmasına yardımcı olabilmek bakımından en uygun konumda bulunmaktadır."

VOCABULARY

bu (bun-) *pl.* **bunlar**	this-these
siyaset	politics; policy
yaratmak	create; produce, make
güven	confidence, reliance; trust; security; safety
yararlanmak (-den)	benefit/profit (from); make use (of)
suret	form; shape; manner, way
suretiyle	by (means of), by (doing something)
adil	just; fair
şerefli	honored, honorable, esteemed
çözüm	solution (of a problem)
kavuşturmak *vc.* (*vn.* **kavuşturma**)	bring together; cause to meet; cause to reach/ attain
amaç (-cı)	target; purpose, aim, object
ısrarlı	insistent
telkin	suggestion; exhortation; admonition
temenni	desire, heartfelt wish
temennide bulunmak	wish, desire
her	every, each
her iki	both
arzu	wish, desire
arzu etmek	wish, desire
talep etmek	request; demand
takdir	fate; appreciation; appraisal
takdirde	in case
erdirmek *vc.* (*vn.* **erdirme**)	cause to reach/attain/ arrive at
yardımcı	helper, assistant, aide deputy; vice-
hazır	ready; prepared; present, in attendance
takip	pursuit; follow-up
takip etmek	pursue; follow; follow up
saye	shade; shadow
sayesinde	thanks to; as a result of; because of
ileride	in front; in the future

husus peculiarity; matter

hususunda with reference to, in connection with, regarding

elverişli suitable, convenient

ortam surroundings, environment; *fig.* atmosphere

doğmak be born; arise, appear; rise (of the sun)

süreç (-ci) process; development

bakım care, upkeep; aspect; point of view

konum position, situation; site, location

NOTES

1. Bu **siyasetin**, *through/by means of this policy.* This is a genitive construction but is not, as one might expect, linked with a noun containing a possessive suffix.

2. **Türkiye** is the subject of the coordinate verbs **bulunmuş** (see note 3) and **bildirmiştir** *(has made it known).*

3. **taraflara ısrarlı telkin ve temennilerde bulunmuş**, lit. *to [both] sides has been in insistent exhortation and wishes,* or more freely, *has been insistently exhorting and [expressing its] wishes to [both] sides.*

4. **takip edegeldiğimiz bu tarafsızlık siyaseti**, this policy of neutrality that we have always been following. **gelmek** added to the adverbial form (gerund) in **-e** denotes continuous action. It may often be rendered in English by the adverbs *always, continuously.* (TG-L 191; TG-U 405)

SELECTION FOUR

SECTION 1

SOVYETLER, NUREYEV'İ ENGELLEMEK İSTEDİ

Türkiye'de sahneye çıkmasına izin verilmemesini istediler

ANKARA, ÖZEL

Sovyetler[1] Birliği'nden kaçarak ABD'ye sığınan ve yıllardır Amerika'da ve Avrupa'da yaşayan ünlü balet ve koreograf Rudolf Nureyev'in Çaykovski'nin "Uyuyan Güzel" balesini sahneye koymak ve başrolde oynamak için Türkiye'ye gelmesi,[2] Ankara ile Moskova arasında "ufak da olsa"[3] sorun haline geldi.

Moskova, ünlü baletin Türkiye'de gösteri yapmasına izin verilmemesi için Ankara nezdinde girişim yaptı.

Alınan bilgiye göre, Sovyetler Birliği Ankara Büyükelçiliği Müsteşarı Anatoly Kadirov geçen hafta başında Dışişleri Bakanlığı nezdinde bir girişim yaparak, Müsteşar Siyasi İşler Yardımcısı Büyükelçi Ecmel Barutçu ile görüştü.

VOCABULARY

engellemek (*p.* **engellenmek**)	hinder, block
sahne	stage (of a theater); *fig.* site/setting of an event
kaçmak	run away, flee; escape; avoid
birleşik	united; joint
ABD *abbr.* **Amerika Birleşik Devletleri**	the United States of America
sığınmak (-e)	take cover/shelter/refuge (in)
yaşamak	live; dwell; exist
ünlü	famous, celebrated
balet	male ballet dancer
koreograf	choreographer
uyumak	sleep; be asleep; go to sleep
güzel	beautiful, handsome, pretty; good, nice
Uyuyan Güzel	Sleeping Beauty
bale	ballet
başrol	leading part/role
oynamak	play (a game, a role)
ufak	small, little; minor, trifling
sorun	problem, matter, issue
hal (-i)	condition, state; situation; circumstances

gösteri	display; show, performance; (political) demonstration
nezd...de (nezdinde, etc.)	near/in/to (the presence of s.o.); in the opinion of (s.o.)
girişim	undertaking; approach, advance; démarche; representation; intervention
göre (-e) *post.*	according to; in respect of; suitable for
büyükelçilik	embassy
müsteşar	counselor (in an embassy); permanent undersecretary (in a ministry)
geçen	(the) last/past (week, etc.)
hafta başı	first day/beginning of the week
bakanlık	ministry
Dışişleri Bakanlığı	Ministry of Foreign Affairs
siyasi	political
Siyasi İşler Yardımcısı	Deputy for Political Affairs
büyükelçi	ambassador
görüşmek	meet (with); confer (with); discuss (with)

NOTES

1. In translating an extremely long sentence, the first elements to seek out are the subject of the main verb (with any accompanying genitive, but no further modifiers), the verb of the main clause (without modifiers), and if the verb is transitive, the object (without modifiers). In the sentence under consideration these elements are: **Nureyev'in gelmesi** *(Nureyev's coming* = subject with accompanying genitive) and **geldi** *(developed [into],* lit. *came* - main verb).

The next step is to break the remainder of the sentence into phrases and clauses and to study their relation to the primary elements. It will be observed that everything preceding **Nureyev'in** (of Nureyev) is descriptive of **Nureyev**: two nouns in apposition -**balet** and **koreograph**; two phrases terminating in a present participle **sığınan** and **yaşayan**; and an adverbial construction terminating in the adverbial suffix -**erek** (-**arak**) - **kaçarak** *(fleeing)* (TG-U 379). Similarly, working back from **gelmesi** and **geldi** additional phrases can be isolated and studied.

Sometimes the attributive elements preceding the subject or its accompanying genitive are of such length and complexity that it is almost impossible to put them into smooth English. In such a case it may be desirable to render the Turkish sentence by two (or even more) English sentences.

2. **gelmesi...sorun haline geldi**, *his coming...developed into a problem,* lit. *came into the problem state.*

3. **ufak da olsa,** *if/even though it be a small/minor [one].* The conditional -**se**/-**sa** here functions as a tense suffix, not as an auxiliary suffix. This implies that the possibility of being true to fact is somewhat remote. (TG-U 411-416, especially 414).

Kadirov görüşmede Nureyev'in Türkiye'de gösteri yapmasına olanak sağlanmasından duydukları rahatsızlığı[1] dile getirdi ve Türk Hükümeti'nin söz konusu balete izin vermemesini istedi.

Büyükelçi Barutçu ise, Nureyev'in Türkiye'ye bir sanat gösterisi için geleceğini belirterek, tamamen bir sanat olayı çerçevesinde değerlendirilmesi gerektiğini, siyasi yönünün olmadığını söyledi.

Barutçu bir sanat olayının engellenmesinin ise söz konusu olamayacağını bildirdi.

Paris Balesi sanat yönetmeni Nureyev, İstanbul Devlet Opera ve Balesi'nde sahneye koyduğu "Uyuyan Güzel"in başrolünde de oynuyor. İlk temsil önceki akşam büyük bir beğeni topladı. "Uyuyan Güzel" bu akşam ve yarın akşam Atatürk Kültür Merkezi'nde sergilenecek.

Halefoğlu'na sorulmuş

Turizm Bakanı Mükerrem Taşçıoğlu da Nureyev'in Türkiye'de temsil vermesi konusunda ilk temasların yapıldığı sırada Dışişleri Bakanı Vahit Halefoğlu'na, "Bunun siyasi açıdan herhangi bir sakıncası olup olmadığını" sorduğu öğrenildi.[2] Dışişleri Bakanı Vahit Halefoğlu ise, Taşçıoğlu'na Nureyev'in Türkiye'ye gelmesinde hiçbir sakınca olamayacağını iletmesi üzerine kendisine çağrı yapılmıştı.[3]

VOCABULARY

görüşme *vn.*	meeting; discussion; negotiation
olanak	possibility
olanak sağlamak (*p.* **sağlanmak**)	make possible; facilitate
rahatsızlık duymak (**-dan**)	feel anxiety/discomfiture (because of)
dil	tongue; language
getirmek	bring
dile getirmek	express; speak out; unleash one's tongue against
söz konusu = sözkonusu	
sanat	art; skill; craft, trade
tamamen	completely, entirely, wholly
çerçeve	frame; framework; confine, limits
değerlendirmek	appraise, assess; evaluate; appreciate
gerekmek	be necessary; be needed/required
yönetmen	director, manager; director (of a play, an opera)
ilk	first, initial
temsil	representation; performance

önceki	previous, preceding; former
akşam	evening
beğeni	good taste; individual liking/taste; *here* favorable reception
toplamak	collect, gather, accumulate; *here* receive
yarın	tomorrow
merkez	center; headquarters, main office
sergilemek (*p.* **sergilenmek**)	display, show; perform
sormak (*p.* **sorulmak**)	ask, question, inquire
temas	touch; contact; dealing(s); communication
sıra	row; order, sequence; turn, time
sırada	just when, while, as
dışişleri bakanı	minister of foreign affairs
açı	angle; viewpoint, point of view
sakınca	objection; drawback; inconvenience
öğrenmek (*p.* **öğrenilmek**)	learn
hiçbir	not...at all, not even one
iletmek	convey, transmit; inform; communicate, report
üzerine	onto; against; after; on the subject of
kendisi	himself; herself; itself (TG-U 356)

NOTES

1. **gösteri yapmasına olanak sağlanmasından duydukları rahatsızlığı**, *the discomfiture they felt at the possibility of his performing* (lit. *the possibility being made to his performing).*

2. "**Bunun...bir sakıncası olup olmadığını**" **sorduğu öğrenildi**. *It was learned that he asked whether or not there was any objection to this,* lit. *of this...an objection being, its not being.* **-ip/-up** is an adverbial suffix (TG-U 379). **olmadığını** is a nominalization. (TG-U 323)

3. **kendisine çağrı yapılmıştı**, *an invitation was extended* (lit. *made) to him (Nureyev).*

SELECTION FIVE

SECTION 1

GÖZLEM

Uğur MUMCU

Bugün 1 Mayıs..

Polonya'daki Marksist-Leninist etiketli askeri cunta, Komünist Partisi'nin düzenleyeceği törenler dışındaki bütün toplantı ve gösterileri yasakladı. Amaç, "Bağımsız Dayanışma Sendikası"nın 1 Mayıs gösterilerini engellemektir.

1 Mayıs günü siyasal gösteri yapmak Türkiye'de de yasaktır. Bizde sözde demokrasi var;[1] ancak bu tür gösterilere izin yok.

Son yıllarda 1 Mayıs törenleri acı olaylarla noktalandı. Bugün, 1 Mayıs bütün NATO ülkelerinde kutlanıyor. Hiçbirinde yasak değil. Biz bu olayı çok büyüttük.[2] Sağ kesim 1 Mayıs törenlerini neredeyse "komünist ihtilali" sayacak gerilimlere girdi.[3] Sol kesim içinde bazı fraksiyonlar aynı gerilim ile neredeyse 1 Mayıs gününü bir devrim başlangıcı sandılar.

Ve 1 Mayıs 1977 günü, karanlık odakların da kışkırtmaları ile o kanlı olay yaşandı.[4]

Bu olayda o karanlık çevrelerin sorumluluklarını hiç unutmadık. Ama biz de bir "özeleştiri" yapalım. Bu olayda "fraksiyon çılgınlığı"nın da hiç payı yok mudur? Neydi o akıl almaz suçlamalar[5] ve birbirlerini düşman sayan o sol fraksiyonlar?

VOCABULARY

gözlem	observation	**toplantı**	meeting, gathering
bugün	today	**yasaklamak**	forbid, prohibit, ban
Mayıs	May	**bağımsız**	independent
Polonya	Poland	**dayanışma** *vn.*	mutual aid, cooperation, solidarity
etiketli	labeled	**sendika**	labor union, trade union
askeri	military		
cunta	junta	**gün**	day
bütün *a.*	all, whole, entire; *n.* the whole	**siyasal**	political

yasak	prohibited, forbidden, banned
biz	we
söz	word; speech; talk
sözde	supposedly, so-called
var	it exists; there is/are
tür	kind, sort; category
yok	it does not exist; there is/are not
acı	bitter, harsh, brutual
noktalamak (*p.* **noktalanmak**)	dot; punctuate; end, terminate
kutlamak (*p.* **kutlanmak**)	celebrate stg.; congratulate s.o.
çok *a./adv.*	much; many; too much/many; very
büyütmek	make big/large; magnify; exaggerate
sağ *a.*	right, right-hand; *n.*, *pol.* the right
kesim	shape, form; section; sector; *here* wing
nerede	where?
neredeyse	almost, very nearly, all but
ihtilal	revolution; riot
saymak	count; number; *fig.* regard, consider, esteem
gerilim	*lit.*, *fig.* tension; stress
sol *a.*	left, left-hand; *n.*, *pol.* the left

bazı	some, a few
fraksiyon	fraction; *pol.* faction, splinter group; factionalism
aynı	same, identical
devrim	revolution
sanmak	think, suppose, imagine
karanlık *n.*	darkness; *a.* dark
odak	center; focus, focal-point
kışkırtma *vn.*	incitement, provocation, instigation
kanlı	bloody
yaşanmak *impers. pass.*	live; be lived through; be experienced; take place, happen
çevre	circumference; environment; *pol.* circle(s)
sorumluluk	responsibility
hiç *adv.*	*(with neg.)* never, not at all; *(with interrog.)* ever; *n.* nothing, nothing at all; zero
unutmak	forget
ama	but, yet, still
özeleştiri	self-criticism
çılgınlık	madness, insanity, crazyness
ne	what?; which; whatever; how
akıl	intelligence, reason, sense

akıl almaz	incredible, incomprehensible, unimaginable	**suçlama** *vn.*	accusation, charge
		düşman	enemy, foe
birbirleri	each other, one another		

NOTES

1. **Bizde sözde demokrasi var**, lit. *by us in word there is a democracy*, i.e., *we supposedly have a democracy*. The literal translation perhaps expresses the meaning of the sentence more accurately than the freer version. The notion of "having" is more frequently expressed by the combination of the genitive and **var**, rather than by the locative (**-de/-da**) and **var**. (TG-U 104-105)

2. **Biz bu olayı çok büyüttük.** *We magnified [the importance of] this event.*

3. **Sağ kesim...gerilimlere girdi**, *the Right...became very tense*, lit. *entered tensions.*

4. **karanlık odakların da kışkırtmaları ile o kanlı olay yaşandı**, *at the instigation(s) of the focal points of darkness that bloody incident took place*, lit. *was lived through/experienced.* Note the meaning given to **yaşandı**; it occurs several times in the selection.

5. **Neydi** (= **ne idi**) **o akıl almaz suçlamalar...** *What about* (lit. *what were) those incredible accusations...* This is an inverted sentence, that is one in which the verbal element appears at or near the beginning of the sentence rather than at its usual place at the end. (TG-L 241-245)

SECTION 2

1 Mayıs bir "komünist bayramı" değildir. Bir anarşist töreni değildir. Bir terörist kutlaması değildir. Ya nedir?

1884 yılında Amerika'da Chicago'da, bir sendikanın çalışma süresini günde sekiz saat olarak sınırlayan kararı üzerine,[1] polis tarafından işçilere ateş açılmasından sonra 1889'da Paris'te toplanan 2. Enternasyonal'ın birinci kongresinde bu günün "işçi bayramı" olarak kutlanması kararlaştırıldı. Bu günün bayram olması, Amerikan sendikacılarının önerisi ile gerçekleşti.

1 Mayıs'ın Sovyet devrimi ile Lenin ile Stalin ile bir ilgisi yoktur.

Türkiye'de 1 Mayıs, 1921 yılında işgal altındaki İstanbul'da bile kutlanmıştır. 1922'de Ankara hükümeti, 1 Mayıs işçi bayramını kutladı. 1935 yılında çıkarılan bir yasa ile 1 Mayıs "Bahar Bayramı" olarak kabul edildi. 1976 yılında DİSK bu günün "işçi bayramı" olarak kutlanması kararını aldı. 1977'de o kanlı Mayıs yaşandı.

Ülkemizde ilk sendikal çalışmalar, 1871'de İstanbul'da "Ameleperver Cemiyeti"nin[2] kuruluşu ile başladı. Kurtuluş Savaşı[3] yıllarında İstanbul hükümetine karşı, tramvay, tünel[4] ve "Şirketi Hayriye"[5] grevleri yaşandı. Ülkemizde sendikacılık 27 Mayıs Anayasası ile güç kazandı. 61 Anayasası ile verilen sendikal haklar, 82 Anayasası ile geri alındı.

Türkiye'de Batılı anlamda demokrasi yerleştiğinde,[6] işçiler ve tüm emekçiler[7] yasal partilerin ve sendikalarının öncülüklerinde, elbette, 1 Mayıs gününü "emekçi bayramı" olarak kutlayacaklardır.

VOCABULARY

bayram	holiday; national holiday; a religious feast day
değil *neg. particle*	not; not only
kutlama *vn.*	celebration; congratulation
ya *interj.*	well then, so
çalışmak	work; attempt, try; study
çalışma *vn.*	work, working; attempt, endeavor; *pl.* **çalışmalar** works
süre	period of time; (work) shift
sekiz	eight
saat	hour; watch; clock
sınırlamak	draw a boundary, set bounds, restrict
karar	decision, resolution, decree
işçi	worker, laborer, employee
ateş	fire
açmak (*p.* **açılmak**)	open
toplanmak	assemble, come together
birinci	first
kararlaştırmak	decide, agree on
sendikacı	labor union member, trade-unionist
öneri	proposal; project
gerçekleşmek	prove to be true, materialize, become a reality
ilgi	connection; relation; interest
işgal	causing to be busy; *mil.* occupation
altında	under(neath)
bile	even; already
çıkarmak (*p.* **çıkarılmak**)	take out, extract; remove; withdraw; pass (a law)
yasa	law
kabul	acceptance; approval; *soc.* reception
kabul etmek	accept; agree to; approve
devrimci *n.*	revolutionary

DİSK *accr.* **Devrimci İşçi Sendikalar Konfederasyonu**	Confederation of Revolutionary Labor Unions
sendikal *a.*	(relating to a) labor union, trade-unionist
amele	worker, workman
-perver *a. suffix*	-caring for, -nourishing, -protecting
cemiyet	society, association; assembly, meeting
kuruluş	formation, foundation; organization; institution
kurtuluş	liberation; independence
karşı **(-e)** *post.*	opposite to; facing; against
tramvay	streetcar; tramcar
tünel	tunnel; *as a proper n.* the name of an underground railway in Istanbul
şirket	company, firm
grev	*ind.* strike

sendikacılık	unionism, trade-unionism
anayasa	*pol.* constitution
güç (-cü)	strength, force; power
kazanmak	acquire; gain; win; earn
hak (-kkı) *n.*	right; due; truth; justice; *a.* right; true
geri *n.*	rear part; *a.* rear; *adv.* back
geri almak	take back; repossess
anlam	sense, meaning, significance
yerleşmek	settle down; become established, take root
tüm *a.*	whole, entire, total; *n.* the whole of
emekçi	worker, laborer
yasal	legal, lawful, legitimate
öncülük	leadership
elbet(te)	surely, indeed, of course, certainly

NOTES

1. **bir sendikanın...kararı üzerine,** *upon the resolution/decision of a labor union,* i.e., *when/after a labor union made a resolution/decided...*

2. **Ameleperver Cemiyeti,** the Workers' Protective Society. **-perver** is an adjectival suffix meaning *-nourishing, -caring for, -protecting.*

3. **Kurtuluş Savaşı,** *The (Turkish) War of Independence (1919-1923).*

4. **tünel,** *tunnel,* as a proper noun is the name of an underground railway in Istanbul and the area around the top of it.

5. **Şirketi Hayriye**, *the Benevolent Association*, lit. *Association* +i+ *Benevolent* (a feminine adjective). In Persian, as opposed to Turkish, the qualifier follows the qualified, and the two are linked by -i-. This is known as the **izafet** construction, and occurs more frequently in older varieties of Turkish than it does at present. In the case of **Şirketi Hayriye** we have two Arabic loanwords linked in a Persian syntactic construction appearing in a Turkish context. (TG-L 50-52[26])

6. **Türkiye'de...demokrasi yerleştiğinde**, *When democracy has become established/taken root in Turkey*. The locative **-de/-da** in this construction means *when*.

7. **işçiler ve tüm emekçiler**, *laborers and (all) workers*. **işçi** and **emekçi** are near synonyms. **emekçi** has a broader meaning than **işçi** and includes **işçi**.

SELECTION SIX

SECTION 1

DIŞ HABERLER

Libya, Varşova Paktı ile flörtünü sürdürürken

SHULTZ: "YARIN BAŞKA BİR ŞEY YAPABİLİRİZ"

DIŞ HABERLER SERVİSİ

TRABLUS/WASHİNGTON/PARİS/LONDRA- Libya Haberleşme Bakanı Şerafettin Fituri, ülkesinin "Varşova Paktı'na girme konusunu ciddi olarak incelediğini" açıklarken, ABD Dışişleri Bakanı George Shultz da Kaddafi yönetimine karşı örtülü eylemler yapabileceklerini tekrarladı.

Trablus'da açıklama yapan Libya Haberleşme Bakanı Fituri, ABD'yi ülkesini tarafsızlığı terketmeye zorlamakla suçladı ve "Tarafsızlık ilkesi,[1] ABD gibi bir süper devletin bu ilkeyi paramparça etmesiyle, artık bizim gibi küçük bir ülke için anlamını kaybetti",dedi.

Libya'nın ABD'den gelecek her türlü saldırıya karşı hazır beklediğini belirten Fituri, Sovyetler'in ülkesine verdiği gelişmiş silahlar konusunda ise "Sovyetler'in desteğine sahibiz" demekle yetindi.

Shultz'un konuşması

ABD Dışişleri Bakanı George Shultz, CBS Televizyonu'na yaptığı açıklamada, Reagan yönetiminin Libya lideri Kaddafi'ye karşı gizli operasyonlar düşünüp düşünmediği yolundaki bir soruya,[2] "Örtülü eylem kavramı içinde[3] ele alınabilecek ve detayları açıklanmaması gereken pek çok şeye, işe yaradığı takdirde başvurulabilir"[4] cevabını verdi.

VOCABULARY

flört	flirtation	**Trablus**	Tripoli
başka *a.*	other, different; *post.* (**-den**) other than, apart from, besides	**haberleşme** *vn.*	communication; correspondence
şey	thing; object	**Haberleşme Bakanı**	*here* Secretary for Information
başka bir şey	something else	**ciddi**	serious, earnest
haber	news; information; knowledge		

incelemek	study carefully, analyze in detail, explore; review
örtülü	covered; veiled; hushed up; covert
eylem	activity, action; operation
terketmek	abandon, desert, relinquish
zorlamak	coerce, force
suçlamak	accuse; charge
ilke	principle
gibi	*post.* similar to, like; *conj.* as, as soon as, just as
süper devlet	superpower
paramparça etmek	tear to pieces, break into bits
artık	henceforth, in the future; *(with a negative verb)* no more, no longer
bizim	our, ours, of us
küçük	small, little
gelecek *a.*	future, next (week, month)
tür	kind, sort, category
her türlü	every sort of
saldırı	attack, aggression, offensive
gelişmiş	developed, advanced
silah	weapon, arm(s)

sahip *n.* (-bi)	owner; *a.* (-e) possessing, in possession of
sahip olmak (-e)	possess, own
yetinmek	be satisfied/contented; content oneself
konuşma *vn.*	speaking; talk; lecture, public speech
gizli	hidden, concealed; secret; confidential
düşünmek	think of/about, consider
soru	question, interrogation
kavram	concept, idea, notion
el	hand
ele alınmak	be considered/taken into account (a reason, a plan); be included
detay	detail
gereken	(which is/are) necessary/needed/required
pek	very
çok *a., adv.*	much; many; too much/many; very
yaramak (-e)	be of use/useful/good,
işe yaramak	be useful, prove useful
takdir	appreciation; appraisal
takdirde	in case
başvurmak (-e) (*p.* **başvurulmak**)	have recourse/resort (to); appeal (to)
cevap	answer, reply

NOTES

1. **Tarafsızlık ilkesi, ...kaybetti,** *The principle of neutrality has lost...* This is another case in which the subject of a long sentence appears in initial position and is set off by a comma, whereas the verb appears in final position.

2. **Reagan yönetiminin...düşünüp düşünmediği yolundaki bir soru,** *a question to the effect of whether the Reagan administration has considered...* This pattern should be carefully studied.

3. **örtülü eylem kavramı içinde,** *under the covert action concept.*

4. The key elements in this sentence are **pek çok şeye...başvurulabilir,** *it is possible that resort may be had to very many things/activities,* or more freely, *very many activities may be resorted to.* The dative form **şeye** is modified by two participial phrases; the first ending in **ele alınabilecek,** *which may be taken in/included;* and the second in **açıklanmaması gereken,** *whose not being revealed is necessary,* i.e., *which it is not necessary to reveal.*

SECTION 2

Son TWA uçağı bombardımanı arkasında Libya değil, Suriye bulunduğu yolundaki bir soruya bu görüşü doğrulayacak bilgiye sahip olmadığını belirten Shultz, "İster Libya terörü, ister diğer terör biçimleri kale alınsın,[1] bizim için önemli olan, çok değişik şeyler yapabilme kapasitemizdir. Şimdiye kadar yapabildiklerimizden farklı çok sayıda şey var. Öyleyse, dün yaptığımız şeyin aynısını yapacağımız düşüncesi yanlıştır. Ekonomik müeyyideler var, diplomatik çabalar var, Libya'da tedrici olarak uygulanan tecrit ve abluka politikası var. Ayrıca yarın bir başka şey[2] de yapabiliriz" dedi.

Geçtiğimiz Kasım ayında[3] Washington Post gazetesi, Libya yönetimine karşı eylemleri kapsayan gizli bir CIA planını kamuoyuna açıklamış ve bu sebeple de Reagan yönetiminin saldırılarına maruz kalmıştı. Gazetenin açıkladığı planda, gizlice desteklenen Libyalı muhaliflerin Kaddafi'ye isyan etmeleri eylemleri de yer alıyordu.[4]

VOCABULARY

uçak	airplane	**ister...ister**	whether...or
bombardıman	bombardment, bombing	**diğer**	other, another; different
arka	back; rear part	**biçim**	cut; manner; sort, kind; shape
arkasında	behind; after	**kal-** (*used only with the dative suffix* **-e**)	
Suriye	Syria		
doğrulamak	verify, confirm, corroborate	**kale almak** (*p.* **alınmak)**	take into consideration

değişik	changed; different; various, diverse
kapasite	capacity; ability, capability
kadar *n.*	extent, degree; *post.* as...as; up to, as far as (a place); until (a time)
farklı (-den/dan)	diverse; different (than)
sayı	number
öyle *a.*	such, that kind of; *adv.* like that
öyleyse	if so, in that case, if that is the case
dün	yesterday; the past
düşünce	thinking, thought; idea; opinion
yanlış *n.*	error, mistake; *a.* wrong, incorrect, false
müeyyide	*(international law)* sanction
çaba	endeavor; effort
tedrici	gradual
uygulamak (*p.* **uygulanmak**)	carry out, put into practice, apply
tecrit (-di)	separation; isolation
abluka	blockade
ayrıca	separately; besides, also, or else
Kasım	November
ay	month; moon
gazete	newspaper
kapsamak	include; contain; comprise
kamuoyu	public opinion
sebep (-bi)	reason, cause
maruz (-e)	subjected, exposed; submitted
kalmak	remain; be left; be left over; become; be
gizlice	secretly, furtively
desteklemek (*p.* **desteklenmek**)	support, prop up
muhalif *a.*	opposing, contrary; *n.* opponent
isyan	revolt, rebellion; riot
isyan etmek	revolt, rebel
yer almak (-de)	be involved (in), have a part (in); appear

NOTES

1. **İster Libya terörü, ister diğer terör biçimleri kale alınsın,** *Whether consideration be given to Libya's terrorism or [any] other kinds of terrorism.* Note the use of the third singular optative ending **(-sın)** used in conjunction with the coordinate conjunctions **ister...ister.**

2. **yapabildiklerimizden farklı çok sayıda şey,** *a great many things* (lit. *things in great number) different than those that we were able to do.*

3. **Geçtiğimiz Kasım ayında,** *last November,* lit. *in the month of November that we passed.*

4. **Gazetenin açıkladığı planda, gizlice desteklenen Libyalı muhaliflerin Kaddafi'ye isyan etmeleri eylemleri de yer alıyordu.** *Revolt (operations) against Ghadafi by secretly supported Libyan opponents were also involved in the plan made public by the newspaper.*

SECTION 3

Thatcher geri adım[1]

Libya'yı bombalayan Amerikan uçaklarının İngiltere'den kalkmasına izin verdiği için halkının yoğun eleştirileriyle karşı karşıya kalan İngiltere Başbakanı Thatcher,[2] ABD'nin Libya, İran veya Suriye'ye yapacağı yeni bir müdahaleyi mutlaka aynı sekilde desteklemek zorunda olmadıklarını söyledi.

Fransa'da korku

Libya bombardımanından sonra derin bir korkuya kapılan Fransa'daki Amerikalılar, güvenlik sebebiyle alışkanlıklarını değiştirmeye, varlıklarını belli eden işaretleri kaldırmaya başladılar.

Amerikan okulları, şirketleri ve diğer kurumlar, kimliklerini açıklayan bütün levhaları kaldırdılar. Bütün ülkelerde ABD elçilikleri vatandaşlarına güvenlik el kitapları dağıtıyor.

Arap zirvesi

Uzun zamandan beri bütün Arap ülkelerinin "tam kadro" katılacağı ilk Arap zirvesi, önümüzdeki hafta[3] sonunda Fas'ın Fez şehrinde[4] yapılacak. Libya'nın ABD ile çatışmasında yardımlarını isteyeceği Arap ülkeleri,[5] gündem hakkında hâlâ anlaşamadılar.

VOCABULARY

adım	step; pace
bombalamak	bomb (from the air)
İngiltere	England
kalkmak (*vn.* **kalkma**)	get up, arise; leave, depart (for a journey)
yoğun	thick, dense; intense
karşı karşıya	face to face
veya	or
mutlaka	absolutely, certainly; unconditionally
zor *n.*	force; compulsion, obligation; *a.* difficult
zorunda olmak	have to, be obliged/ forced to
korku	fear, dread, anxiety
derin	deep, profound
kapmak (*p.* **kapılmak**)	seize; snatch; carry off
güvenlik	security, safety
sebebiyle	because of, on account of, owing to
alışkanlık	custom, habit
değiştirmek *vt.*	change
varlık (*p.* **varlıklar**)	existence; presence; wealth; assets
belli	evident, clear; known, visible
belli etmek	make evident/clear; make known
işaret	sign; mark
okul	school
kurum	association; society
kimlik	identity
levha	sign; signboard
elçilik	embassy; diplomatic establishment
vatandaş	fellow citizen; compatriot
kitap (-bı)	book
el kitabı	handbook, manual
dağıtmak	scatter; distribute
zirve	peak; summit
tam *a.*	complete; full; perfect; *adv.* completely; fully; perfectly
kadro	permanent staff
önümüzde	in front of us; ahead of us (*cf.* **ön**)
hafta	week
Fas *pl. n.*	Morocco
Fez *pl. n.*	Fes
şehir (-hri)	city
çatışma	clash; conflict; skirmish
yardım	help; assistance
gündem	agenda
hâlâ	at present; now; still; yet
anlaşmak	come to an agreement

NOTES

1. **geri adım**, *step backwards, retreat.*

2. **İngiltere Başbakanı Thatcher** is the subject of this long sentence which extends for the entire paragraph. Unlike some previous cases where the subject is in initial position and marked off by a comma, the subject here is in the middle of the sentence. However, the presence of a present active participle in **-an/-en (kalan** - *being)* immediately before **İngiltere Başbakanı Thatcher** does provide a clue that the three words in question may be the subject.

3. **önümüzdeki hafta**, *next week*, lit. *the week in our front.*

4. **Fas'ın Fez şehrinde**, *in the city of Fez* (also spelled **Fes**, in Arabic **Fas**).

5. **Libya'nın...yardımlarını isteyeceği Arap ülkeleri**, *the Arab countries from whom Libya will ask for (their) aid.* **isteyeceği** is a future object participle, which must be carefully distinguished from the same form used as a future subject participle. (TG-U 290[3]; 280[5])

SELECTION SEVEN

SECTION 1

MESLEK YÜKSEKOKULLARINA ÖNEM VERİLMELİ

Hasan KARA - SAMSUN

Gelişen Türkiye'nin ihtiyacı olan nitelikli insan gücü temin etmenin en ekonomik ve kısa yolu meslek yüksekokullarının geliştirilmesi ve yeni branşların açılmasıdır. Böylece üniversite kapılarında biriken öğrenciler,[1] kısa zamanda ülke ekonomisine yararlı insanlar olarak kazanılacaktır.

Dünyada değişen ekonomik, teknolojik ve toplumsal koşullara en uygun sayılan bu tür eğitim düzenlemelerine yöneliş, uzun yıllar önce başlanmış olmasına rağmen bizde bu konuda yapılan çabalar, gereğince değerlendirilmemiştir.

Sanayileşmiş ülkelerde toplum tarafından tercih edilen bu okulların bizdeki değer yargıları aşılarak[2] kabul edilmesi zaman alacaktır. Bu zamanı en aza indirmek, mezunların yeterli bilgi, beceri kazandırılmış olmaları ile mümkündür.[3]

VOCABULARY

meslek	occupation; profession; trade; vocation;
yüksek	high
yüksekokul	institution of higher learning
önem	importance; consideration
önem vermek (-e)	consider important, emphasize
gelişmek	develop, evolve, progress
ihtiyaç (-cı)	need, necessity; requirement
nitelikli	well-qualified, of high quality
insan	person, human being; man
insan gücü	manpower
temin etmek	assure, ensure; obtain
en	most *(used to form the superlative of adjectives and adverbs)*
kısa	short, brief
geliştirmek *vt.* (*vn.* geliştirme)	develop; improve, make better
branş	branch, field of work/ operation
böylece	in this way, like this
kapı	door; gate
birikmek	accumulate; pile up; assemble
öğrenci	student

yararlı beneficial, useful, effective

kazanmak *here* win over; gain

dünya world

değişmek *vi.* change

toplumsal social, societal, relating to society

koşul condition; stipulation

eğitim education; training

düzenleme *vn.* arrangement; provision

yöneliş direction, course; moving toward

rağmen (-e) in spite of, despite

gereğince as far as is necessary, as required

değerlendirmek (*p.* **değerlendirilmek**) evaluate; appreciate, put to good use; take into consideration

sanayileşmiş industrialized

toplum community; society

tercih preference

tercih etmek prefer

değer *n.* value, worth; *a.* worth

yargı decision; judgment

değer yargısı standard of judgment, value judgment

aşmak (*p.* **aşılmak**) pass beyond, transcend, overcome; exceed

az *a.* small, little; few; *adv.* little; **(-dan)** less than

indirmek cause to descend; lower, bring down

en aza indirmek minimize

mezun (a) graduate

yeterli sufficient, adequate; competent

beceri skill, ability

kazandırmak *vc.* cause to acquire/gain/earn

mümkün possible

NOTES

1. **üniversite kapılarında biriken öğrenciler**, *students who gather/line up at university gates.* The implication is that those who gather at the gates have failed to gain admittance because of the backlog of applications and the limited capacity of universities.

2. **bizdeki değer yargıları aşılarak**, *our standards of judgment/value judgments being transcended/set aside.*

3. **mezunların yeterli bilgi, beceri kazandırılmış olmaları ile mümkündür**, *...is possible by ensuring that graduates acquire sufficient knowledge and skill,* lit. *with graduates being in the state of having been made to earn/acquire sufficent knowledge and skill.* The past participle in **-miş** combines with forms of **olmak**. (TG-L 162; TG-U 279-280)

Özendirici önlem alınmalıdır

Bu okulların yeni yeni filizlenmeye başladığı bu yıllarda yeterli öğretim kadrosu ile güçlendirmek mutlaka gerekir. Uygulama[1] ile beceriyi sağlıklı, tutarlı bir denge içinde yürüten ve sürekli denemelerle[2] en iyiyi bulmaya çalışan programlarla olumlu sonuçlara ulaşılabilir. Ekonomiye gerekli insan gücünü yetiştirecek gerçekçi programların üretilmesi, sanayi ile bölgesel ihtiyaçların sürekli incelenip, değerlendirilmesiyle[3] sağlanabilir.

Meslek yüksekokulları, üniversite giriş sınavlarına girip, başarılı olamayanların sadece açıkta kalmayayım diye[4] tercih ettikleri değil de, isteyerek tercih yapanların girebileceği okullar olmalıdır. Bunu sağlamanın yolu, özendirici tedbirler almaktır.

VOCABULARY

özendirici	encouraging, providing encouragement
önlem	measure; step, precaution
özendirici önlem	incentive
yeni yeni	only recently; just
filizlenmek	sprout up; begin to develop/appear
öğretim	education; teaching
güçlendirmek	make strong; strengthen; lend credit/support to
uygulama *vn.*	(putting into) practice; application
sağlıklı	healthy; *fig.* sound, in good order
tutarlı	consistent, coherent, balanced
denge	balance, equilibrium
yürütmek	cause to walk; carry out, put into effect, apply
sürekli	continuous, continual, ongoing
deneme *vn.*	experiment; test; trial
iyi *a.*	good; *n.* (the) good (side of something)
bulmak	find; discover
sonuç (-cu)	result; conclusion
ulaşmak (-e)	reach, arrive at; attain
gerekli	necessary
yetiştirmek *vc.*	get (someone/something) to a place on time; train, educate; develop
gerçekçi	realistic
üretmek (*p.* **üretilmek**)	breed (livestock); *fig.* produce, develop
sanayi	industry
bölgesel	regional; local
giriş	entry, entrance
sınav	*educ.* examination
başarılı	successful
sadece	simply, merely; just; only

açık	open; clear; unoccupied	**isteyerek**	willingly; by one's own wish; on purpose
açıkta kalmak	be left out in the cold	**tedbir**	measure, step, course of action
diye (*adv. form of* **demek**)	saying (used after direct speech)		

NOTES

1. **Uygulama...ulaşılabilir.** This sentence is structured differently from those previously considered. The primary elements are **denemelerle** *(with experiments)*...**programlarla** *(with programs)*...**sonuçlara** *(to/at results)*...**ulaşılabilir**. The verb form **ulaşılabilir** is impersonal, that is it has no explicit subject. It may be rendered *one can arrive at/reach* or *it is possible to arrive at.* Note further that the form under consideration is the passive of the intransitive verb **ulaşmak**, *arrive at, reach.*

2. **denemelerle**, *with experiments,* has two modifiers: the simple adjective **sürekli**, *continuous;* and a lengthy participial construction beginning with **uygulama** and ending with **yürüten**, *applying....practice.*

3. **sürekli incelenip, değerlendirilmesiyle**, *by an ongoing examination and appraisal/evaluation.*

4. **açıkta kalmayayım diye**, *[individuals] saying let me not remain in the open,* i.e., *[individuals] not wanting to be left out in the cold.* **kalmayayım** is the 1st person singular negative optative of **kalmak**, *remain, stay* (TG-U 423-425). **diye**, *saying,* in this context signifies that the preceding phrase is a direct quotation. (TG-U 431-432)

SELECTION EIGHT

SECTION 1

BULGAR POLİSİ, TÜRK İLİM ADAMINI DÖVE DÖVE ÖLDÜRDÜ[1]

DIŞ HABERLER SERVİSİ

Sofya yönetimi, Bulgarlaştırma uygulamalarına karşı çıkan Türk aydınlarını tek tek ortadan kaldırmaya başladı. Balkanlar'ın en ünlü Türkoloğu Doç. Rıza Mollov polis merkezinde dövülerek öldürülürken, Doç. İbrahim Tatarlı ile araştırmacı-yazar Salih Baklacı ortadan kayboldular.

Uzun yıllar Sofya Üniversitesi'nde Türkoloji Bölümü'nü yöneten Doç. Rıza Mollov'un, Rizo Markoviç olarak değiştirilen Bulgar adını kabul etmediği[2] ve kimlik kartını milislerin yanında "Beni Bulgar anası doğurmadı...Ben Türküm ve Türk kalacağım" diyerek yırttığı öğrenildi. Mollov'un bu protesto hareketi üzerine sürüklenerek karakola götürüldüğü ve günlerce[3] dövüldüğü bildirildi. 60 yaşındaki bilim adamı geçen 4 Mart'ta dayak sonunda öldü. Polis merkezine çağrılan Bulgar hükümet doktoruna Mollov'un kalp krizinden öldüğü yolunda bir rapor hazırlatıldı[4] ve Türk bilim adamının cesedi evine gönderildi.

Mücadeleci

1920 yılında Kuzeydoğu Bulgaristan'ın Provadiya şehrinde tanınmış bir ailenin oğlu olarak dünyaya gelen Rıza Mollov, Sofya Üniversitesi'nde Slav filolojisini bitirdi. Öğrencilik yıllarında çeşitli Türkçe gazete ve dergilerde[5] de çalışan Mollov 1952'de üniversitenin Türkoloji bölümüne asistan oldu.

VOCABULARY

ilim	knowledge; science
adam	human being; person; man
ilim adamı	scholar, man of learning
dövmek (*p.* dövülmek)	beat, thrash, flog
öldürmek	kill; murder
Bulgarlaştırma *vn.*	Bulgarization
aydın a.	bright; clear; *n.*, *fig.* intellectual
tek	single, unique; lone
tek tek	one by one
ortadan kaldırmak	do away with, get rid of, remove
doçent (*abbr.* **doç.**)	docent, college teacher (with a doctorate)
araştırmacı	researcher, investigator
yazar	writer; author
kaybolmak	be lost/missing; disappear
ortadan kaybolmak	disappear from view
Türkoloji	Turkology

bölüm	division; chapter (of a book); department
yönetmek	direct, control, manage, head
ad	name; title (of a book)
milis	militia
yan	side
yanında	at the side of, beside; in the presence of; in comparison with
ana	mother
doğurmak	give birth to, bear (a child)
yırtmak	rip, tear up, tear to pieces
hareket	movement, action; activity; behavior
sürüklemek (*p.* **sürüklenmek**)	drag (on the ground); drag (s.o. against his will)
karakol	police station
götürmek	take, take away, carry off
yaş	age
bilim	science, branch of knowledge
bilim adamı	scientist
dayak	prop; support; beating, thrashing
ölmek	die
çağırmak (*p.* **çağrılmak**)	invite; summon, call
kalp (-bi)	heart
kriz	crisis; *med.* attack
rapor	report
hazırlatmak	have (s.o.) prepare/ make ready
ceset (-di)	body; corpse; cadaver
ev	house; home
göndermek	send
mücadeleci	fighter, contender
kuzeydoğu	northeast
tanınmış	well-known
aile	family
oğul (-ğlu)	son
filoloji	philology
bitirmek	finish, complete, bring to and end: *here* finish one's studies
öğrencilik	(state of) being a student
Türkçe	Turkish, the Turkish language
asistan	assistant (professor)

NOTES

1. **döve döve öldürdü**, *beating repeatedly killed.* The adverbial suffix **-(y)e** added to a reduplicated verb stem denotes repeated or continuous action. (TG-U 380-381)

2. **Rizo Markoviç olarak değiştirilen Bulgar adını kabul etmediği**, *his not having accepted/agreed to the Bulgarian name of Rizo Markovic [to which his name] was changed*, lit. *the Bulgarian name being changed as Rizo Markovic.*

3. **günlerce**, *for days, for days and days.* **defalarca**, *time after time*, occurs later in the selection. The suffix **-ce** is used to derive adverbs from nouns, personal pronouns and adjectives. It may also be suffixed to a proper noun of nationality to designate the language spoken by that nationality. (TG-U 337-338)

4. **Bulgar hükümet doktoruna...bir rapor hazırlatıldı**, *the Bulgarian government doctor was made to prepare a report.* The word **doktoruna** has the possessive suffix **-u** and the dative suffix **-a** (both linked by **-n-**). The verb is causative-passive. If the subject of a basic transitive sentence (such as *the doctor prepared a report*) is made causative, or as in this case, causative-passive *(the doctor was made to prepare)*, the subject of the basic sentence is put into the dative in the causative construction. (TG-U 347-348)

5. **gazete ve dergilerde**, *on newspaper(s) and magazines.* **gazete** can be plural in this context, even without the pluralizing suffix **-ler**, in accordance with the principle of suspended affixation (a term coined by G.L. Lewis), according to which if a succession of forms all have the same function, very often only the last takes the required suffix or suffixes. (TG-U 35[d])

SECTION 2

Yaptığı araştırmalarla adını duyuran[1] Rıza Mollov, Türk edebiyatına büyük katkıları bulunan Bulgaristan doğumlu 20'den fazla tasavvuf, divan ve halk şairini[2] tespit etti. Doçentlik imtihanına Moskova'da girdi. "Etüdler", "Edebiyat Makaleleri," "Bulgaristan Türkleri'nin Halk Şiiri" kitaplarını yazdı ve Osmanlı edebiyatı ile ilgili yeni tezler ortaya koydu.

İyi bir hikâyeci olan Mollov bunları "Olan Şeyler"[3] adındaki kitabında topladı.

Bütün baskılara rağmen Türkoloji bölümünde derslerini Bulgarca yerine Türkçe veren Rıza Mollov aynı yerde öğretim görevlisi olan eşi Mufkure Mollov ile işten atıldı.

1985'te Bulgarlaştırmanın en hızlı dönemlerinde defalarca sorguya çekilen, işkence gören ve kütüphanesi yağmalanan Mollov bir süre de[4] evinde Türkçe kitap bulundurduğu gerekçesi ile "siyasi suçlu" olarak yargılandı.

Diğerleri

Aynı tarihlerde önce işine son verilen[5] daha sonra da polis tarafından götürülen Doç. İbrahim Tatarlı'nın akıbeti ise bilinmiyor. Bölgeden ulaşan haberlere göre, Tatarlı'nın da işkence sonunda öldüğüne inanılıyor.

VOCABULARY

araştırma *vn.*	research, investigation
edebiyat	literature
katkı(da) bulunmak (-e)	contribute, make a contribution to
doğumlu	born (in)
fazla	too; too much; too many; (**-den**) more than
tasavvuf	Sufism
divan	divan; collection of Ottoman poetry
şair	poet
tespit etmek	establish, fix; stabilize; edit critically
doçentlik	doctorate
imtihan	*educ.* examination, test
imtihana girmek	take an examination
etüt (-dü)	[*Fr.* étude] study
makale	article (for a newspaper, a magazine)
şiir	poetry; poem
yazmak	write
Osmanlı	Ottoman
ilgili (-le)	concerned/connected (with); interested (in)
tez	thesis
ortaya koymak	put forward; produce
hikâyeci	writer of stories; story teller
ders	lecture; lesson
Bulgarca	Bulgarian, the Bulgarian language
yerine *post.*	instead of, in place of
görevli *a.*	having duty/function; *n.* official
öğretim görevlisi	(university) lecturer
eş	mate; spouse; *here* wife
atmak	throw, throw away; expel
hızlı	rapid, fast; intensive
defa	time, occasion
sorgu	question; interrogation, examination
çekmek	pull, draw; attract
sorguya çekmek	interrogate, question
işkence	torture, torment
işkence görmek	undergo torture
kütüphane	library
yağmalamak (*p.* **yağmalanmak**)	loot, plunder, pillage
bulundurmak	have present/ready; keep, have in stock
gerekçe	reason, motive; ground(s)
suçlu *a.*	culpable, guilty; *n.* criminal; *here* suspect
yargılamak (*p.* **yargılanmak**)	*leg.* try (someone, a case)
tarih	date; *pl.* **tarihler** period of time
son vermek	finish, bring to an end

akıbet	consequence, result; fate, lot	**inanmak (-e)**	believe in (a person); believe (something)
bölge	district; area; region		

NOTES

1. **Yaptığı araştırmalarla adını duyuran**, *gaining a reputation because of his research* lit. *making his name heard/known with the researches he did.*

2. **şair**, *poet* (*here poets*) has three sets of modifiers: **Türk...bulunan**; **Bulgaristan doğumlu**; and **20'den...halk**.

3. "**Olan Şeyler**", *Things That Exist/Are.*

4. **bir süre de**, *for some time also, for some period of time also.*

5. **önce işine son verilen**, *who first was discharged from his position*, lit. *first to his position end being given.*

SELECTION NINE

SECTION 1

"GÜZEL BİR KADIN TÜRKİYE'DE TATİLİNİ BEDAVAYA GETİREBİLİR"

Kenan SEVEN

İZMİR- İngiliz kadın yazar Elaine Pickford yeni kitabının araştırmaları için geldiği Türkiye'de Ege ve Akdeniz gezisi yapacak.[1]

Geçen yıl yayınladığı "Dünyada Turizm ve Aşk" adlı kitabıyla bir anda dikkatleri çeken güzel İngiliz yazar,[2] bu eserinde Türkiye'ye ve Türklere geniş yer vermişti. Elaine Pickford üçüncü defa geldiği Türkiye için şunları söyledi:

"Ülkenize ilk geldiğimde ürkektim. Günler ilerledikçe Türkler hakkındaki söylentilerin yalan olduğunu anladım. Kitabımda da anlattığım gibi Türkler vurmayı, kırmayı seven barbarlar değildi. Yunanlılardan iyi eğlenmesini bilen, İtalyanlardan çapkın ve sıcakkanlı, İspanyollardan[3] ise çok daha gururlu millet...

VOCABULARY

kadın woman

tatil holiday, vacation; temporary closure/cessation

bedava gratis, free, for nothing

bedavaya very cheaply, for practically nothing

geçirmek make pass; spend (time); go through, experience

İngiliz *n.* Englishman; *attr.* English, British

Ege the Aegean (Sea)

Akdeniz the Mediterranean Sea

gezi journey, trip; tour

yayınlamak publish

aşk love; passion

adlı named; entitled

an instant, moment

bir anda instantly; suddenly

dikkat attention

dikkat çekmek attract attention

eser trace; written work; work of art

üçüncü third

ürkek timid, fearful

ilerlemek advance, progress, go forward

yalan *n.* lie, falsehood; *a.* false

anlamak understand, realize

anlatmak explain; describe

vurmak (*vn.* **vurma**) — strike, hit, beat; shoot, shoot and kill

kırmak (*vn.* **kırma**) — break; crush; destroy

Yunanlı — (a) Greek

eğlenme *vn.* — entertainment, enjoyment

eğlenmek — have a good time, amuse oneself

çapkın *n.* — vagabond, rascal, rake; *a.* Casanovalike, rakish

sıcak — hot; warm

sıcakkanlı — warm-blooded; friendly, genial

İspanyol *n.* — (a) Spaniard; *attr.* Spanish

gururlu — proud; vain; conceited; haughty

millet — nation; people

NOTES

1. **Türkiye'de Ege ve Akdeniz gezisi yapacak**, *will take a tour of the Aegean and Mediterranean Seas [while] in Turkey.*

2. **bir anda dikkatleri çeken...yazar**, *the writer...who drew instant attention,* lit. *attentions in one moment.*

3. **Yunanlılardan...İtalyanlardan...İspanyollardan**, *than the Greeks...than the Italians...than the Spaniards.* **daha**, *more,* appears only following the last of the three comparisons. When the ablative alone expresses the comparison, it is known as the ablative of comparison. (TG-U 225)

SECTION 2

Bir de hiç bir ülke ile kıyaslanmayacak kadar[1] kadına saygılı ve cömertsiniz. Bazı yerlerde akrabalarımdan görmediğim yakınlığı gördüm. Şunu çok samimi belirteyim ki, ileride ülkenize yerleşebilirim".[2]

Daha önce iki kez geldiği Türkiye'de kendisini rahatsız eden şeyler olup olmadığını sorduğumuzda ise şu yanıtı verdi.

"Birincisi trafikten çok korktum, ikincisi[3] lokantaların pek temiz olmaması rahatsız etmişti. Çok bağırma, çağırma vardı. Bir de erkekler çok yakın davranıyordu.[4] Trafik canavarı dışında diğerleri bana sonradan sevimli geldi.[5] Bir lokantaya oturuyorsunuz, dekorasyon yok ama yiyecekler taze.. Erkeklere gelince şunu rahatça söyleyebilirim ki, güzel bir kadın Türkiye'de tatilini bedava geçirebilir".

VOCABULARY

bir de — and another thing, moreover, in addition

kıyaslamak (*p.* **kıyaslanmak**) — compare

saygılı — respectful, considerate

cömert — generous; liberal, bighearted

akraba — relative(s)

yakınlık — nearness; sympathy, rapport

samimi — sincere, cordial, genuine

kez — time, occasion

yanıt — answer, reply

korkmak (-den) — be afraid of, fear

ikinci — second

lokanta — restaurant

temiz — clean; pure

rahatsız etmek — disturb, upset

bağırmak (*vn.* **bağırma**) — yell, shout, clamor

çağırmak (*vn.* **çağırma**; *p.* **çağrılmak**) — invite; call; shout, call out

erkek — man, male

davranmak — act, behave

canavar — monster, brute; wild beast

bana — to/for me

sonradan — later, afterwards, subsequently

sevimli — attractive, appealing, likeable

gelmek — come; seem, appear; prove/turn out to be

oturmak — sit; sit down; live, reside

yiyecek *a.* — edible; *n.* food

taze — fresh; new, recent

gelince (-e) — regarding, as for, concerning

rahatça — easily, with ease; comfortably

NOTES

1. **hiç bir ülke de kıyaslanmayacak kadar**, *[in a way] not to be compared with that of any other coutry at all*, lit. *a degree/extent that will not be compared with any country at all.*

2. **yerleşebilirim**, *I may settle down.* This fits the context more than the alternate translation *I can settle down.*

3. **birincisi...ikincisi**, *first of all* (lit. *its first)...secondly* (lit. *its second*).

4. **erkekler çok yakın davranıyordu**. *the men were too familiar*, lit. *behaved/acted too close*.

5. **diğerleri bana sonradan sevimli geldi**, *afterwards the other [things] seemed/turned out to be appealing to me*. Note the special meaning of **geldi** in this context.

SELECTION TEN

DÜNYADA EN ÇOK SİGARAYI YUNANLILAR İÇİYOR

ANKARA- Dünyanın çeşitli ülkeleri arasında kişi başına en çok sigaranın Yunanistan'da içildiği belirlendi.

Ortak Pazar Komisyonu tarafından Türkçe olarak yayınlanan "Avrupa" dergisinin son sayısında yayınlanan bir yazıda Yunanlılardan sonra en çok sigarayı Japonlar ve Amerikalıların içtikleri belirtiliyor.

AET'de[1], kanser hastalığının etkileri ve bu hastalığa karşı yapılan çalışmalar üzerinde durulan yazıda,[2] Ortak Pazar ülkelerinde her yıl 1 milyon kişinin kansere yakalandığı ve bunlardan yarısının hastalığa yenilerek öldüğü bildiriliyor.

Yazıda ayrıca, son araştırmalara göre ölüm ile sonuçlanan kanser vakalarının üçte birinin[3] tütün alışkanlığından, üçte birinin beslenme kusurları ve alkol, geri kalan üçte birinin ise enfeksiyon, cinsel davranış ve iş yaşamından[4] kaynaklandığı kaydediliyor.

Öte yandan Ortak Pazar'da yüzde doksanbeşi ölümle sonuçlanan akciğer kanseri olaylarının başlıca nedeninin sigara olduğu açıklandı.

VOCABULARY

sigara	cigarette
içmek (*p.* içilmek)	drink; smoke (cigarettes, etc.)
kişi	person, human being
başına	for each, each, per
kişi başına	per head, per capita
Yunanistan	Greece
belirlenmek	be determined; become definite
ortak *n.*	partner; associate; *a.* common, communal
pazar	bazaar; market; Sunday
Ortak Pazar	the Common Market
komisyon	commission
sayı	number; issue (of a magazine, newspaper)
yazı	piece of writing, (written) article
topluluk	community; society
AET *abbr.* Avrupa Ekonomik Topluluğu	the European Economic Community (EEC)
kanser	cancer
etki	influence, effect
durulmak	stop; stand; slow down
üzerinde durulmak	dwell on, take up the point; emphasize, focus on, stress
yakalanmak	be seized/caught; *med.* (-e) be infected with/contract (a disease)

yarı *n./a.*	half	**enfeksiyon**	infection
yenilmek	be defeated/overcome; succumb (to a disease)	**cinsel**	sexual
		davranış	conduct, behavior
ölüm	death	**yaşam**	life, living
sonuçlanmak	come to an end/conclusion; end up	**kaynaklanmak** (-den)	have (its) source in, be due to
vaka	event; occurence; *med.* case	**öte yandan**	moreover; at the same time; on the other hand
üç	three		
		doksan beş	ninety-five
tütün	tobacco		
		akçiğer	lungs
beslenme	nutrition; diet		
		başlıca	principal, chief, main
kusur	defect, deficiency, flaw		
		neden *n.*	cause, reason; *adv.* why?
geri kalan	the rest, the remainder		

NOTES

1. The four key elements in this sentence are: **yazıda** *(in an article);* the coordinate nominalization constructions ending in **yakalandığı** *(that they contract)* and **öldüğü** *(that they die);* and finally the verb **bildiriliyor** *(it is made known/revealed that).* Since the verb is passive, the sentence does not require a subject other than the dummy *it.*

2. **üzerinde durulan yazıda,** *in the article which dwells on/emphasizes/takes up the point of.* **durulmak** is the impersonal passive of the intransitive verb **durmak,** *stand, stop,* but preceded by **üzerinde** it has a special idiomatic use.

3. **üçte bir,** *one-third,* lit. *in three one.*

4. **iş yaşamından,** *from working conditions,* lit. *work life.*

SELECTION ELEVEN

SECTION 1

ULUSLAR

RUMLAR ÖZAL'A ATEŞ PÜSKÜRÜYOR

Reşat AKAR

LEFKOŞE- Türkiye Başbakanı Turgut Özal'ın, Kıbrıs konusundaki son gelişmeler üzerine yaptığı açıklama Kuzey Kıbrıs Türk Cumhuriyeti'nde büyük bir memnuniyet yaratırken, Güney Kıbrıs'ta ciddi endişelere yol açtı.

Başbakan Özal'ın "Sabrımızın da bir sınırı vardır. Kıbrıs konusunda politikamızı yeniden gözden geçiririz ve Ada'nın Yunanistan'a ilhakına müsaade etmeyiz" şeklindeki sözlerini[1] Kuzey Kıbrıs'taki Türk gazeteleri geniş bir şekilde[2] yansıtırken, Rum gazeteleri de liderleri Kipriyanu'nun, Özal'a yönelik saldırısına geniş yer verdi.

Rum yönetimi Başkanı Spiros Kipriyanu yaptığı açıklamada, Başbakan Özal'ı "Tehdit ve şantaja" başvurmakla suçladı. Kıbrıs konusundaki açıklamalarını sert bir dille eleştirmeye çalıştı.[3] Kipriyanu "Özal bizi yeniden tehdit edeceğine[4] Birleşmiş Milletler kararlarına uysun" dedi.

VOCABULARY

ulus	nation, people
Rum	Greek (resident in Turkey or Cyprus)
püskürmek	blow liquid from the mouth; spray
ateş püskürmek (-e)	be furiously angry (with)
Lefkoşe	Nicosia (Cyprus)
Kıbrıs	Cyprus
gelişme *vn.*	development; growth; expansion
kuzey	north
cumhuriyet	republic
Kuzey Kıbrıs Türk Cumhuriyeti (=KKTC)	the Turkish Republic of Northern Cyprus
memnuniyet	pleasure; happiness; satisfaction
güney	south
yol açmak (-e)	open the way, cause, bring about
sabır (-brı)	patience, forbearance
yeniden	again, from the beginning, anew
gözden geçirmek	examine, look over, scrutinize
ada	island
ilhak	annexation

müsaade	permission, consent
müsaade etmek	permit, consent
yansıtmak	reflect; echo (sound, words)
yönelik (-e)	directed/aimed (at); devoted (to)
tehdit	threat, menace
tehdit etmek	threaten
şantaj [*Fr.* chantage]	blackmail, extortion
sert	tough, hard; stiff; harsh; severe
eleştirmek (*vn.* **eleştirme**)	criticize
birleşmiş	united
Birleşmiş Milletler	the United Nations
uymak (-e)	comply(with), conform (to); follow

NOTES

1. **Başbakan Özal'ın "Sabrımızın...etmeyiz" şeklindeki sözlerini**, lit. *Prime Minister Ozal's words* (accusative/objective) *in the form "...".* It seems most convenient to break off at **sözlerini**, and to freely translate what precedes it as two complete sentences, *i.e., Prime Minister Ozal declared* "...[two sentences]...". The remainder of the Turkish sentence can then be translated as a single English sentence, beginning with **sözlerini** (which also is implied in the previous sentences) and ending with **yer verdi**.

2. **geniş bir şekilde**, *overwhelmingly,* lit. *in a broad way.*

3. **açıklamalarını sert bir dille eleştirmeye çalıştı**, *he went on* (lit. *strove*) *to harshly* (lit. *with a harsh tongue*) *criticize his [Ozal's] statements.*

4. **tehdit edeceğine**, *instead of his threatening.* The form **-eceğine**, meaning *instead of,* consists of the future nominalization suffix **-ecek**, followed by the possessive suffix (*here* -i-) and the dative suffix (**-e/-a**). (TG-L 187 [28]; TG-U 322)

Bu arada KKTC Cumuhurbaşkanı Rauf Denktaş da dün sabah yaptığı açıklamada, Başbakan Turgut Özal'a saldıran Rum lideri Kipriyanu'ya yanıt verdi ve "Senin Özal'a cevap vermeye hiç hakkın yoktur.[1] Hele Papandreu'ya danışmadan[2] hiç bir şey yapamazsın" dedi.

Rauf Denktaş, Rum ve Yunan liderliğinin uzlaşmaz siyasetine[3] işaret ederken, Kıbrıs Adası'nın bir Yunan adası olmadığını, Türkiye'nin etkin garantörlüğünden taviz[4] verilemeyeceğini tekrarladı.

VOCABULARY

ara	interval (in time/space)	uzlaşmak	come to an understanding/agreement; compromise
bu arada	meanwhile	uzlaşmaz	uncompromising, unyielding
sabah	morning	işaret	sign; mark
saldırmak (-e)	attack, assail	işaret etmek	point to; *fig.* allude to
hakkınız yok	you do not have the right	etkin	active; effective
hele *adv.*	above all; especially	garantörlük	status of being a guarantor
danışmak (-e)	ask advice (from); consult (with)	taviz	concession
liderlik	leadership	taviz vermek	make a concession

NOTES

1. **hakkın yoktur**, *you have no right.*

2. **Papandreu'ya danışmadan**, *"without consulting Papandreu."* The **-ma** of **-madan** is the negative suffix, not the suffix **-me/-ma** characteristic of the verbal noun. (TG-U 389[c])

3. **uzlaşmaz siyaset**, *uncompromising policy*, **uzlaşmaz** is a negative aorist participle. These are often treated as simple nouns and adjectives. (TG-U 281-282[6])

4. **Türkiye'nin etkin garantörlüğünden taviz**, *[any] concession on* (lit. *from*) *Turkey's status as a guarantor.*

SELECTION TWELVE

SECTION 1

Tehditlere kulak asmayan Amerikalılar Paris'i doldurdu

KORKUSUZ AMERİKALILAR

Bazı Amerikalılar her türlü tehlikeyi göze alıp Avrupa'ya tatil yapmaya gidiyorlar. Bu turistler Avrupa'ya gelmeden önce özellikle basında çıkan haberler yüzünden korkuya kapıldıklarını, ama tatile çıkar çıkmaz[1] her şeyi unuttuklarını söylüyor ve ekliyorlar: "Paris'te ölmekten daha güzel ne olabilir?"

Paris metrosu ve kenar mahalleler gecegündüz Amerikalı turistlerle dolu. Bunlardan biri korkusuzluğunu şöyle yorumluyor: "Son saldırılar alışkanlıklarımızı değil, olaylara bakış açımızı[2] değiştirdi."

Dış Haberler Servisi - Avrupa'da son aylarda Amerikan hedeflerine karşı peş peşe girişilen saldırılar Amerikalı turistlerin gözünü korkutmuşa benzemiyor. Geçen yıl Amerikan TWA Havayollarına bağlı bir yolcu uçağı ile Amerikalı yolcularla dolu İtalyan Achille Lauro gemisinin kaçırılmasına, Roma ve Viyana havaalanlarına yapılan bombalı saldırılara rağmen Avrupa, özellikle Paris, Amerikalı turistler için hâlâ cazip bir tatil yeri. Fransız Le Matin gazetesine göre Libya'nın Avrupa'daki Amerikan tesislerine karşı misilleme saldırılarına girişme tehdidinin sürmesi[3] de Amerikalı turistleri etkilememiş görünüyor.

VOCABULARY

kulak	ear
asmak	hang, suspend
kulak asmak	heed, pay attention
doldurmak	fill
korkusuz	without fear, fearless
tehlike	danger, risk
göze almak	risk; resign oneself to
gitmek	go; go away, depart
basın	the press, newspapers
çıkmak	come out, go out; leave; appear
yüz	face
yüzünden *as post.*	because of, on account of
eklemek	add; attach; append
kenar *n.*	edge, border; shore; *attr.* remote; peripheral
mahalle	neighborhood; quarter; district
kenar mahalle	distant (and poor) suburb

gecegündüz	night and day, continually	**havayolları**	airline
dolu	full	**bağlı (-e)**	tied (to); dependent (on); connected with; *here* belonging (to)
korkusuzluk	lack of fear, fearlessness	**yolcu**	traveler, passenger
şöyle *a.*	such a, of this/that kind; *adv.* like this/that, this/that way	**gemi**	ship, line
yorumlamak	comment on, interpret, explain	**kaçırmak** (*vn.* **kaçırma**)	make/let escape; miss (a chance, a train); kidnap; hijack
bakış	look, glance	**Viyana**	Vienna
açı	angle; *fig.* point of view	**havaalanı**	airport, airfield
bakış açısı	point of view, way of regarding	**bombalı** *a.*	bombing-, bomb- *(attributive)*
hedef	target; object; aim, goal	**cazip**	attractive, alluring
peş peşe	one after another, successively	**tesis**	establishment; institution; facility; association
girişmek (-e)	meddle, interfere; undertake, set about	**misilleme**	retaliation
korkutmak	frighten; threaten	**girişme** *vn.* **(-e)**	undertaking
gözünü korkutmak	daunt, intimidate	**sürme** *vn.*	*here* continuation
benzemek (-e)	look like, be like, resemble; seem	**etkilemek**	effect, have an influence on

NOTES

1. **tatile çıkar çıkmaz**, *as soon as they leave on [their] vacation.* The combination of the positive and negative present tense forms of the verb expresses the notion *as soon as.*

2. **olaylara bakış açımızı**, *our way* (lit. *angle) of looking at events.*

3. **tehdidinin sürmesi**, *continuation of the threat, continuous threat.*

Amerikan yönetimi yabancı ülkelerdeki tesislerine karşı olası terör eylemleri için ne kadar ihtiyatlı[1] davranıyor ve güvenlik önlemlerine ne kadar büyük önem veriyorsa, Amerikalı turistler de aksine o kadar cüretli davranarak cesurca Avrupa'ya tatile gidiyor. Avrupa'ya tatile çıkmayı bir kahramanlık olarak kabul etmeyen[2] bazı Amerikalılar, ülkelerindeki basın yayın organlarının[3] uyarılarına rağmen daha önceden planladıkları Avrupa tatillerinde hiçbir değişiklik yapmıyor. Oysa ABD'nin Libya saldırısından sonra bunun tam tersi olacağı, Avrupa turizminin büyük sekteye uğrayacağı tahmin edilmişti.

Le Matin'e göre bu durumun Amerikalıların "aptallığından" ya da günlük haberleri izlememelerinden[4] kaynaklandığı düşünülebilir. Ama durum böyle değil. Amerikan vatandaşları, yönetimlerinin "Uluslararası terörizme, özellikle Kaddafi'nin terör tehditlerine karşı amansız bir savaş açtığını" çok iyi biliyor.

Tatil için Paris'e gelen Coloradolu bir çift, birbuçuk yıldan beri Avrupa sahillerini gezmek için hazırlık yaptıklarını söylüyor. Avrupa'da bulundukları süre içinde Batı Berlin ve diğer ülkelerde yapılan bombalı saldırılar, onları planlarında herhangi bir değişiklik yapmaya itmemiş. Sırt çantalarında bir de bebekleri olan bu Amerikalı çift,[5] son olayların kendilerini korkutmadığını söylüyor.

VOCABULARY

yabancı *a.*	foreign, alien; *n.* foreigner; stranger
olası	probable; possible
ihtiyatlı	cautious, discreet, prudent
önlem	step, measure; precaution
aksine	on the contrary
cüretli	bold, daring, audacious
cesurca	bravely, courageously, boldly
kahramanlık	heroism, bravery; heroic act
basın yayın organları	press and broadcast media
uyarı	warning; caution
planlamak	plan (something)
değişiklik	change, alteration
oysa	however, yet, but
ters	back/reverse of (something); opposite
sekte	interruption; stoppage, cessation
uğramak (-e)	touch at; visit; drop in; encounter; suffer (a loss)
sekteye uğramak	come to a halt, cease; be cut back; be interrupted
tahmin etmek	conjecture; guess, estimate
aptallık	stupidity; foolishness
günlük *a.*	daily; for...days

izlemek trace; follow; keep up with, follow (events)

böyle *a.* such, this kind of; *adv.* like this, in this way

uluslararası international

amansız pitiless; cruel; deadly; relentless

çift pair; couple

buçuk and a half (after numerals)

bir buçuk one and a half

sahil shore, coast; bank

gezmek go about, travel, tour, visit

hazırlık preparation; readiness

batı west; the West, Western countries

itmek push, shove; *fig.* compel, induce

sırt back (of an animal); spine

çanta bag; handbag; pack; purse

sırt çantası backpack

bebek baby; doll

NOTES

1. **ne kadar ihtiyatlı...ne kadar büyük önem**, *no matter how cautiously...no matter what great importance.*

2. **Avrupa'ya tatile çıkmayı bir kahramanlık olarak kabul etmeyen**, *not considering* (lit. *accepting) going on a vacation to Europe as a heroic act.*

3. **basın yayın organları**, *the press and broadcast media.*

4. **günlük haberleri izlememelerinden**, *from their not keeping up with/keeping abreast of daily news reports.*

5. **sırt çantalarında bir de bebeklerini olan bu Amerikalı çift**, *moreover, this American couple, having their babies in backpacks.* The non-verbal particle **var**, used in the *have* construction in a simple sentence, is replaced by **olan** in the corresponding participial construction. (TG-U 101-102, 277)

San Franciscolu bir çift de dostlarının tüm uyarılarına rağmen Paris'e tatile gelmişler, arkadaşlarının zorlamalarına karşılık da Sacré-Coeur mahallesine gitmemeye söz vermişler. Bu çift gazetecilere yaptıkları bir açıklamada, sözlerinde durmayıp gittikleri Sacré-Coeur'ü çok güzel bulduklarını belirttiler. Üstelik ABD'deki tanıdıklarına da telefon edip bu yaz Paris tatilini kaçırmamalarını tavsiye etmişler. Paris metrosu, gece yarısından sonra bile Amerikalı turistlerle dolu. Bu turistler, Avrupa'ya gelmeden önce özellikle basında çıkan haberler yüzünden korkuya kapıldıklarını, ama tatile çıkar çıkmaz her şeyi unuttuklarını, eğlenmeye baktıklarını söylüyorlar. "Paris'te ölmekten daha güzel ne olabilir?" diye de ekliyorlar.

Teröristler için mükemmel bir hedef olarak gördüğünü kabul ettiği Amerikan konsolosluğunun[1] ikiyüz metre ilerisindeki bir İngiliz kütüphanesine her gün giden bir Amerikalı turist, "Benim başıma hiçbir şey gelmez"[2] diyor: "Son saldırılar alışkanlıklarımızı değil, olaylara bakış açımızı değiştirdi."

Bütün bunlara rağmen Amerikan seyahat şirketlerinin müşterilerinin azaldığı belirtiliyor.

VOCABULARY

dost	friend
arkadaş	friend
karşılık	equivalent; converse; (-e) in response to
söz vermek	give one's word, promise
gazeteci	newsman, journalist
durmak	stop; cease; stand; continue
sözünde durmak	keep one's word
üstelik	in addition, furthermore
tanıdık	acquaintance, person with whom one is acquainted
telefon etmek	telephone (someone)
yaz	summer
tavsiye	recommendation, advice
tavsiye etmek	recommend, advise
gece	night
gece yarısı	midnight
bakmak (-e)	look at; look after, tend; look for
mükemmel	perfect; complete; excellent
konsolosluk	consulate
ikiyüz	two-hundred
başına gelmek	befall, happen to
seyahat	journey, trip, voyage
seyahat şirketi	travel agency
müşteri	customer, buyer, client
azalmak	become less, diminish, decrease

NOTES

1. **Teröristler için mükemmel bir hedef olarak gördüğünü kabul ettiği Amerikan konsolosluğunun,** *[of the] American consulate which he admits that he considers as a perfect target.*

2. "**Benim başıma hiçbir şey gelmez,**" *"Nothing at all happens to me,"* lit. *"Nothing at all comes to my head."*

SELECTION THIRTEEN

DÜNYA IRKÇI REJİMİ KINIYOR

Dış Haberler Servisi - Güney Afrika Cumhuriyeti'ndeki ırkçı yönetimin önceki gün[1] komşu üç ülkenin topraklarında giriştiği saldırganlığa çeşitli ülkelerden tepkiler geliyor. ABD, İngiltere ve İngiliz Uluslar Topluluğu ülkelerinden sonra dün de İsveç, Çin Halk Cumhuriyeti, Hindistan ve Sovyetler Birliği,[2] Botswana, Zimbabve ve Zambiya'da gerilla üssü olduğu iddia edilen bölgelere karşı girişilen saldırıları kınadı.

Irkçı yönetime bağlı birliklerin saldırılarını protesto amacıyla dün Güney Afrika'nın Johannesburg kentinde yüzlerce üniversite öğrencisi dersleri boykot etti. Polisle gösteri yapan öğrenciler arasında çatışma çıktığı ve 13 öğrencinin tutuklandığı bildiriliyor.

İsveç hükümeti tarafından dün yapılan açıklamada, "Güney Afrika Cumhuriyeti ırkçı politikasını savunmak amacıyla gittikçe daha büyük çapta saldırganlık örnekleri veriyor"[3] denildi. Hindistan ve Çin yönetimleri de ırkçı yönetimin giriştiği son saldırıları kınadılar ve bu ülkenin ırkçı politikasını değiştirmesi için baskıların artırılmasını istediler.

Birleşmiş Milletler Genel Sekreteri Perez de Cuellar da, beyaz azınlık yönetiminin uluslararası hukuku hiçe saydığını bir kez daha gösterdiğini söyledi.

Sovyetler Birliği, Güney Afrika'nın Afrika'daki bağımsız ülkelere karşı giriştiği saldırıların, başlıca müttefikleri olan ABD ve İsrail'in Libya ve Lübnan'daki saldırganlıklarına benzediğini bildirdi.

3 kişinin öldüğü, 15 kişinin yaralandığı Güney Afrika saldırılarını protesto amacıyla[4] Johannesburg'daki üniversitelerde dün dersler boykot edildi. 800 üniversite öğrencisi kentte bir gösteri yaparak ırkçılık aleyhtarı marşlar söylediler. Olaya polisin müdahale etmesi üzerine çatışma çıktığı ve çok sayıda öğrencinin tutuklandığı bildiriliyor.

Bu arada Johannesburg kentinde siyahlar arasında çıkan çatışmalarda ölü sayısının 16'ya çıktığı haber veriliyor. İki gündür devam eden çatışmalarda yüzlerce ev yakıldı.

VOCABULARY

ırkçı — racist

rejim — regime

kınamak — condemn; censure; blame

güney — south

Güney Afrika Cumhuriyeti — the Republic of South Africa

önceki — the preceding, former

toprak — earth; land; territory; ground

saldırganlık — aggression; belligerence

ulus	nation, people	**Genel Sekreter**	Secretary-General
İngiliz Uluslar Topluluğu	the British Commonwealth of Nations	**beyaz**	white
		azınlık	minority
İsveç	Sweden	**hukuk**	law, jurisprudence; (*pl.* of **hak**) rights
Çin	China		
Çin Halk Cumhuriyeti	the People's Republic of China	**uluslararası hukuk**	international law
Hindistan	India	**hiç**	*here* nothing, zero
gerilla	guerrilla warfare; guerrilla	**hiçe saymak**	count as nothing; disregard
üs (-ssü)	base, basis; *mil.* base	**göstermek**	show; demonstrate
iddia	claim; pretension	**müttefik**	ally
iddia etmek	claim; pretend; allege	**Lübnan**	Lebanon
kent	city, town	**ırkçılık**	racism
boykot etmek	boycott	**aleyhtar** *a.*	against, opposed; *n.* opponent
tutuklamak (*p.* **tutuklanmak**)	arrest, take into custody	**ırkçılık aleyhtarı**	anti-racist
savunmak	defend, protect	**marş**	*mil.* march; *mus.* march, hymn, tune
gittikçe	gradually, more and more, little by little	**söylemek**	*here* sing
		siyah *a.*	black; *n.* black person
çap	diameter; scale, size	**ölü** *a.*	dead; *n.* corpse; carcass
örnek	example; sample, specimen		
		devam	continuation
denilmek	be said; be named/called	**devam etmek**	continue
artırmak (*p.* **artırılmak**)	increase, augment	**yakmak** (*p.* **yakılmak**)	burn, set on fire
genel	general		

NOTES

1. **önceki gün**, *[on] a previous day, the other day.*

2. **Sovyetler Birliği, Botswana, Zimbabve ve Zambiya'da...bölgelere karşı... Sovyetler Birliği** is the final element of the complex subject of the verb **kınadı**, *condemned.* The **-da** of **Zambiya'da** in accordance with the principle of suspended affixation, applies to **Botswana** and **Zimbabve** as well. The construction can then be rendered: *against regions...in Botswana, Zimbabwe and Zambia.* The context of the previous sentence **(komşu üç ülkenin)** clears up the apparent ambiguity caused by the fact that **Botswana, Zimbabve** immediately follows **Sovyetler Birliği**.

3. **örnekleri veriyor**, *is providing examples,* lit. *is giving the examples.*

4. **Güney Afrika saldırılarını protesto amacıyla**, *with the objective of protesting* (lit. *protest) South African attacks.* Note that the noun **protesto** governs the preceding noun **(saldırılarını)** in the accusative case.

SELECTION FOURTEEN

SECTION 1

TENCERE

ÇEVRE KAVRAMININ NERESİNDEYİZ?[1]

Necati ZİNCİRKIRAN

İstanbul'da yürüyüş için bana göre iki güzel yer var ..Belgrad Ormanı ve Yıldız Parkı.. Haftanın bazı günleri sabah erken bu iki yere gider bir saat kadar yürürüm. Son yıllarda buraların epey müşterisi var. Güzel bir doğa ve tertemiz hava içinde yürümek veya koşabilmek ne büyük bir nimet?

Yıldız Parkı, Çelik Gülersoy sayesinde bakımlı, tertemiz bir hale getirildi. Belgrad Ormanı'nda da Orman Bölge Müdürlüğü birşeyler yapmaya çalışıyor. Daha iyi olamaz mı? Hem de nasıl? Ormanda yapılanlar bu yönetimin huyundan mıdır, yoksa suyundan mı,[2] çok ağır gidiyor. Oysa İstanbul büyüdükçe[3] ihtiyaç da büyüyor. Halk orada daha çok şeyler görmek istiyor.

Gerek Yıldız'da gerek Belgrad Ormanı'nda yürürken birşey dikkatimi çeker genellikle ..Önümde yürüyen veya koşan kimselerin kullandıkları kağıt mendilleri yere atmaları!.. Bir insan kağıt mendil kullanacak kadar uygar olabilmişse[4] o mendili sokağa atmaması gerekir.

Aynı şekilde arabadan atılan sigaralar, veya yollarda boşaltılan sigaralıklar olayı da bundan farklı değildir. Şimdi İstanbul'un her cadde ve sokağında 50 metrede bir çöp kutusu var.

Bunlar gene birşey değil,[5] biz çöplerini yaşadığı yalıdan denize döken yalı sahiplerini biliyoruz. Bahçesini budayıp veya budatıp çiçek ve ağaç dallarını, yapraklarını gecenin karanlığında denize atan sözde kültürlü kişileri de tanıyoruz.

VOCABULARY

kavram	concept; idea; notion
yürüyüş	gait; walk, stroll
orman	forest; woods
yıldız	star
erken	early
bir saat kadar	for about an hour
yürümek	walk, go for a walk
buraları	these places; around here
epey	a good many, lots of
müşteri	customer, buyer; visitor (to a public place)
doğa	nature
tertemiz	spotlessly clean, sparklingly clean

koşmak	run	**kağıt**	paper
nimet	blessing; good fortune; kindness; favor	**mendil**	handkerchief
çelik	steel	**uygar**	civilized
Çelik Gülersoy	*a personal name*	**sokak**	street, road
bakımlı	well cared for, well kept	**araba**	cart, carriage; automobile, car
bir hale getirmek	bring up to a state/ condition	**boşaltmak** (*p.* **boşaltılmak**)	empty out, pour out, evacuate; unload
müdürlük	directorate; management; head office	**sigaralık**	ashtray
Orman Bölge Müdürlüğü	The Directorate of the Forest Region	**cadde**	main road in a city, avenue
bir şeyler, birşeyler	some things	**çöp**	chip; garbage; trash
hem	besides; and also	**kutu**	box; can (for canned goods)
hem de nasıl!	and how! indeed yes!	**çöp kutusu**	garbage can
huy	disposition; character; temper	**gene**	again; moreover; still
su (-yu)	water	**yalı**	waterfront house/ manison
huyu suyu	basic nature and disposition	**deniz**	sea
yoksa	or; or else; otherwise; if not	**dökmek**	pour, pour out; empty; spill; scatter
ağır	heavy; slow	**bahçe**	garden
büyümek	become larger; grow; increase	**budamak**	prune; trim
orada	there	**budatmak**	have pruned; have trimmed
gerek...gerek	whether...or	**çiçek**	flower
genellik	generality	**ağaç**	tree
genellikle	in general; usually	**dal**	branch
kimse	someone, somebody; person	**yaprak**	leaf
		karanlık	the dark, darkness
		sözde	supposedly; so-called

kültürlü	cultured; well-educated	**tanımak**	know; be acquainted with; recognize

NOTES

1. **Çevre kavramının neresindeyiz?**, *Where are we with respect to the concept of environment?*, lit. *In what place of the environment concept are we?*

2. **bu yönetimin huyundan mıdır, yoksa suyundan mı**, *whether by the nature or disposition of this management.*

3. **İstanbul büyüdükçe**, *as Istanbul grows.* The compound suffix **-dikçe** is often used to denote continuous action. (TG-U 387-388)

4. **Bir insan kağıt mendil kullanacak kadar uygar olabilmişse**, *if a person can be civilized enough to use a paper handkerchief*, lit. *civilized to the extent he will use a paper handkerchief.*

5. **Bunlar birşey değil**, *these [cases] are nothing [compared to what follows].*

SECTION 2

Hele hele, her yıl bugünlerde Etiler ve Bebek'teki kanalizasyonlara apartmanların yakıt tanklarındaki fuel-oil çamurunu döktüren ve denizi yağ içinde bırakan[1] apartman sahibi, yönetici veya kapıcılarının da varlığından haberliyiz.

-Adam sen de ben atayım da, gerisinden bana ne?[2]

En büyük vatan hainliği başkalarının haklarına saygılı olmamaktır. Bunun ötesinde çevreyi kirletmektir. Doğaya ve topluma zarar vermektir.

Çevre hepimizin ortak malıdır. Çünkü insan dediğimiz yaratık[3] tek başına yaşamamaktadır. Toplu yaşamak[4] zorundadır. Toplu yaşayan insanoğlu çevresini temiz tutmak zorundadır. Biri temiz tutar diğeri pisletirse olmaz... Herkesin ortak mala aynı titizlikle sahip çıkması gerekmez mi?

Yıldız Parkı'na ve ormana bakıyorum, orada çöp kutuları dururken millet pislikleri yerlere atmış. Ve hergün görevliler insanların bu pisliklerini temizlemekle meşgul.

Acaba bunları yapanların evleri nasıl? Örneğin tuvalet yerine oturdukları salonun ortasına mı pisliyorlar?

VOCABULARY

bugün	today
bugünlerde	nowadays, at this time
kanalizasyon	sewer system, drainage
apartman	apartment building
yakıt	fuel (for heating)
çamur	mud; slime; sludge
döktürmek *vc.*	have (something) poured/spilled/ emptied/poured out
yağ	oil
bırakmak	leave; abandon, quit; let go; allow, permit
yönetici	director; manager; administrator
kapıcı	doorkeeper; maintenance man
haberli	informed; knowing; knowledgeable
sen	you *(sing.)*
geri	back, rear; the rest
vatan	one's native country, fatherland
hainlik	treachery, perfidy
bunun ötesinde	beyond this, in addition
kirletmek	make dirty, soil, sully
zarar	damage; harm; injury
zarar vermek	damage; harm; injure
mal	property, possession; wealth; merchandise
çünkü	because
yaratık	creature, living thing
tek başına	alone, apart, on one's own
toplu *a.*	collected, gathered; collective; *adv.* collectively, as a member of a group
insanoğlu	man, human being; mankind
pisletmek	make dirty, soil; mess up
olmaz	is not possible, does not happen
herkes	everyone, everybody
titizlik	fastidiousness, scrupulousness, meticulousness
sahip çıkmak (-e)	claim ownership of; look after; act as a guardian of
millet	nation; people; the public
pislik	filthiness; filth, dirt
hergün, her gün	every day
görevli *a.*	*n.* government employee on duty
temizlemek	clean, clean up; clear away
meşgul (-le)	busy; occupied; concerned

acaba	I wonder (whether); do you think?	**tuvalet**	toilet
nasıl	how? what kind of?	**salon**	living room; lounge
örneğin	for example	**pislemek (-e)**	dirty, soil; relieve oneself

NOTES

1. **denizi yağ içinde bırakan,** *leaving the sea covered with* (lit. *in) oil.*

2. **-Adam, sen de ben atayım da, gerisinden bana ne?,** *"You, man, as long as I throw [it in], what do I care about the rest?"*

3. **insan dediğimiz yaratık,** *the creature we call man.*

4. **toplu yaşamak,** *live collectively/as a member of a group/as a social being.*

SELECTION FIFTEEN

SECTION 1

ÖZETLE

Gorbaçov, KGB'nin özel toplantısına katıldı

Sovyetler Birliği Komünist Partisi Genel Sekreteri Mihail Gorbaçov, Sovyet Güvenlik Servisi KGB'nin önceki gün başlayan özel toplantısına katıldı. Sovyetler Birliği Resmi Haber Ajansı "TASS", konferansta KGB'nin faaliyetlerinin artırılmasının ele alındığını duyurdu. Sovyetler[1] Birliği'nin içişlerinde uzman olan Batılı diplomatlar, toplantının olağan sayılmadığını ve büyük bir olasılıkla Gorbaçov'un geçen hafta Sovyet büyükelçilerine karşı yaptığı konuşma ile aynı amaca yönelik olduğunu kaydediyorlar. Batılı diplomatlar, KGB'nin ülke içinde ve dışındaki faaliyetlerinde az da olsa bir değişme gördüklerini, ancak Gorbaçov'un işbaşına gelmesi nedeniyle etkisinin azalmasının beklenmediğini[2] kaydettiler. (a.a.)

Bangladeş: Feribot kazasında ölü sayısı 600

Bangladeş'te bugüne kadar meydana gelen en büyük feribot faciasında ölenlerin sayısı 600'e ulaştı. Dalgıçlar nehirden 50 ceset daha çıkardılar.[3] Yetkililer, bugüne kadar 300 cesedin nehirden çıkartıldığını,[4] geri kalan 300 cesedin ise ya sürüklendiğini, ya da nehir yatağına saplandıklarını bildirdiler. Feribot, pazar günü Dakka'ya gitmek üzere Bhola'dan ayrıldıktan hemen sonra çıkan fırtına sırasında ters dönmüştü. Yetkililer, feribotun kapasitesinin 550 olmasına karşın, feribotta 1100 kişinin bulunduğunu kaydettiler.

VOCABULARY

özet	summary, résumé, digest
önceki gün	the other day, recently; the previous day
ajans	agency; news agency
haber ajansı	news agency
ele almak	take up, consider (a matter)
içişleri	internal/domestic affairs
uzman	expert, specialist
olağan	normal, usual, common, routine
olasılık	probability
az da olsa	no matter how slight/small
işbaşına gelmek (-in)	come to power
nedeniyle	because, because of
a.a. *abbr.* Anadolu Ajansı	Anatolian Agency
feribot	ferryboat

kaza	accident	**saplamak**	stick/thrust into
facia	tragedy, calamity, catastrophe	**saplanmak** *vp.*	be thrust into; penetrate, sink into
dalgıç	diver	**pazar günü**	Sunday
nehir (-hri)	river	**üzere** *following an infinitive*	on, upon; on the point of; for the purpose of
daha	more; still, yet; so far, already, until now	**fırtına**	storm, gale
çıkartmak *vc.*	have taken out/ removed	**sıra**	row; order; sequence; turn; time
geri kalan	the rest, the remainder; the remaining	**sırasında**	in the course of, during
ya	or	**dönmek** *vi.*	turn; go/come back, return
ya...ya	either...or	**ters dönmek**	lose one's bearings
süreklemek (*p.* **süreklenmek**)	drag, drag away	**karşın** (-e)	in spite of
yatak	bed; riverbed		

NOTES

1. The key elements in this sentence are: **diplomatlar**, (subject: note the presence of the comma); the main transitive verb **kaydediyorlar** (are noting); and two coordinate nominalization constructions, both objects of **kaydediyorlar**, i.e., one ending in **sayılmadığını** *(its not being considered)*, the other in **yönelik olduğunu** *(its being directed/devoted)*.

2. **ancak Gorbaçov'un işbaşına gelmesi nedeniyle etkisinin azalmasının beklenmediğini**, *but that because Gorbachev had come to power, no decrease in its influence was expected.*

3. **Dalgıçlar nehirden 50 ceset daha çıkardılar**, *Divers have removed 50 more bodies from the river.* Note that **daha** in this context is translated *more.*

4. **nehirden çıkartıldığını**, *the fact that they were removed from the river.* **çıkart-**, *cause to remove/take out,* is the causative form of the transitive verb **çıkar-**, but the distinction between the two is sometimes lost in English translation.

ABD'den İran'a silah kaçakçılığı

ABD'den İran'a 2.5 milyar dolar tutarında silah kaçırmaya çalışan 17 kişilik çetenin 5 üyesi, Bermuda'dan ABD'ye iade edildikten sonra New York'ta tutuklandı. Bir Pan Am uçağı ile New York'taki Kennedy Havaalanı'na getirilen sanıklar, öldürme tehditleri üzerine çok sıkı güvenlik önlemleri alan polis tarafından bilinmeyen bir yere götürüldüler. Sanıklar arasında, emekli İsrailli General Bar Am'ın da bulunduğu bildirildi. Londra'dan Bermuda'ya geldikleri 21 Nisan tarihinde tutuklanan silah kaçakçıları hakkında Bermuda Yüksek Mahkemesi, ABD'ye iade kararı vermişti.[1] Amerikalı, Fransız, Federal Almanyalı ve Yunanlılardan oluşan 17 kişilik çetenin diğer 12 üyesi,[2] ABD'de daha önce tutuklanmıştı. (a.a.)

Palme cinayeti soruşturması

İsveç Başbakanı Olof Palme'nin öldürülmesi olayını soruşturan polis, cinayetin teröristlerin işi olmayabileceğini öne sürdü.[3] Polis yetkilileri, İsveç Polis Radyosu'na yaptıkları açıklamada, 16 terörist grup ile ilgili olarak soruşturma yürüttüklerini, ancak suikastle bu gruplar arasında bağlantı kuramadıklarını belirttiler. Yetkililer, suikastle ilgili olarak yaptıkları araştırmalar sonucu, uluslararası boyutlara varan ipuçları[4] bulduklarını da kaydediyorlar. (a.a.)

ABD firmaları G. Afrika'dan çekiliyor

Amerikan firmalarının Güney Afrika'yı terk etmeye ya da bu ırkçı devletle olan ilişkilerini azaltmaya yöneldikleri bildirildi. Washington'daki "Investor Responsibility Research Center" (Yatırımcı Sorumlulukları Araştırma Merkezi) tarafından yayımlanan bir raporda, geçen yılın başından beri 48 Amerikan firmasının Güney Afrika'yı terk etmeyi kararlaştırdığı kaydedildi. Raporda, bu kararlara yol açan asıl nedenin, Pretoria yönetimi tarafından izlenen ırk ayrımı politikasından çok,[5] ülkenin kâr etmeyi güçleştiren ekonomik durumu olduğu görüşüne yer verildi. Rapora göre, General Motors, Güney Afrika polis ve ordusuna araç satmama kararı alırken, IBM ve Xerox gibi diğer büyük ABD firmaları da Güney Afrika'dan tamamen veya kısmen çekileceklerini duyurdular. (a.a.)

VOCABULARY

kaçakçılık	smuggling	kişilik	personality; of/composed of...persons
milyar	billion	çete	gang, band
tutar	total, sum	üye	member (of a group)
kaçırmak (*vn.* kaçırma)	*here* smuggle	iade	return; giving back

iade etmek	return; give back; extradite
sanık	suspect, one charged/accused
sıkı	tight; strict; compact, dense
öldürme tehditleri	death threats
üzerine *post.*	onto; upon; after; following
emekli	retired
Nisan	April
kaçakçı	smuggler
mahkeme	court of law
karar vermek	decide, make a decision
Almanyalı	(a) German
Federal Almanyalı	(a) West German
oluşmak	come into existence; (**-den**) consist of, be made up/composed of
cinayet	murder
soruşturma *vn.*	investigation, inquiry
soruşturmak	investigate, inquire
İsveç *n.*	Sweden; *attr.* Swedish
suikast	assassination; assassination plot
bağlantı	connection, tie, link
kurmak	establish; found; form, create
boyut	dimension; size
varmak (-e)	arrive at; reach; attain
ipucu, *pl.* **ipuçları**	clue, hint, indication, *lit.* rope's end
firma	firm, company
G. Afrika = Güney Afrika	South Africa
çekilmek *vp.*	be pulled; (**-den**) withdraw (from)
terk etmek, terketmek	abandon, desert; leave, quit
azaltmak *vc.* *(vn.* **azaltma)**	reduce, diminish, lessen
yönelmek (-e)	head towards, turn towards; move in the direction of
yatırımcı	investor; depositor
yayımlamak *(p.* **yayımlanmak)**	publish
asıl *n.*	foundation; base; *a.* true, real, genuine, principal
ırk	race; lineage
ayrım	discrimination
kâr	gain, profit
kâr etmek	make a profit
güçleştirmek	make difficult, complicate
ordu	army
araç	means; tool; vehicle
satmak	sell
kısmen	partially, in part

NOTES

1. **iade kararı vermişti**, *had made the decision of returning, had decided to return.* The form **vermişti**, *had given*, is composed of: the verbal stem **ver-**; the narrative tense marker **-miş-**; and the past auxiliary **-ti**. The combination **miş+ti** often expresses the equivalent of the English past perfect/pluperfect tense (= had + past participle). (TG-U 185[1.2])

2. **Amerikalı, Federal Almanyalı ve Yunanlılardan oluşan 17 kişilik çetenin diğer 12 üyesi**, *the other twelve members of the 17-person gang, composed of [individuals] of American, French, West German, and Greek [nationality].* Because of the principle of suspended affixation the plural suffix **-ler/-lar** is only added to the last of the four national groups (**Yunanlılardan**). Since it is impossible to know whether the individual nouns of nationality refer to one or more individuals, the above circumlocution is offered as an alternate rendition.

3. **cinayetin teröristlerin işi olmayabileceğini öne sürdü**, *suggested that it might be possible that the murder was not the work of terrorists.* The compound form **-ebil-**, which normally characterizes the positive potential, cannot take a negative suffix, but it may be added to a negative stems in **-me/-ma**. The meaning then is *it is/might be possible that...not.* (TG-U 404)

4. **uluslararası boyutlara varan ipuçları**, *clues indicating international involvement*, lit. *clues arriving at/amounting to international dimensions.*

5. **ırk ayrımı politikasından çok**, *more than/rather than its policy of racial discrimination.* **çok** when following an ablative is rendered *more than, rather than.*

SELECTION SIXTEEN

SECTION 1

YORUM

BİR DEĞERLİ MİSAFİR

Prof. Fahir ARMAOĞLU

Biz Türkler, herhangi bir yabancı, ülkemiz ve milletimiz için iki çift güzel söz ettiği zaman, hemen ona "Türk dostu" damgasını vururuz. Bu bizim, milletlerarası politikanın karamsar havası içinde "dostluğa" olan özlemimizi ifade ettiği kadar[1], milletçe[2] "dostluğa" verdiğimiz değerin de bir ifadesidir.

Dünden itibaren beş günlük bir ziyaret için ülkemize gelmiş olan Federal Almanya Cumhurbaşkanı Sayın Richard Von Weizsaecker ise, sözünü ettiğimiz dostların ve dostlukların çok ötesinde ve çok üstünde yer almış bir şahsiyet[3]. Sayın Von Weizsaecker'in "dostluğu", alıştığımızın aksine, herhangi bir sözünden veya demecinden değil, doğrudan doğruya hareket ve davranışlarından gelmektedir. "Türk dostluğu"ndaki samimiyetinin dayanağı da bu hareket ve davranışlarıdır. Batı Berlin Belediye Başkanlığı sırasında Türk işçilerine gösterdiği yakınlık ve samimiyet, ağızdan ağıza nakledilen hikâyeler haline gelmiştir[4]. Bundan bir kaç yıl önce Alman hükümetinin daveti ile Batı Berlin'e de gittiğimizde, gazetemiz Tercüman'ın Batı Berlin temsilcisi bir akşam bizi bir kebapçı dükkânına götürmüştü. Dükkân Batı Berlin parlamentosuna yakın bir yerde idi. Dükkân sahibi, Belediye Başkanı Sayın Von Weizsaecker'in zaman zaman dükkânına gelip kebap yemesiyle öğünüyordu.

VOCABULARY

yorum	interpretation; comment
prof. = **profesör**	professor
değerli	valuable; worthy; estimable; honorable
misafir	guest, visitor
damga	brand; stamp; mark
damga vurmak	brand; label
milletlerarası	international
karamsar	pessimistic
dostluk	friendship
özlem	desire; yearning
ifade	expression; explanation
ifade etmek	express; explain
kadar	*here* as much as
itibaren (-den)	from, dating from, from...on
beş	five
Almanya	Germany

Federal Almanya	Federal (Republic of West) Germany
sayın	respected, honored, honorable; Mr. (formal)
söz etmek (-den)	talk about; discuss; mention
üst	upper surface; top
üstünde	on; on top of; above
yer almak	take a place, occupy a position
şahsiyet	personality; personage
alışmak (-e)	get used to, become accustomed to
aksine *as post.*	contrary to, in opposition to
herhangi	*(in neg. sentences)* any, whatever, whatsoever
demeç (-ci)	statement; declaration
doğru	straight; correct, accurate; true
doğrudan doğruya	directly
samimiyet	sincerity; cordiality
dayanak	support; *here* basis
belediye	municipality
belediye başkanlığı	office of mayor; chairmanship of a municipality
yakınlık	nearness, closeness; sympathy; rapport

ağız´ (ağzı)	mouth
ağızdan ağıza	by word of mouth
nakletmek (*p.* **nakledilmek)**	carry, conduct; transfer; narrate, relate, recount
hikâye	story, tale
haline gelmek	become, turn into
Alman	German
davet	invitation
davet etmek	invite
tercüman	interpreter; translator; *(capitalized)* the name of a Turkish newspaper
temsilci	representative, agent
kebapçı	cook and seller of shish kebab
dükkân	store; *here* restaurant
belediye başkanı	mayor; chairman of a municipality
zaman zaman	from time to time, occasionally
kebap (-bı)	shish kebab
yemek *vt.*	eat
yeme *vn.*	eating; food
öğünmek (övünmek) (-le)	be proud (of), take pride (in), boast (of)

NOTES

1. **ifade ettiği kadar**, *as much as it expresses.* **kadar** following a participle ending in **-diği** is translated *as much as.* (TG-L 186[26])

2. **milletçe**, *as a people, as a nation.*

3. **çok ötesinde ve çok üstünde yer almış şahsiyet**, *(is) a personality who has occupied a place far above and beyond.*

4. **ağızdan ağıza nakledilen hikâyeler haline gelmiştir**, *became stories/tales which were spread by word of mouth*, lit. *reached a state of tales which were conveyed/recounted from mouth to mouth.*

SECTION 2

Cumhurbaşkanı Von Weizsaecker'in Türkiye ziyareti şüphesiz talihsiz bir zamana rastlamıştır. Yunan azgınlığının ve Yunan edepsizliğinin ayyuka çıktığı, dolayısıyla basınımızın sayfalarının bunun tepkileriyle dolu olduğu bir zamanda, basınımız bu ziyarete yeteri kadar yer ayıramamıştır. Fakat şüphe yok ki, Türk milletinin kalbindeki duygular, gazete sayfalarının çok ötesindedir[1].

Sayın Von Weizsaecker ile konuşulacak konuların çokluğunda şüphe yok. Bunu da tabii karşılamak gerekir. Çünkü, Türkiye'nin gerçek bir Türk dostu cumhurbaşkanı ile konuşacak çok şeyi var. Bu ziyaret Türkiye için bir "dertleşme" ve "danışma" vesilesidir. İnsan "uzak arkadaşları" ile değil, "yakın dostları" ile dertleşir ve onlara danışır[2].

Şüphesiz konuşmaların ağırlığını, Türkiye'nin Avrupa ile münasebetleri ve bilhassa son zamanlarda bu istikamette ortaya çıkan müspet gelişmeler teşkil edecektir. Bu müspet gelişmelerde Federal Almanya'nın yardım ve desteği hiçbir zaman küçümsenemez. Bu sebeple, bu gelişmelerin hızlandırılması bakımından, Cumhurbaşkanı Von Weizsaecker'in hem kendi ülkesi ve hem de Batı Avrupa açısından söyleyecekleri ve keza bizim de söyleyeceklerimiz vardır. Bunların yanında, son günlerin "müttefiklerarası" tatsız gelişmelerin de değerlendirileceği şüphesizdir.

Sayın Von Weizsaecker'in ziyaretini Türkiye, dış politikasının ağırlığını "uzak"tan "yakın"a nakletmek için[3] iyi bir fırsat olarak kullanmalıdır.

VOCABULARY

şüphesiz *a.*	certain; sure; *adv.* certainly, without doubt
talihsiz	unlucky
rastlamak (-e)	encounter, come across; meet by chance; coincide
Yunan	Greek

azgınlık	fury, ferocity; madness; wildness
edepsizlik	insolence, rudeness, impertinence
ayyuk	the highest level of the heavens
ayyuka çıkmak	rise to the skies, reach an extreme point
dolayı (-den)	because of, on account of
dolayısıyla	because of it, consequently
sayfa	page
yeteri kadar	adequately, to a sufficient degree
ayırmak	separate; divide; allocate, assign, set apart
fakat	but
şüphe	doubt, suspicion
ki *conj.*	that; so that
duygu	feeling; impression; emotion
konuşulmak *vp.*	be discussed/talked about
çokluk	abundance; multitude
tabii *a.*	natural; *adv.* naturally, of course
karşılamak	welcome
gerçek *a.*	real, true; *n.* reality, truth
dertleşmek (*vn.* **dertleşme**) **(-le)**	have a heart-to-heart talk (with)
danışmak (*vn.* **danışma**) **(-e)**	consult (with); ask advice (of)
vesile	means; pretext; opportunity
uzak	far, distant, remote
münasebet	connection; relation
bilhassa	particularly, especially
istikamet	direction
ortaya çıkmak	appear; emerge; take place
müspet	positive; affirmative; favorable
teşkil etmek	form; constitute
küçümsemek (*p.* **küçümsenmek**)	underestimate
hızlandırmak (*vn.*, *p.* **hızlandırılma**)	accelerate, speed up
hem...hem (de)	both...and
kendi *a.*	own; -self, -selves
keza	also, too, likewise
yan	side; aspect
yanında	*here* besides, in addition to
müttefiklerarası	interallied
tatsız	tasteless; disagreeable, unpleasant
ağırlık	*here* emphasis
fırsat	opportunity, chance

NOTES

1. **Türk milletinin kalbindeki duygular, gazete sayfalarının çok ötesindedir,** *The heartfelt feelings of the Turkish people are far beyond the pages of a newspaper.*

2. **İnsan...onlara danışır,** *One...consults with them.* **İnsan,** *human being, person,* is also used for the indefinite *one, they.* (TG-L 77[22])

3. **dış politikasının ağırlığını "uzak"tan "yakın"a nakletmek için,** *in order to bring the serious state* (lit. *heaviness*) *of its foreign policy into bold relief* (lit. *to move from far to near*).

SELECTION SEVENTEEN

Polisin 19 üniversite öğrencisini öldürmesi protesto ediliyor

NİJERYA'DA BÜYÜK ÖĞRENCİ GÖSTERİLERİ

Başkent Lagos'ta otomobilleri ateşe veren öğrenciler, caddeleri ablukaya aldı. Askeri yönetim 9 üniversiteyi kapattı.

LAGOS, (A.P.) - Nijerya'da 19 üniversite öğrencisinin geçen hafta polis tarafından vurulmasını protesto amacı ile başkent Lagos'ta büyük öğrenci gösterileri yapılıyor. Askeri yönetim önceki gün Lagos Üniversitesi'ni kapattı ve tüm gösterileri yasakladı.

Nijerya'nın kuzeyindeki Zaria kentindeki Ahmadu Bello Üniversitesi'nde geçen cuma günü polis, öğrenci örgütü liderlerinin okuldan uzaklaştırılmasını protesto eden öğrencilerin üzerine ateş açmıştı. Açılan ateş sonucu[1] 19 üniversite öğrencisi ölmüştü. Başkent Lagos'ta bu olayı protesto amacı ile[2] gösteriler yapan yüzlerce öğrenci, otomobilleri ateşe vererek caddeleri ablukaya aldı. Sokaklara dökülen öğrenciler bir polis karakolunu ateşe verdi ve bir cezaevini basarak yüzlerce mahkûmu serbest bıraktı. Ülkedeki çeşitli üniversitelerde de polisin eylemini protesto amacıyla gösteriler yapılıyor ve okullar boykot ediliyor.

Nijerya'nın General İbrahim Babangida liderliğindeki askeri yönetimi, önceki gün başkent Lagos'taki bir üniversiteyi kapatarak tüm gösteri ve yürüyüşleri yasadışı ilan etti. Böylece ülkede kapatılan üniversite sayısı 9'a ulaştı.

Lagos radyosunun haberine göre askeri yönetim lideri İbrahim Babangida, önceki gün geçen hafta öldürülen 19 öğrencinin ailelerine başsağlığı mesajı iletirken, Eğitim Bakanı Jubril Aminu da, olayın meydana geldiği Ahmadu Bello Üniversitesi'ni[3] ziyaret ederek durumu gözden geçirdi. Lagos radyosu ayrıca, Nijerya İşçi Kongresi'nin olayı protesto amacıyla öğrencileri barışçıl gösteriler yapmaya çağırdığını haber verdi.

Askeri yönetim tarafından önceki gün yapılan açıklamada[4], ülkedeki tüm gösteri ve yürüyüşlerin yasaklandığı, gösteri yapılan tüm üniversite ve ortaöğretim kurumlarının kapatılacağı haber verildi.

Nijerya'da 13 yıllık askeri yönetimden sonra 1979'da seçimler yapılmış, 1983 yılının 31 Aralığında da İbrahim Babangida'nın darbesi ile askeri yönetim geri dönmüştü.

VOCABULARY

		ateşe vermek	set on fire
protesto etmek	protest against	**abluka**	blockade
başkent	capital city	**ablukaya almak**	blockade; block off

kapatmak	shut; shut down, close down; suppress	**ilan etmek**	declare; announce; proclaim
A.P. *abbr.*	Associated Press	**başsağlığı**	condolence
vurulmak *vp.*	be struck/hit; be shot	**mesaj**	message
cuma	Friday	**iletmek**	send; convey, transmit
örgüt	organization; association	**ziyaret etmek**	visit
dökülmek *vp.*	*here* pour out	**gözden geçirmek**	examine, look over; take under study
cezaevi	prison	**barışçıl**	peaceful
basmak	stamp; print; raid, attack suddenly	**yıllık**	...years old; for/ lasting...years
mahkûm *a.*	sentenced, condemned; *n.* convict	**Aralık**	December
serbest	free; independent	**darbe**	stroke, blow; coup d'état
yürüyüş	walking; walk, stroll; (protest) march	**geri dönmek**	come/go back, return
yasadışı	illegal, unlawful		
ilan	declaration; announcement; proclamation; advertisement		

NOTES

1. **Açılan ateş sonucu**, *[as] a result of [their] opening fire*, lit. *the result of the fire that was opened.*

2. **bu olayı protesto amacı ile**, *with the objective of protesting* (lit. *protest*) *this incident.* Note that the noun **protesto** (protest, protesting) governs the preceding noun in the accusative/objective case.

3. **olayın meydana geldiği Ahmadu Bello Üniversitesi'ni**, *Ahmadu Bello University where the incident took place.*

4. **açıklamada...haber verildi**, *in a statement...it was announced/made known.*

SELECTION EIGHTEEN

SECTION 1

GENÇLİĞE YENİ UFUK

Dış ticaret pazarlamacıları

Güngör ÖCAL

İZMİR, (Tercüman)- Ülkemizin ekonomik kalkınması, yeni yeni meslek dallarını[1] da ortaya çıkarmaya başladı. Türkiye'de 4-5 yıllık bir maziye sahip olan dış ticaret şirketlerinde[2] "dış ticaret pazarlamacısı" olarak çalışan 150 civarında eleman bulunuyor ve halen bu iş dalının bilinmemesi sebebiyle işler "usta-çırak yetiştirmesi" şeklinde[3] yürüyor.

Dış ticaret pazarlamacılığı aslında son derece cazip bir meslek. Bu dalda çalışanlar dünyanın çeşitli ülkelerini geziyor, en lüks yerlerde kalarak dünyaca meşhur işadamları ile karşılıklı konuşuyorlar ve ülkemize döviz kazandıracak her türlü temasta bulunuyorlar. Bu iş dalında çalışan gençlerin yaş ortalaması 28 civarında. Bilfiil ayın 15 gününü yurt dışında geçiren pazarlamacının firmaya maliyeti ise 40 bin dolar. Ancak kendileri için[4] harcanan bu paranın karşılığını da gerçekten veriyorlar ve yurt dışında kaldıkları günlerde milyonlarca dolarlık ihracat bağlantısını gerçekleştiriyorlar[5].

İzmir'de bulunan bir dış ticaret kuruluşunun ülke dışından gelen elemanlarıyla görüştük. Her biri yüksek tahsilli olup bir veya iki lisan bilen gençler, daha önce çok iyi işleri olmasına rağmen dış ticaret pazarlamacılığını tercih ettiklerini belirttiler ve "Son derece renkli bir iştir. İnsanı daima zorlayan ve geliştiren bir meslektir" dediler.

Orta Doğu Teknik Üniversitesi'ni bitiren ve metalürji mühendisi olan Cemali Kırmızıoğlu turizimcilik yapmış ve iyi bir işi olmasına rağmen pazarlamacılığı seçmiş. İngilizce-Yunanca biliyor. Firmasının, ürünlerinin yüzde 80'inin demir-çelik olduğunu, bu ağırlıkta çalıştığını söylüyor[6]. Yıllardır Irak'ta çalışıyor ve bu dalın daha çok gençlere açık olduğunu söylüyor.

VOCABULARY

gençlik youth, youthfulness; the younger generation

ufuk (-fku) horizon

ticaret trade, commerce

pazarlamacı marketing expert/ specialist

kalkınma *vn.* progress, development

dal branch (of a tree); branch, category

ortaya çıkarmak produce, create; bring to the fore

mazi *a.* past, bygone; *n.* the past

civar	neighborhood; vicinity
civarında	about, approximately
eleman	element; staff member, member of the personnel
halen	at present, currently
sebebiyle	because of, on account of, owing to
usta-çırak	master-apprentice
yetiştirmek	train (an apprentice)
yürümek	*here* proceed, go on
pazarlamacılık	occupation/career of marketing
aslında	really, actually
son derece	the highest degree
lüks *n.*	luxury; *a.* luxurious, costly, expensive
dünyaca	throughout the world
meşhur	famous; well-known
işadamı	businessman
karşılıklı *a.*	mutual, reciprocal; *adv.* mutually, together; face to face
döviz	foreign exchange, foreign money
genç (-ci) *a.*	young, youthful; *n.* young person
ortalama *vn.*	average, mean
bilfiil	in fact, actually
yurt (-du)	homeland, fatherland, native country
maliyet	cost
harcamak (*p.* **harcanmak**)	spend, expend; consume, use up
para	money
karşılık vermek	*here* make recompense
gerçekten	really, truly; in truth
dolarlık	for...dollars
ihracat	exporting, exportation
ihracat etmek	export
gerçekleştirmek	realize, achieve, make
her biri	everyone, each one
tahsilli	educated
yüksek tahsilli	having a higher education
lisan	language
renkli	colored; colorful
daima	always; constantly
zorlamak	force; put pressure on, press
geliştirmek *vc.*	cause to develop/progress
Orta Doğu	the Middle East
bitirmek	*here* graduate from, complete one's studies at
mühendis	engineer
turizimcilik	employment in the tourism industry
seçmek	choose, select; elect
İngilizce	the English language
Yunanca	the Greek language
ürün	product; produce

yüz	one hundred	**demir**	iron
yüzde + [a number]	...percent	**daha çok**	more, still more

NOTES

1. **yeni yeni meslek dallarını**, *completely new occupational/professional categories*, lit. *branches*. Adjectives may be reduplicated for emphasis. (TG-U 436; TG-L 235-236)

2. **4-5 yıllık bir maziye sahip olan dış ticaret şirketlerinde**, *in foreign trade companies which have existed for four or five years*, lit. *which are possessors of a four-five year past*.

3. **"usta-çırak yetiştirmesi" şeklinde**, *"on a master-apprentice basis"*, lit. *in the form of master apprentice training*.

4. **kendileri için**, *for them*, *on them*, i.e., *for the foreign trade specialists*.

5. **milyonlarca dolarlık ihracat bağlantısı gerçekleştiriyorlar**, *they are making export deals* (lit. *contact*) *[running into] millions of dollars*.

6. **Firmasının, ürünlerinin yüzde 80'inin demir çelik olduğunu, bu ağırlıkta çalıştığını söylüyor**, *He says that his firm's products are 80 percent iron and steel, and that it [the firm] is heavily engaged in this area*. The main verb **söylüyor** governs coordinate nominalizations in the objective case (**olduğunu...çalıştığını**). **Firmasının**, *his firm's/of his firm*, is a member of both nominalization constructions.

SECTION 2

Firmanın ticaret müdürü Alaattin Ergen Ziraat Fakültesi mezunu, İngilizce-Farsça konuşuyor. Öğretim görevlisi olarak görev yaptıktan sonra, İran, Irak, Yunanistan ve Sovyetler Birliği ile çalışmaya başlamış[1]. 5 yılda 60 defa yurt dışına çıkmış ve her seferinde yaklaşık 15 gün ülke dışında kalmış. Ergen "Pazarlamacı mutlaka kaynak bulmak[2] zorundadır. Görüştüğümüz işadamlarının her hareketine dikkat ederiz. Yaş günlerinden, bütün aile fertlerine kadar herkesi tanırız. Zira orada patron, pazarlamacıdır[3]. Milyarlarca liraya imza atabilir[4]" diyor.

Merih Bağcıoğlu, Boğaziçi Üniversitesi Makina Bölümü mezunu, İngilizce biliyor. Irak'ta şantiyecilikte çalışmış. Şu andaki mesleğini dünyadaki hiçbir şeye değişmeyeceğini ifade ediyor.

Hakan El Ege Üniversitesi Makina Bölümü, Boğaziçi İşletme Bölümü mezunu, İngilizce ve derdini anlatacak kadar Fransızca biliyor. Muhtelif firmalarda mühendis olarak görev yapmış ve gençlerin mutlaka staj için dış ticaret şirketlerine başvurması gerektiğini belirtiyor, bu yeni ufuktan istifade etmeleri gerektiğini söylüyor.

Bilge Nazlı Boğaziçi Üniversitesi İşletme Fakültesi mezunu, İngilizce biliyor ve Fransızca öğreniyor. İnsanın bu meslekte çok şey öğrendiğini belirtiyor.

Evet, dinamik, sempatik, araştırıcı, inisiyatif sahibi ve macerayı sevenlere tavsiye edilen meslek için gençler, "Bu meslek her zevke hitap eder. Bilgisayar bilenler, daha fazla imkândan yararlanırlar. Şu anda kimseler mesleği bilmiyorlar, ama çok kısa zamanda ülkemizde bu meslek parmakla gösterilecek" şeklinde konuşuyorlar[5].

VOCABULARY

müdür — director, manager, head

ziraat — agriculture, farming

fakülte — faculty; school/college of a university

Farsça — the Persian language

öğretim görevlisi — education official

sefer — trip, journey, voyage

yaklaşık *a.* — approximate; *adv.* approximately

kaynak — foundation, spring; source

dikkat etmek — pay attention

yaş günü — birthday

fert (-di) — person, individual

zira *conj.* — because

patron — owner, boss; employer

lira — Turkish lira

imza — signature

imza atmak — sign

Boğaziçi — the Bosphorous

makina — machine, machinery

makina bölümü — mechanical engineering department

şantiyecilik — construction business

değişmek *vtr.* — *here* change, exchange (for something else)

işletme *vn.* — running, operating; managing (a business)

işletme bölümü — department of business administration

dert (-di) — trouble; sorrow; pain; grief; suffering

Fransızca — the French language

muhtelif — diverse, various

staj — apprenticeship; training

başvurma *vn.* — having recourse to; applying for; application

istifade etmek (-den) — benefit (by), profit (from), avail oneself (of)

evet — yes

sempatik — pleasant, congenial

araştırıcı *n.* — researcher; *a.* inclined toward research

inisiyatif sahibi — one with initiative

macera — adventure

zevk taste; flavor; pleasure, enjoyment; preference

hitap etmek, hitabetmek address (a need, a taste)

bilgisayar computer

bilgisayar-bilen computer specialist

daha fazla more; even greater

imkân possibility; opportunity

kimse someone, somebody; person; *(with the neg.)* no one, nobody

parmak finger

parmakla gösterilmek have great distinction/prestige; have a prominent role

NOTES

1. **İran, Irak, Yunanistan ve Sovyetler Birliği ile çalışmaya başlamış,** *he began working [on trade matters] with Iran, Iraq, Greece, and the Soviet Union.*

2. **kaynak bulmak,** *to find sources [of market].*

3. **Zira orada patron, pazarlamacıdır,** *Because there the market specialist is the boss.*

4. **Milyarlarca liraya imza atabilir,** *he can sign [contracts] for billions of liras.*

5. The key elements in this paragraph are: **meslek için** *(for an occupation),* **gençler** *(young people),* and **şeklinde konuşuyorlar** *(are speaking out in the form/to the effect that).*

SELECTION NINETEEN

SECTION 1

ÖZETLE

Erşad demokrasiden yine vazgeçti

Bangladeş Devlet Başkanı Hüseyin Muhammed Erşad, ülkede yaklaşık dört yıldır uygulanmakta olan sıkıyönetimin, ne zaman yapılacağı henüz açıklanmayan devlet başkanlığı seçimlerinden önce kaldırılmayacağını söyledi[1]. Hüseyin Muhammed Erşad, geçen ay yapılan iktidardaki "Jatiyo Parti"sinin (Ulusal Parti) parlamentonun 300 üyeliğinden 153'ünü kazandığını seçimlerden sonra yaptığı açıklamada, yeni parlamentonun bu ayın sonunda açılacağını belirterek, anayasa ve sıkıyönetim kanununda yapılacak değişikliğin parlamentoda görüşüleceğini söyledi[2]. Devlet başkanlığı seçimleri için tarihin de parlamento tarafından belirleneceğini kaydeden Erşad, ülkede karışıklıkların ve terörist saldırıların sürdüğü bir sırada sıkıyönetimin kaldırılmasının güç olduğunu belirtti. (UBA)

Sovyet gazetesinin iddiası: Ağca cezaevinde öldürülecek

Papa 2'nci Jean Paul'e suikastta bulunmaktan[3] ömür boyu hapse mahkum olan terörist M. Ali Ağca'nın, öldürmekle tehdit edildiği öne sürüldü. Haftalık Sovyet gazetesi "Literatournaia Gazeta"[4], New York'ta yaşayan Federico Federici adındaki İtalyan hukukçuya dayanarak verdiği bir haberde, "Ağca'nın öldürülmesi için planlar hazırlandığını" iddia etti. Sovyet gazetesi, Ağca'nın arkasında olduğunu öne sürdüğü "Batılı gizli servislerin[5], yeni açıklamalarda bulunmaması" için[6], Ağca'yı öldürmeye niyetli olduklarını yazdı. Literatournaia Gazeta, "Bilindiği gibi, Türk işadamı Bekir Çelenk, Ağca ile Bulgarlar arasında işbirliği olmadığını söylediği için, 8 ay önce cezaevindeyken öldürüldü. Şimdi sıra Ağca'da[7]" ifadesini kullandı.

"ETA[8]" Bask bölgesinde desteğini yitirdi

İspanya'nın Bask bölgesinin bağımsızlığı için silahlı mücadele veren ETA örgütünün bölgedeki halkın desteğini önemli ölçüde yitirdiği belirlendi. Bask bölgesinde, özerk hükümet tarafından düzenlenen kamuoyu yoklaması, Bask halkının sadece yüzde 2'sinin bağımsızlığa ulaşmak amacıyla şiddet eylemlerine başvurması yolunu onayladığını ortaya koydu. Bask parlamentosu İnsan Hakları Komisyonu'nda da değerlendirilen kamuoyu yoklaması, seçimlerde ETA'nın siyasi kanadı olan Herri Batasuna Partisi'ne oy verenlerin dörtte üçünün, şiddete karşı olduklarını gösterdi. (ANKA)

VOCABULARY

yine	again, once again; still
vazgeçmek (-den)	give up, abandon; discontinue; renounce
dört	four
sıkıyönetim	martial law; state of siege
ne zaman	when?
henüz	yet, still; *(with neg.)* not yet
devlet başkanlığı	presidency
ulusal	national
üyelik	membership
kanun	law
karışıklık	confusion, disorder, turmoil
güç	hard, difficult
UBA *abbr.* Ulusal Basın Ajansı	National Press Agency *(the name of a Turkish news agency)*
papa	pope
ömür	life
boy	length; height
ömür boyu	lifetime
hapis (-psi)	imprisonment; prison
haftalık	weekly (publication); lasting...weeks
hukukçu	jurist; lawyer
hazırlanmak	be readied; be prepared
açıklamada bulunmak	make a statement/ announcement
niyetli (-e)	intending, having the intention of
işbirliği	cooperation
ifadesini kullanmak	give one's statement; state
ETA *acron.*	*a Basque liberation group*
yitirmek	lose
İspanya	Spain
bağımsızlık	independence
silahlı	armed
mücadele	struggle; fight
mücadele vermek	fight; carry on a struggle
ölçü	measure; extent, degree
özerk	autonomous
yoklama *vn.*	examination; inspection; survey
şiddet	intensity; harshness; violence
onaylamak	approve; ratify
değerlendirmek	appraise; put to (good) use; take into consideration
insan hakları	human rights
kanat (-dı)	wing (of a bird); *pol.* wing (of a party)
oy vermek (-e)	vote
ANKA *abbr.* **Ankara Haber Ajansı**	Ankara News Agency *(the name of a Turkish news agency)*

NOTES

1. The key elements in this sentence are: the subject **Hüseyin Muhammed Erşad** (marked by a comma), the verbal predicate **söyledi** *(stated, said)*, and working backwards, **kaldırılmayacağını** *(will not be removed)*; the latter in turn is the final element of a complex nominalization construction. Note also that the participal construction **ne zaman yapılacağı henüz açıklanmayan** *(when [they] will be done/take place not yet having been anounced)* modifies **seçimler** *(elections)*.

2. The key elements in this sentence are **Erşad...açıklamada** *(in a statement)* **...belirterek** *(making it clear)*, the verbal predicate **söyledi** *(stated, said)*, and working backwards, **görüşüleceğini** *(its being discussed in the future = that...would be discussed)*.

3. **suikastta bulunmaktan**, *because of being [involved] in the assassination attempt*. The ablative (*here* **-tan**) in this usage is known as the ablative of cause. (TG-U 221-222)

4. **Literatournaia Gazeta** (English transcription **Literatournaya Gazeta**; *Literary Newspaper*) is the name of a Soviet newspaper.

5. **Ağca'nın arkasında olduğunu öne sürdüğü "Batılı gizli servislerin..."**, *the Western secret services whom it [the newspaper] suggested/claimed were behind Ağca.*

6. **yeni açıklamalarda bulunmaması için**, *in order that he would not make any new disclosures/statements.*

7. **Şimdi sıra Ağca'da**, Now it is Agca's turn.

8. ETA is the acronym of a militant Basque independence organization.

Aşırı sağcı Le Pen Türk-Yunan anlaşmazlığına değindi

Aşırı sağcı Fransız Ulusal Cephe Lideri Jean Marie Le Pen, Akdeniz'deki sorunların çözümlenmesi için Avrupa'nın yardımcı olması gerektiğini söyledi ve en büyük sorunlar arasında Türkiye ile Yunanistan arasındaki gerginliği gösterdi. Avrupa Parlamentolarının sağcı üyelerinin Palermo'da yaptıkları konferansın ardından bir basın toplantısı düzenleyen Le Pen Akdeniz'in en büyük sorunlarının Türkiye ve Yunanistan arasındaki gerginliğin dışında, Şiilerin yayılması, Avrupa'nın ekonomik istikrarsızlığı, İran-Irak savaşı ve Libya'nın hegemonyacı baskısı olduğunu belirtti. (a.a.)

Almanya'da Türk çocuğunun örnek davranışı

Mehmet Taşdelen adında 15 yaşında bir Türk çocuğu, bisikletle giderken yolda bulduğu 10 bin markı (yaklaşık 3 milyon TL) sahibine vererek günün adamı oldu. Stuttgart'ta Daimler Sokağı'nda bisikletle giderken çok kalın bir cüzdan bulan Türk çocuğu, cüzdanı açınca içinin para ile dolu olduğunu gördü. Cüzdanı derhal, içinde yazılı adrese götüren Mehmet Taşdelen'e cüzdanın sahibi Juergen 300 mark (yaklaşık 90 bin TL) mükâfat verdi. (a.a.)

Güney Yemen Başbakanı SSCB'ye gidiyor

Güney Yemen'de Ocak ayında meydana gelen çatışmaların ardından başbakanlığa getirilen Yasin Said Noaman gelecek hafta Sovyetler Birliği'ne resmi bir ziyaret yapacak. (UBA)

VOCABULARY

aşırı extreme; excessive

sağcı rightist; conservative

anlaşmazlık disagreement; misunderstanding

değinmek (-e) mention; touch upon

cephe forehead; *pol.* front

çözümlenme *vn.* analysis; solution

gerginlik tension, strain

basın toplantısı press conference

Şii Shiite

yayılma *vn.* expansion, spread, diffusion

istikrarsızlık instability, unsteadiness

hegemonyacı striving for dominance

çocuk child

örnek davranış model/exemplary behavior

bisiklet bicycle

mark mark (a German monetary unit)

TL *abbr.* **Türk Lirası**	Turkish lira
günün adamı	the person who is currently being talked about, the man of the hour (*lit.* day)
kalın	thick, stout; coarse; dense
cüzdan	wallet
iç	inside, interior
derhal	immediately, at once
yazılı	written
mükâfat	reward; prize
SSCB *abbr.* **Sovyet Sosyalist Cumhuriyetler Birliği**	the Union of Soviet Socialist Republics
Ocak	January
çatışma	clash, conflict; disagreement
başbakanlık	the office of premier/prime minister

SELECTION TWENTY

SECTION 1

CANEVİ "PEMBE TABLO" ÇİZDİ

"Enflasyonist eğilim tersine çevrilmiştir"

ANKARA, (Tercüman)- Merkez Bankası'nın 54'üncü Olağan Genel Kurulu dün yapıldı. Merkez Bankası'nın 1985 yılına ilişkin faaliyet raporunda, bankanın geçen yıl bilançosunu 11 milyar 847 milyon 602 bin liralık kârla kapadığı bildirildi.

Merkez Bankası Başkanı Yavuz Canevi, genel kurulda yaptığı açış konuşmasında iç ve dış ekonomik gelişmeler hakkında bilgi verdi. Amerikan Doları'nın diğer paralar karşısında değer kaybının devam ettiğine dikkati çeken Canevi, bunun sonucunda dünya ticaretinin daraldığını ifade etti.

1985 yılında alınan ekonomik tedbirler üzerinde de bilgi veren Yavuz Canevi bankanın daha kontrollu bir para-kredi politikası takip ettiğini, 1985 yılında kamu kesimine kullandırılan kredilerin artmasının bu kontrolde zaman zaman zorluklar yarattığını bildirdi[1].

1985 yılında enflasyonu azaltacak bir para politikası takip edildiğini ifade eden Canevi, "Bu yıl ve ileriki yıllarda enflasyonu daha da azaltıcı şekilde sıkı bir para politikası takip edilecektir" dedi.

Fiyat artışları yavaşlayacak

Faiz oranlarının da enflasyondaki düşmeye paralel olarak azaltılmakta olduğunu kaydeden[2] Canevi şöyle devam etti: "Önümüzdeki dönemde fiyat artışlarının yavaşlaması beklenmektedir. Bu durumda, faiz oranları bir taraftan tasarruf sahibine reel faiz vermek, diğer yandan enflasyonist bekleyişleri canlandırmayacak şekilde ve kaynak maliyetini düşürücü yönde düzenlemelere tabi olacak[3]."

VOCABULARY

pembe *n.*	rose color; *a.* rosy, pink
tablo	picture; painting
çizmek	draw, sketch
eğilim	tendency, trend, inclination
çevirmek (*p.* çevrilmek)	turn, turn around
tersine çevirmek	turn inside out; turn back, reverse
Merkez Bankası	Central Bank
olağan	regular, usual
kurul	committee, council; assembly
genel kurul	general assembly

ilişkin (-e)	connected (with), relating (to) belonging (to), regarding
faaliyet raporu	*fin.* director's report
bilanço	balance sheet
liralık	worth/amounting to...liras
kapamak	close, shut
açış	opening
iç *n.*	inside, interior; *a.* interior; domestic
kayıp (-ybı)	loss
dikkat çekmek (-e)	draw attention (to)
daralmak	contract/shrink; become narrow/ tight
kontrollu	controlled
para-kredi	loan, lending
kamu	the public
kamu kesimi	the public sector
kullandırılmak (-e) *v. caus. p.*	be made to be used for, be made available for
kredi	credit; loan
artma *vn.*	increase, (the act of) increasing
kontrol	control; checking; auditing
zorluk	difficulty
azaltmak (*p.* **azaltılmak**)	decrease, lessen, reduce
ileri *n.*	forward part; the future; *adv.* ahead
azaltıcı şekilde	in a way that reduces
fiyat	price
artış	increase
yavaşlamak	slow down, become slow
faiz	*fin.* interest
oran	rate; measure; scale
düşme *vn.*	fall, drop; decline
tasarruf	economy; savings, money saved
tasarruf sahibi	saver, one who has savings
reel	real
bekleyiş	waiting; expectation
canlandırmak	revive; vivify, animate
maliyet	cost
kaynak maliyeti	prime cost
düşürücü	causing to fall, tending to reduce
düzenleme *vn.*	arrangement; regulation
tabi olmak (-e)	be dependent (on)/ subject (to)

NOTES

1. 1985 yılında kamu kesimine kullandırılan kredilerin artmasının bu kontrolde zaman zaman zorluklar yarattığını bildirdi, *he revealed that in 1985 the increase in the credits extended to* (lit. *used for*) *the public sector had from time to time created a difficulty in [exerting] this control.*

2. Faiz oranlarının da enflasyondaki düşmeye paralel olarak azaltılmakta olduğunu kaydeden, *noting that, parallel to the reduction of inflation, interest rates were also falling* (lit. *in the state of being made less*).

3. faiz oranları bir taraftan tasarruf sahibine reel faiz vermek...düzenlemelere tabi olacak, *interest rates will be subject on the one hand to regulations...to provide real interest to a person with savings.*

SECTION 2

Hükümetin genel olarak devletin ekonomi içindeki rolünü daha aza indirme ve bütçe açıklarını azaltma yönünde politikalara[1] yönlendiğini, maliye politikalarının vergi alanındaki reformlarla, sağlıklı bir biçimde yürütüldüğünü anlatan Canevi, 1985 yılında milli gelirin 5.1 arttığını, geçen yıla göre daha düşük gerçekleşen bu artış hızına sanayi ve tarım kesimindeki katma değer düşüşünün[2] sebep olduğunu bildirdi[3].

Son müdahale

Fiyat artış hızının düşürülmesinde ve enflasyonist bekleyişin tersine çevrilmesinde 1985 yılında başarı kazanıldığını savunan Canevi, Merkez Bankası'nın döviz piyasasına son müdahalesinin ise, doların dünyadaki değer kaybının Türkiye'de yeterince takip edilmemesinden kaynaklandığını bildirdi[4].

İhracatta, petrol fiyatlarındaki düşme yüzünden ithalatta ve diğer ekonomik göstergelerde "Ümit verici gelişmeler olduğunu" söyleyen Canevi, 1985 yılında 3.5 milyar dolarla tarihin en büyük dış borç ödemesinin gerçekleştirildiğini kaydederek, "Önümüzdeki dönemde dış borç ödemesinin daha az olacağı tahmin edilmektedir" dedi.

VOCABULARY

rol	role
daha az	less
bütçe	budget
açık *a.*	open; *n.* deficit, shortage
azaltma *vn.*	decreasing, reducing
yönlenmek (-e)	be directed/steered/ oriented (toward)
maliye	finance
vergi	tax
alan	open space; *fig.* domain/sphere/field (of activity)
gelir	income, revenue

artmak *vi.*	increase
göre (-e) *post.*	according to; in comparison with
düşük	fallen; low (of prices, funds)
gerçekleşmek	become a reality; turn out to be
hız	speed; acceleration; *here* rate
tarım	agriculture
katma değer	added value
düşüş	fall; manner of falling
müdahale	*fin.* intervention
düşürülme *vn.*	drop, fall, *lit.* being made to fall
başarı	success; accomplishment
piyasa	market place; *fin.* market
yeterince	adequately, sufficiently
takip etmek	follow; follow up; keep up with, keep abreast of
petrol	petroleum, oil
ithalat	imports
gösterge	indicator, pointer
ümit	hope
ümit verici	hopeful, *lit.* hope-giving
tarih	date; history
borç	debt; loan
ödeme *vn.*	payment; disbursement

NOTES

1. **devletin...ekonomi içindeki rolünü daha aza indirme ve bütçe açıklarını azaltma yönünde politikalar**, *policies in the direction of/oriented toward decreasing further the role of the state in the economy, and toward reducing budgetary deficits.* Note that a verbal noun in **-me/-ma** can govern a preceding noun in the accusative.

2. **sanayi ve tarım kesimindeki katma değer düşüşünün**, *of the fall in the added values in the industrial and agricultural sectors.*

3. In this lengthy paragraph-long sentence the two elements to consider first are **Canevi** (a personal name), which is the subject, and the verbal predicate **bildirdi** *(made known, announced).* **Canevi** in turn is preceded by a present subject participle **anlatan** *(explaining)* which governs two lengthy nominalization constructions: **hükümetin... yönlendiğini** *(the government's being oriented toward);* and **maliye politikalarının ... yürütüldüğünü** *(the financial policies' being carried out).* The verb **bildirdi** also governs two nominalization constructions, one ending in **arttığını**, the other in **sebep olduğunu**.

4. **doların dünyadaki değer kaybının Türkiye'de yeterince takip edilememesinden kaynaklandığını bildirdi**, *declared that...was due to the fact that it had not been possible in Turkey to keep sufficiently abreast of the world-wide loss of value of the dollar.*

SELECTION TWENTY-ONE

SECTION 1

AMERİKA MEKTUBU

FIRSAT BU YA!

Yücel DÖNMEZ

Bir zamanlar durdu duracak denilirken[1] terörizm, günlük yaşamımızdan bir parça olup çıkıverdi. Basın ve yayın kuruluşlarının terörizmden söz etmedikleri gün yok. Dünya gelişen teknoloji ve yeni buluşlar ile daha modern bir hale gelirken, şiddet yanlısı insanlar, kuruluşlar ve ülkeler birer Ortaçağ zihniyeti ile çalışmalarını çağımızı çağ dışı kılmak için[2] sürdürüyorlar.

Bu arada terörizme karşı kesin kararlar almış olan Amerika'da, konu ile ilgili çelişkiler de kendisini gösteriyor. Daha önce yazmıştık: "Konu Ermeni terörü olduğu zaman basın ve yayın organları aynı hassasiyeti göstermiyor."

Nitekim bu iddiamız geçtiğimiz 24 Nisan tarihinde doğrulandı. Ermeniler Şikago hariç, Amerika'nın çeşitli yerlerinde gösteriler yaparak, Ermeni terörünü teşvik edici sloganlar attılar. Ve hiçbir Amerikan basın ve yayın organı, Amerika'nın terörizme karşı kesin tavır aldığı şu dönemde, yapılan gösterileri eleştirmedi.

Bu tür gösteriler başka bir ülke için yapılsaydı durum herhalde değişik olurdu. Üstelik Ermeniler yaptıkları en ateşli gösteride konuşmacı olarak, Kaliforniya Valisi'nden yararlandılar. Ermeni asıllı Kaliforniya Valisi George Dökmeciyan Los Angeles'te bayrakları yarıya indirterek, San Fransisko'da bir tiyatroda yaptığı konuşmada Türkiye ve Türklere hakaretler yağdırdı.. Üstelik kendisini Kaliforniya Valisi değil de bir Ermeni lideri gibi görerek[3].

Kaliforniya'da yaşayan Türkler, George Dökmeciyan'ın seçilmesi ile birlikte, Ermenilerin Kaliforniya'yı bir Ermeni devleti gibi gördüklerini belirtiyorlar. Ayrıca bu Dökmeciyan Reagan'ın partisinden ve başkanın yakın arkadaşı. Herhalde bu cesaretle de 24 Nisan'ı Kaliforniya'da Ermenilerin soykırım günü olarak ilan ediyor.

VOCABULARY

mektup (-bu)	letter	yaşam	life, lifetime
ya	*particle used to express strong emotion or exasperation*	parça	piece; fragment; part
		çıkıvermek	*here* suddenly become/turn out to be
bir zamanlar	once, at one time, formerly	buluş	finding; discovery; invention

yanlı	advocate, supporter of, adherent of
birer	one each; each one, each
ortaçağ	the Middle Ages
zihniyet	mentality
çağ	time; age, era
çağ dışı	out-of-date; outdated; backward
kılmak	do, perform; make (into something)
kesin	definite; distinct; certain
çelişki	discrepancy; contradiction; contrast
kendisini göstermek	show itself; become evident
zaman	time; when
hassasiyet	sensitivity; touchiness
nitekim	just as, in just the same way
doğrulamak (*p.* doğrulanmak)	conform, corroborate
hariç	apart from, not including
teşvik	encouragement; *pol.* incitement
teşvik edici	encouraging; giving encouragement; *pol.* inciting
slogan atmak	shout slogans
tavır almak	take a stand, adopt an attitude
eleştirmek	criticize
için	*here* against
herhalde	presumably
ateşli	burning; fiery; ardent
konuşmacı	speaker
vali	governor (of a province/a state)
asıllı	of...origin
bayrak	flag
indirtmek	cause to lower, have...lowered
yarıya indirtmek	have...lowered to half-mast
tiyatro	theater
hakaret	insult, affront
yağdırmak	cause to shower/rain down; (-e) heap upon
kendisini...görmek	see/view oneself
seçilme *vn.*	being chosen/selected; being elected; election
ile birlikte	together with, along with
cesaret	courage, boldness, daring
soykırım	genocide

NOTES

1. **bir zamanlar durdu duracak denilirken,** *while at one time it was said/thought/ claimed that it had ended [or] that it would come to an end.*

2. **çağımızı çağ dışı kılmak için,** *in order to move our age in a backward direction,* lit. *in order to make our age backward/out-of-date.*

3. **kendisini...bir Ermeni lideri gibi görerek,** *viewing/considering himself as an Armenian leader.* In the written language a verb stem with the adverbial suffix **-erek/-arak** does not ordinarily appear in final position.

SECTION 2

Yakın bir geçmişte Los Angeles'de Başkonsolos Kemal Arıkan'ı öldüren Ermeni teröristler de Dökmeciyan'ın yaptığı gibi, birilerinin kışkırtmaları sonucu cinayeti işlemişlerdi.[1] Türkiye'nin[2] Amerika ile iyi ilişkilerde bulunduğu bu dönemde, bir Amerikan Valisi'nin Türkiye'ye savaş ilan eder gibi terörü teşvik edici faaliyetlerde bulunması ve Amerika'da bu davranışların şu dönemde olsun[3] eleştiriye uğramaması ilginç olsa gerek. Bugün Amerika'da üçyüz bin kişilik bir Türk toplumu yaşamaktadır.

Türkler Amerika'da bu ülkenin teknolojisine, uzay bilimine, tıbbına, iş alanlarına katkıda bulunmaktadır. Amerika'daki Türk toplumu nereden bakılsa[4] diğer etnik gruplara oranla yüzde doksan dokuz başarılıdır. Türkiye Amerika için bulunduğu bölgede[5] bir sigorta durumundadır. Amerika ile Türkiye'nin ticari ilişkileri yüksek boyutlardadır. Amerika ile ilişkilerimiz bu durumdayken Kaliforniya Valisi'nin Türk Amerikan dostluğuna zarar verecek faaliyetlerde bulunması hiç de hoş karşılanacak bir olay değildir. Bu konuda görüştüğüm Los Angeles'deki bir Amerikalı arkadaşım telefonda bana şunları söyledi: "Dökmeciyan'ı akıllı bulduğumuz için seçmiştik. Fakat son zamanlarda ortaya koyduğu, Türkiye'ye karşı davranışlarını aklı başındaki Amerikalı hoş karşılamıyor. Böyle giderse[6] gelecek seçimlerde zararını çekebilir."

Amerika'ya yerleşmiş olan yabancılar zaman zaman televizyonlarda kendileri ile yapılan röportajlarda hep Amerika'nın fırsatlar ülkesi olduğundan bahsetmişlerdi. Gerçekten de öyle[7].

Fırsatını bulursan bir anda zengin olursun, şöhrete kavuşursun. Dökmeciyan gibi fırsatını bulur eline bir valilik geçirirsen, fırsat bu ya. Yap yapabildiğini[8]. Çünkü, Amerikalı bir uyandı mı[9] bir daha bu fırsatı vermez.

VOCABULARY

geçmiş *a.*	past; *n.* the past
başkonsolos	consul-general
birileri	some, some people, certain people
kışkırtma *vn.*	instigation, incitement; provocation
cinayet	murder
işlemek *vt.*	work over; commit (a crime); *vi.* function, work
davranış	conduct, behavior; act, action
olsun	let it be; so be it; all right!
eleştiri	criticism
uğramak (-e)	drop in on; encounter; meet with
ilginç	interesting, interest-provoking
gerek	necessary
olsa gerek	it must be (TG-L 273)
üçyüz	three hundred
uzay	outer space
uzay bilim	space science/program
tıp (tıbbı)	the science of medicine
nereden	from where?; *(with a following conditional)* from wherever
etnik	ethnic
oranla (-e)	in comparison (with)
dokuz	nine
doksan	ninety
sigorta	insurance
durum	position; state; situation
ticari	commercial, (relating to) trade
boyut	dimension; size; scale
hoş *a.*	pleasant, agreeable; *adv.* pleasantly, with pleasure
karşılamak (*p.* **karşılanmak**)	meet; great; welcome, receive
akıllı	intelligent; wise; clever
ortaya koymak	*here* carry out (acts, actions)
aklı başındaki	intelligent, who has a brain in his head
zarar çekmek	suffer harm
röportaj	special feature/report/ interview (in the newspaper, on radio or television)
hep	always, on every occasion; repeatedly
bahsetmek (-den)	mention; discuss; talk about
zengin	rich, wealthy
şöhret	fame; reputation
kavuşmak (-e)	reach; attain; obtain
ele geçirmek	get control of; get possession of
valilik	governorship

bir	one; *adv.* once	**bir daha**	once more; *(with neg.)* never; no more; never again
uyanmak	wake up; *fig.* become aware of what is going on		

NOTES

1. **Dökmeciyan'ın yaptığı gibi, birilerinin kışkırtmaları sonucu cinayeti işlemişlerdi**, *committed the murder at* (lit. *the result of*) *the instigation of certain people, [acting] as Dekmejian is doing [now].*

2. The key elements of this sentence are **bu dönemde**, *at this time/period* (preceded by a participal construction); **Valisi'nin...bulunması**, *a Governor's...finding himself/ engaging in;* **bu davranışların...uğramaması**, *these actions...not encountering/meeting with;* and **ilginç olsa gerek**, *must be/ are certainly interesting/a matter of interest.*

3. **olsun** is the 3rd person singular optative/imperative of **olmak**. It means literally *let it be,* but may also be rendered *all right!, so be it!* It is often used as an expletive that lends emphasis to a following word or phrase.

4. **nereden bakılsa**, *viewed from whatever point of view,* lit. *if looked at from where (ever).*

5. **bulunduğu bölgede**, freely *because of its location,* lit. *in the region where it is found/located.*

6. **böyle giderse**, *if he continues/goes on like this.*

7. **gerçekten de öyle**, *and it really is (like that).*

8. **yap yapabildiğini**, *do what you are able to do.* The imperative form of the verb often occurs at the beginning of a sentence.

9. **Amerikalı bir uyandı mı**, *if the/an American once awakens/becomes aware [of what is going on].* As an alternative to the usual conditional in **-se/-sa**, the protasis may be a question in the **-di** past, e.g., **uyandı mı**, *has he awakened?* (TG-L 267[2b])

SELECTION TWENTY-TWO

SECTION 1

YORUM

TÜRKİYE VE NATO

Prof. Fahir ARMAOĞLU

Yıllardan beri NATO çevrelerinden bize bir ses gelir: "Türkiye NATO'nun kalesidir" diye. Her Amerikalı, yetkili, yetkisiz, Türkiye'ye gelince hemen, Türkiye en "güçlü" müttefikimiz der ve kulağımızda bir müzik tesiri yapan bu göğüs kabartıcı (!) sözler, gazetelerimizin birinci sayfalarında yer alır.

Halbuki gerçeklerin çıplaklığına sahip olan rakamları[1] ortaya koyduğumuzda, insanın gözleri faltaşı gibi açılır. Bu rakamlarda NATO kalesinin de, gücümüzün de aynasını görürsünüz[2]. Gelmiş geçmiş bütün hükümetler[3], bütün yetkililer, durumu bildikleri için, yıllardır bir yandan NATO'ya, öte yandan dostumuz Amerika'ya derdimizi anlatmaya çalışmışlardır. Bütün bu çabaların geçmişine baktığımızda, ancak bir arpa boyu mesafe aldığımızı üzülerek görürüz. Çünkü, müttefiklerimizden üç parça silah[4] alabilmek için, tabir caizse, bir meydan muhaberesi vermek[5] gerekmiştir. Durum hâlâ da böyledir.

VOCABULARY

ses	sound; noise; voice
kale	fortress; bulwark
yetkili	official; having authority
yetkisiz	not having authority; unauthorized; *here* unofficial
güçlü	strong, powerful
müzik	music
tesir	effect; impression; influence
göğüs (ğsü-)	chest; breast
kabartıcı	causing to swell/puff/rise up
yer almak (-de)	have a place (in); appear (in)
halbuki	however, nevertheless; but; whereas
gerçek *a.*	real, true; *n.* truth; fact
çıplaklık	nakedness, nudity, bareness
sahip olmak (-e)	possess, have
rakam	number, numeral, figure
insan	person, human being; *indef.* one

faltaşı	pebble	**üzülmek**	be upset/distressed/ saddened
faltaşı gibi	(of eyes) wide open	**silah**	weapon, arm(s); armament
ayna	mirror; *fig.* reflection		
bir yandan..öte yandan	on the one hand...on the other hand	**tabir**	word; phrase; expression
arpa	barley	**caiz**	permissible, allowable, acceptable
boy	length; height	**muharebe**	battle; war
arpa boyu	very short (distance)	**meydan muharebesi**	a pitched battle
mesafe	distance		
mesafe almak	cover a distance; move ahead		

NOTES

1. **gerçeklerin çıplaklığına sahip olan rakamları**, *the actual figures,* lit. *the numbers possessing the nakedness/bareness of facts.*

2. **Bu rakamlarda NATO kalesinin de, gücümüzün de aynasını görürsünüz**, *In these figures you get an idea of* (lit. *see the mirror of) both the bulwark of NATO, and of our [actual] strength.*

3. **gelmiş geçmiş bütün hükümetler**, *all the governments/administrations that have come and gone.*

4. **üç parça silah**, *a few arms,* lit. *three pieces [of] arms/armament.*

5. **meydan muharebesi vermek**, *struggle hard, put up a big fight/pitched battle.*

SECTION 2

NATO[1] ülkelerinin milletvekillerinden meydana gelen ve Kuzey Atlantik Asamblesi denen kuruluşun siyasi komisyonuna sunulmak üzere bir Fransız milletvekili tarafından Türkiye'nin savunma durumu hakkında hazırlanan ve dünkü TERCÜMAN'da yer alan rapor, sanırız[2] bizim yukarda çizdiğimiz karamsar tabloyu daha da karartacak mahiyettedir. Bu rapor, dün gazetemizde geniş bir şekilde verildiği için, bunun ayrıntılarını tekrar edecek değiliz. Yalnız raporun ortaya koyduğu gerçeği belirtmekte fayda var. Buna göre, İstanbul ve Çanakkale boğazları bölgesi hariç, Türkiye'nin diğer bölgelerinin savunması çok zayıftır. Hele, dostumuz Amerika'nın radyo istasyonu kurmaktan ve Basra Körfezi'ne yönelik askeri kolaylık elde etmekten başka bir şey düşünmediği Doğu Anadolu ise, 4300 tank ve 4800 topla takviye edilmiş 20 tümenlik Sovyet kuvveti karşısında, savunma bakımından son derece zayıftır[3].

VOCABULARY

milletvekili	delegate, member of parliament; representative (of a nation to an international body)
meydana gelmek	happen; (-den) *here* be composed of; originate from
asamble	assembly
denmek	be said; be called
sunmak (*p.* sunulmak)	submit, present, offer; put forward
savunma *vn.*	defense
dünkü	yesterday's, of yesterday
yukarda	above; upstairs
karartmak	blacken, darken
mahiyet	true nature, essential character; reality
ayrıntı	detail
tekrar	again, once more
tekrar etmek	repeat, do again
yalnız	only; however
fayda *n.*	gain; use
Çanakkale	Dardanelles (town)
boğaz	throat
Çanakkale Boğazı	the Dardanelles (strait)
zayıf	weak
hele *interj.*	look here; *adv.* at any rate; especially; above all
körfez	gulf
Basra Körfezi	the Persian Gulf
kolaylık	easiness; convenience; facility
elde etmek	obtain, acquire, get hold of
doğu *a.*	east, eastern; *n.* the East, the Orient

Anadolu	Anatolia	**tümenlik**	having/consisting of ...divisions
top	gun, cannon; *sp.* ball	**kuvvet**	strength; force; power
takviye etmek	reinforce, strengthen		
tümen	great quantity; *mil.* division		

NOTES

1. The key elements of this very long sentence are the subject **rapor** *(the report;* notice that it is followed by a comma) and the predicate **karartacak mahiyettedir** *(is in [its] nature something that will darken).* It might be desirable to render the entire sentence by two English sentences with **rapor** the subject of both. In the first sentence, after **rapor** *(the report)* translate the passive participle **hazırlanan** as a transitive verb *was prepared,* and work progressively backwards. In the second sentence the participial phrase **yer alan** *(appearing)* modifies **rapor** which, as noted above, appears twice in the final translation.

2. **sanırız**, *we think/imagine,* is a parenthetic remark.

3. The key elements in this sentence are **Doğu Anadolu ise...zayıftır,** *as for Eastern Anatolia...it is weak,* or more freely, *it is in a weak position.* **Doğu Anadolu** is modified by a lengthy object participial construction **Amerika'nın...düşünmediği**, *about which America has not thought/considered.*

SECTION 3

Türkiye'nin askeri yardım istekleri karşısında, bilhassa Amerikalı dostlarımızın tekrar ettikleri bir temcit pilavı[1] vardır: Efendim, size bir milyar dolara yakın (Nedense bu rakam bir türlü bir milyar olmaz[2]) yardım yapıyoruz. Bu miktar, nerdeyse Mısır'a yaptığımız yardıma yakındır.

Şimdi şapkamızı önümüze koyup düşünelim[3]: Mısır'ın durumu nedir? Mısır'ın bütün marifeti[4], İsrail ile barış yapması ve bir de Amerikan hızlı intikal kuvvetine kapılarını açmış olmasıdır. Bunun ötesinde, stratejik bakımdan Türkiye ile en küçük bir şekilde mukayese edilemez. Bugün NATO'nun varlığı ve güvenliği bakımından en büyük stratejik ehemmiyete sahip iki ülke, Batı Almanya ve Türkiye'dir. Bu bakımdan da Türkiye hakikaten bir "kale" durumundadır. Fakat gelgelelim, silah bakımından Türkiye'nin durumu, devede kulak kabilindedir.

Raporda, Türk hükümetinin SEİA müzakerelerinde Amerika'dan tekstil için taviz istediği belirtilmektedir[5] ki, raporun bu kısmını içimiz burkularak okuduk. Bu sütunda bu konuda çok yazdığımız için tekrar etmeyeceğiz.

Türkiye kendisini "Bravo kapitano" olmaktan çıkarmalıdır.

VOCABULARY

istek	request; wish, desire
temcit (-di)	predawn meal during the month of Ramadan
pilav	pilaf (boiled rice with meat, raisins, etc.)
bir temcit pilavı	the same old thing/ song, something that grows wearisome with repetition
efendi	gentleman
efendim	sir (manner of address)
siz *pron., sing./pl.*	you
nedense	for some reason or other, somehow or other
bir türlü *(with neg.)*	not at all, on no account
miktar	amount; quantity
ner(e)deyse	almost, very nearly, all but
Mısır	Egypt
şapka	hat
marifet	skill; *here* unique feature
intikal	movement; passage
hızlı intikal kuvveti	rapid deployment force
mukayese	comparison
mukayese etmek	compare
ehemmiyet	importance
hakikaten	really, actually, in truth

gelgelelim	but all the same, and yet, however
deve	camel
kulak	ear
devede kulak	a mere trifle, a drop in the bucket/ocean
kabil	sort, kind
kabilinde	in the nature of, something like
anlaşma *vn.*	agreement; pact, treaty
SEİA *acron.* **Savunma ve Ekonomik İşbirliği Anlaşması**	Defense and Economic Cooperation Agreement (DECA)
müzakere	discussion, negotiation(s); conference
tekstil	textile (industry)
taviz	concession; compromise
kısım	part; portion; piece
burkmak (*p.* **burkulmak**)	twist, turn
içi burkulmak	be very unhappy, feel great regret
okumak	read; study
sütun	pillar; *pub.* column
bravo kapitano = *It.* **bravo capitano**	good guy, Mr. Nice Guy

NOTES

1. **bir temcit pilavı**, *the same old thing, the same old song*, lit. *the pilaf/rice of the predawn meal eaten during the month of Ramadan.*

2. **bu rakam bir türlü bir milyar olmaz**, *this figure very definitely cannot be one billion.* The emphatic negative is conveyed not only by **bir türlü**, but by **olmaz**, the negative present/aorist of **olmak**, which may often be rendered *is impossible/cannot be.* (TG-U 150[c])

3. **Şimdi şapkamızı önümüze koyup düşünelim**, *Let us put our hats in front of us now and think.* It is difficult to find an English equivalent for this idiom. The idea seems to be that a rearrangement of clothing is desirable before one engages in an important undertaking. A similar but not identical notion is expressed by the English expression, *Let's roll up our sleeves and get to work.*

4. The primary elements in this sentence are: the subject **marifeti** *(its unique feature); the coordinate verbal nouns* **yapması** *(its making)* and **açmış olması** *([the fact of] its having opened);* and finally, the auxiliary suffix **-dır**. The past participle in **-miş** is often used in conjunction with forms of **olmak**.

5. **belirtilmektedir**,*is revealed/is being revealed.* Verb forms in **-mektedir** are similar in meaning to those in progressive **-iyor**. **-mektedir** tends to replace **-iyor** in journalistic style (TG-U 313-314). **ki**, *that, so that,* is a conjunction of Persian origin; it often introduces consequence clauses. (TG-U 433-435; TG-L 211-214)

SELECTION TWENTY-THREE

SECTION 1

YORUM

BULGARİSTAN VE SOVYETLER

Prof. Fahir ARMAOĞLU

Bulgaristan'ın bir milyon soydaşımıza tatbik ettiği soykırımdan doğan tepkiler, Türk kamuoyunda giderek şiddetini artırırken[1], Başbakan Özal'ın Sovyet Rusya'ya yapacağı ziyaretin yaklaşması dolayısıyla, Bulgaristan meselesini Sovyetler'in çözebileceğine dair birtakım görüşler ortaya atılmaktadır.

İlk bakışta bu görüşlerde bir mantık olduğu inkâr edilemez. Zira Bulgarlar, Çarlık zamanında Rusya'nın, şimdi de Sovyet komünizminin en sadık uşakları olmuştur. Bugün sosyalist ülkeler içinde Moskova'nın talimatını harfiyen tatbik eden ve hatta doğrudan doğruya Moskova tarafından yönetilen tek ülke Bulgaristan'dır. Böyle olunca, Moskova'nın bir emri ile her şeyin değişebileceği kanaatine sahip olmak, mantıki görünmektedir.

Fakat duruma objektif bir şekilde bakabilenler için gerçek hiç de böyle değildir. Bunun en çarpıcı örneği de, yıllardanberi her gün Türkiye aleyhine iftiralar kusan ve yayınları ile Türk komünistlerini yöneten "Bizim Radyo[2]"dur. Doğu Almanya'dan yayın yapan bu radyoyu bütün çabalarına rağmen hiçbir Türk hükümeti susturmaya muvaffak olamamıştır. Yakın zamana kadar[3] Doğu Almanya ile diplomatik münasebetlerimiz olmadığı için Türk hükümetleri bu radyonun yayınlarının durdurulması için hep Moskova nezdinde teşebbüste bulunmuşlar[4] ve her seferinde de "Doğu Almanya bağımsız devlettir, biz karışamayız" cevabını almışlardır. Esasında bu "bağımsızlık" lafı Sovyetler'in elinde kaçamak için bir vasıtadır[5]. Çünkü bu suretle, sosyalist ülkelerin bu yayınlarını rahatlıkla kullanmakta[6] fakat "bağımsızlık" kavramını ileri sürerek herhangi bir müdahaleden kasıtlı olarak kaçınmaktadır. Dolayısıyla, Bulgaristan için söyleyecekleri de aynı şey olacaktır.

VOCABULARY

soydaş	compatriot, one of the same nationality or race
tatbik etmek (-e)	carry out, put into effect
şiddet	harshness; hardness; fury; violence
yaklaşmak	approach, come near
mesele	problem, question, matter, issue

çözmek	untie; solve/resolve (a problem)
dair (-e)	about, concerning, related (to), in connection (with)
takım	a set/lot/number (of things)
ortaya atmak	put forward/advance (an opinion)
mantık	logic
inkâr etmek	deny; refuse
Çarlık	reign/government of the tsars
sadık	faithful, loyal, devoted
uşak	male servant; underling; puppet
talimat	instructions, directions
harfiyen	literally, word by word; to the letter
hatta	even, so much so that
böyle olunca	this being so, since this is the way it is
emir (-mri)	order, command
kanaat	opinion; conviction; contentment
mantıki	logical
gerçek *a.*	real, true; *adv.* really
çarpıcı *a.*	striking
iftira	slander, calumny; fabrication, forgery
kusmak	vomit
radyo	radio, radio station
Doğu Almanya	East Germany
susturmak	silence, reduce to silence
muvaffak	successful
yakın zaman	recently
nezdinde	according to, in the opinion of; in the presence of/with/before (someone)
teşebbüs	undertaking, initiation; attempt
nezdinde teşebbüste bulunmak	take the initiative with
sefer	trip, journey, voyage; time, occurrence
karışmak	meddle, interfere with
esas	foundation, basis
esasında	fundamentally, basically, actually
laf	word(s); expression
kaçamak	pretext, evasion, subterfuge
vasıta	means; intermediary, go-between
rahatlık	ease, easiness
ileri sürmek	put forward/insist on (an idea)
kasıtlı	deliberate, purposeful, premeditated
kaçınmak (-den)	avoid, keep away from, abstain from

NOTES

1. **tepkiler, Türk kamuoyunda giderek şiddetini artırırken**, *the reactions, while having an increasingly hardening/infuriating [effect] on public opinion*, lit. *going into Turkish public opinion increasing its strength/fury.*

2. **Bizim Radyo**, *Our Radio*, is the name of a radio program broadcast from East Germany.

3. **yakın zamana kadar**, *until recently*. The implication is that the situation described no longer exists.

4. **Moskova nezdinde teşebbüste bulunmuşlar**, *took the initiative with Moscow, approached Moscow.*

5. **Bu "bağımsızlık" lafı Sovyetler'in elinde kaçamak için bir vasıtadır**, *This word "independence" in the hands of the Soviets is (a means for) a pretext.*

6. **kullanmakta...kaçınmaktadır**, *they are making use of...they are avoiding*. In accordance with the principle of suspended affixation, **-dır** appears only after the second of these two coordinate forms.

SECTION 2

Bu durum madalyonun bir yüzüdür. Öteki yüzü ise[1] bilhassa Bulgaristan meselesinde, Sovyetler'in müdahale etme imkânlarının gayet geniş olduğudur. Yani isterlerse, Bulgaristan'ı yaptığı bu soykırımından hemen vazgeçirebilirler. Fakat bunun için Sovyetler'e taviz, hem de esaslı bir taviz vermek gerekir. Sovyetler bu gibi mühim durumlarda, esaslı bir taviz almadıkça parmaklarını bile kımıldatmazlar[2]. Kaldı ki, Balkanlar'da büyük bir Türk varlığının yok olması Sovyetler'in de işine gelmektedir.

Türkiye, Sovyet Rusya'ya veya onun vasıtasıyla[3] Bulgaristan'a ne taviz verebilir? Bugünkü hükümetin Amerika'ya çok fazla yaslanan dış politikasını bir kenara koysak bile, Başbakan Özal'ın elinde böyle bir taviz imkânı mevcut değildir. Meğer ki, dış politikada Sovyetler'in hoşuna gidecek çok radikal bir değişiklik yapılsın. Hükümetin bugünkü dış politikasını tasvip etmesek bile[4], böyle bir radikal değişikliğin, Türkiye için yaratacağı tehlikeleri de gayet iyi görüyoruz.

Unutmamalı ki, soydaşlarımız meselesi Bulgaristan'ın değil, asıl Moskova'nın elinde Türkiye'ye karşı bir koz. Bu kozun bedeli de ödeyemeyeceğimiz kadar pahalıdır[5]. Bu sebeple, Bulgaristan işini Moskova halleder diye hayale kapılmayalım. Elimizdeki başka imkânları kullanmaya bakalım.

VOCABULARY

madalyon	medallion
madalyonun bir yüzü	one side of the coin/ picture
gayet	very, very much
yani	that is, that is to say, i.e.
vazgeçirmek	cause to abandon/ discontinue/give up; dissuade, deter
hem de	moreover, and also
esaslı	fundamental, essent-ial; substantial
mühim	important
kımıldatmak	move; shake
parmaklarını bile kımıldatmamak	not to even lift a finger, to do nothing
kaldı ki	the fact remains that, it only remains to say
varlık	existence; presence
yok olmak	die out, disappear, vanish
işine gelmek	suit the purpose/ interest of
vasıta	means; agency; intermediary; go-between
bugünkü	today's, of today
yaslanmak (-e)	lean against, rely
bir kenara koymak	set aside, disregard
mevcut	existing; present
meğer ki *(+ optative)*	unless
hoşuna gitmek	be pleasing to; please
tasvip etmek	approve, approve of, sanction
asıl *n.*	basis; *a.* real; principal; *adv.* really; mainly, principally
koz	walnut; *fig.* opportunity; trump, trump card
bedel	price
ödemek	pay
pahalı	high-priced, expensive, dear
halletmek	analyze; solve, resolve (a problem)
hayal	illusion; imagination
kapılmak *(p. of* **kapmak)**	be seized/snatched/ carried off; **(-e)** be deceived/taken in (by)

NOTES

1. **madalyonun bir yüzüdür. Öteki yüzü ise...**, *is one side of the coin/the picture. As for the other side...*, lit. *is one face of the medallion. As for the face beyond...*

2. **parmaklarını bile kımıldatmazlar**, *they don't even lift* (lit. *move, shake*) *a finger*, i.e., *they don't do anything.*

3. **onun vasıtasıyla**, *with its (Russia's) mediation, with it as an intermediary/go-between.*

4. **hükümetin bugünkü dış politikasını tasvip etmesek bile**, *even if we do not approve of the government's present foreign policy.* The conditional tense (not the auxiliary) followed by **bile** gives a concessive sense. (TG-U 415)

5. **ödeyemeyeceğimiz kadar pahalıdır**, *is too expensive for us to pay*, lit. *is expensive to the extent that we will not be able to pay.*

SELECTION TWENTY-FOUR

SECTION 1

DEĞİRMENİN SUYU[1]

Cahit DÜZEL

Bu yılın ilk üç ayına ait dış ticaret rakamları pek iç açıcı gözükmüyor. Geçen yılın aynı dönemine kıyasla dışarıya sattığımız ile dışarıdan aldığımız arasındaki fark yarı yarıya artmıştır.

DİE'nin "geçici" kaydıyla yayınladığı rakamlara kabaca baktığımızda[2] görünen üç aylık tablo şöyle:

İhracat 1.872 milyar dolar... Geçen yıla göre çok cüzi bir artış göstermiş (yüzde 5). Eğer doların bu yıl içinde diğer dövizler karşısındaki değer kaybı hesaba katılırsa, mesela Alman markı olarak bakılırsa[3], aslında reel bir gerilemeden bile söz edilebilir.

İthalat 2.811 milyar dolar... Geçen yılın aynı dönemine kıyasla tam bir patlama göstermiş (yüzde 17). Üstelik, ithalatımızın önemli bir bölümünü oluşturan ham petrolde fiyatların yarı yarıya düşmesine rağmen böylesine hızlı bir artış yaşanmış.

Sonuçta, dış ticaret açığı, petrol faturasının azalmasına rağmen 655 milyon dolardan 928 milyon dolara sıçramış. Eğer petrole geçen yılın fiyatını ödeseydik, herhalde bu rakama 150 milyon dolar kadar daha ilave etmek gerekecekti.

O halde, bu normal olmayan gelişme nereden kaynaklanıyor? Petrol dışındaki hammadde ithalatında bir artış var. Bu, ülkedeki ekonomik faaliyetin, özellikle sanayi üretiminin arttığına işaret eden bir gelişme. Ama sadece bu kalem, ithalattaki patlamayı açıklamaya yetmiyor. Çünkü, tüketim maddelerine ödediğimiz döviz 253 milyon dolardan 284 milyona çıkarak yüzde 12 artmış, ama bu artış da ortalamanın altında kalmış.

VOCABULARY

değirmen	mill
değirmenin suyu	the money to pay, the wherewithal
ait (-e)	relating/pertaining (to); concerning; belonging (to)
açıcı *a.*	opening, that opens
iç açıcı	heartening, cheering, encouraging
gözükmek	be seen; be/become visible; seem, appear
kıyas	comparison
dışarı	the outside/exterior; foreign lands, abroad
fark	difference, distinction
yarı yarıya	in half; by half, by fifty-percent

enstitü institute

DİE *abbr.* **Devlet İstatistik Enstitüsü** State Instute of Statistics

geçici provisional; temporary

kayıt (-ydı) restriction; record; entry

kabaca roughly; coarsely; cursorily, in a cursory way

aylık *a.* monthly; lasting... months

ihracat exporting; exports

cüzi insignificant; trifling; small

eğer if; whether

hesap (-bı) account; reckoning; bill

mesela for example

gerileme *vn.* repression; cutback; decrease

patlama *vn.* explosion; sudden expansion; leap forward

bölüm division; part; department

oluşturmak form, constitute; produce, create

ham unripe; *ind.* raw, crude

böylesine such, such a; to such a degree as this

fatura invoice; bill

azalma *vn.* diminishing, decrease

sıçramak (-e) jump, leap, spring

ilave additon; appendix

ilave etmek (-e) add (to)

o halde in that case

hammadde raw material(s)

üretim breeding (live stock); production

kalem pencil; category, class; item; entry (in an account)

yetmek (-e) be sufficient/enough, suffice

tüketim *econ.* consumption

madde matter; material

tüketim maddeleri consumer goods

NOTES

1. **Değirmenin Suyu**, *the wherewithal, the money to pay,* lit. *the mill water.* This is from the saying **Değirmenin suyu nereden geliyor?**, *Where does the mill water come from?,* i.e., *Where is the money to pay for all this?*

2. **rakamlara kabaca baktığımızda**, *when we take a cursory look* (lit. *look roughly) at the figures.*

3. **Alman markı olarak bakılırsa**, *if it is compared with the German mark,* lit. *if it is looked at being [as] the German mark.*

İthalatın ve dolayısıyla dış açığın[1] böylesine patlamış olmasının nedeni, geriye kalan ana ithalat grubunda, yani yatırım mallarında[2] yatıyor. Bu kalem mallara ödenen döviz geçen yıla göre yüzde 70 gibi görülmemiş bir farkla 702 milyon dolara fırlamış. Bu rakama bakılırsa ülkede muazzam bir "yatırım hamlesi" var. Ama bu yatırım nasıl bir yatırım? Bu yatırımı kim, neden yapıyor?

Özel sektör faizlerin bunca yüksek düzeylerde seyrettiği bir ortamda[3] acaba yatırım atağı mı başlattı? Cevabın "hayır" olduğunu biliyoruz. O halde, bu yatırım malları talebi kamu kesiminden kaynaklanmakta. "Nasıl bir yatırım" sorusunun cevabını ise daha çok altyapı projelerinde aramak gerek. Yani hükümet olarak, bazı KİT'ler olarak ve hepsinden önemlisi belediyeler olarak yapılan altyapı harcamaları[4], ithalattaki patlamanın temel nedenini oluşturuyor.

Türkiye gibi altyapının çok geri olduğu bir ekonomide bu alandaki gelişmelere karşı değiliz. Yeter ki yatırımın finansmanı doğru yapılsın[5]. Altyapı, meyveleri ancak uzun yıllar sonunda alınabilen yatırım olduğu için finansmanın da tercihan iç tasarruflarla, dışarıdan borç alınacaksa da uzun vadeli kredilerle yapılmasını gerektirir[6].

İhracatta bir artış yokken, kısa vadeli dış borçla ithalatı patlatıyorsak, bunun faturasını kısa bir süre sonra hep birlikte ödeyeceğiz demektir.

VOCABULARY

geriye kalmak — remain behind; lag

ana *n.* — mother; *adj.* main, major; *fin.* controlling, parent

grup (-bu) — group

yatırım — investment

mal — property, merchandise, goods

yatırım malları — capital goods

yatmak — lie; lie down; go to bed

görülmek *vp.* — be seen

görülmemiş — unforseen; unprecedented

fırlamak — jump, leap up; soar

muazzam — great; tremendous

hamle — attack; surge, sudden advance, great leap forward

kim — who?; whoever

özel sektör — the private sector

bunca — in this fashion; this much, so much

düzey *n.* — level

seyretmek *vt.* — watch, view, look at; *vi.* move, proceed

acaba — I wonder (whether), do you think?, is it possible that?

atak (-ğı) attack; surge, a run

başlatmak *vc.* initiate, (make) begin

hayır no

altyapı foundation; infrastructure

proje project

aramak look for, seek, search for

iktisadi economic

teşekkül association; organization; enterprise

KİT *accr.* **Kamu İktisadi Teşekkülü** State Enterprise

hep *pron.* all, the whole; *adv.* always, repeatedly

hepsi all of it/them

harcama *vn.* expense, expenditure; spending

temel *n.* foundation, basis; *a.* fundamental, basic, principal

geri olmak be behind, lag behind

yeter ki it is enough/sufficient that

finansman finance, financing

doğru *a.* straight; correct; *adv.* correctly, accurately properly

meyve fruit; product; *fin.* profit

tercihan preferably

vadeli maturing at a certain date

uzun vadeli long-term

gerektirmek necessitate, require, make necessary

patlatmak *vc.* cause to explode; cause to rise sharply

hep birlikte all together; *here* in its entirety, entirely

demektir it means

NOTES

1. **ithalatın ve dolayısıyla dış açığın,** *of imports and because of them the foreign [trade] deficit.*

2. **geriye kalan ana ithalat grubunda, yani yatırım mallarında,** *in the major/chief export group, that is in capital goods, which is lagging behind.*

3. **faizlerinin bunca yüksek düzeylerde seyrettiği bir ortamda,** *in an atmosphere in which interest [rates] were moving at such high levels as this.*

4. **hükümet olarak...belediyeler olarak yapılan harcamaları,** *infrastructure expenses incurred on behalf of* (lit. *it being) the government...the municipalities.*

5. **Yeter ki yatırımın finansmanı doğru yapılsın,** *Suffice it that the financing of the investment be carried out correctly/in the proper way.* The verb of a clause introduced by **yeter ki** is in the optative/subjunctive. **yeter ki** may be variously rendered *suffice it that, it is enough that, only...should.* (TG-L 264-265)

6. The key elements of this sentence are: the subject (**altyapı**, *the infrastructure*), the transitive verb (**gerektirir**, *requires, necessitates*), and the object with a dependent genitive (**finansmanın...yapılmasını**, *the making/carrying out of the financing*).

SELECTION TWENTY-FIVE

SECTION 1

TÜRKİYE CUMHURİYETİ DIŞINDA YAŞAYAN TÜRKLER MESELESİ

Doç. Dr. Mehmet SARAY

Bugün, okullarımızda ve üniversitelerimizde Türk tarihinin Osmanlı devrini gençlerimize okutup öğretmeye çalışıyoruz. Bunu, en tabii bir hak ve vazife kabul ediyoruz. Fakat, Osmanlı İmparatorluğu'nun inkırazından sonra kurulan Türkiye Cumhuriyeti hudutları haricinde kalmak bahtsızlığına uğrayan bu milletin evlatları hakkında genç nesillere[1] ne bir bilgi veriyor ve ne de devlet ve millet olarak[2] o insanların saadet ve selameti için herhangi bir teşebbüste bulunuyoruz. Kendi milletine mensup insanlar hakkında böyle kayıtsız ve alakasız kalan bir devlet ve milleti dünya tarihi kaydetmiyor.

Muhakkak ki, bugünkü Türkiye Cumhuriyeti, hudutları dışında kalan Türk topluluklarının mutluluk ve refahı için birtakım maddi ve manevi sorumluluklar taşımaktadır. Bu devleti kuran ve yaşatan Türk milleti, sorumluluklarını da şu veya bu şekilde[3] yerine getirmek mecburiyetindedir.

Bizlere düşen[4]

Bu satırların yazarı da dahil olmak üzere Türkiye'de yaşayan pek çok kişinin ailesi pekâlâ bugünkü milli hudutlar haricinde kalan insanların ailelerinden olabilirlerdi[5]. Kaderin cilvesi ve XX. asrın ilk çeyreğinde cereyan eden hadiselerin akışı neticesinde, bizler değil de onlar bugünkü milli hudutlar haricinde kaldılar. Bugün Bulgaristan, Romanya, Yugoslavya, Yunanistan, Adalar, Suriye ve Irak gibi komşu ülkelerde yaşayan ve sayıları dört milyonu geçen bu soydaşlarımızın imkânlar müsaade ettiği kadar, dertleriyle[6] ilgilenmek ve onların Türklük ve Müslümanlık haysiyet ve şerefini incitmeden[7] o memleketlerin iyi vatandaşları olarak yaşamlarını sağlamak bizlerin kaçınılmaz vazifeleri arasında bulunmaktadır.

VOCABULARY

devir (-vri)	age, period; era	**imparatorluk**	empire
okutmak	educate, instruct	**inkıraz**	decline; collapse; extinction
öğretmek	teach	**kurmak** (*p.* **kurulmak**)	establish; found; form; create
öğretme *vn.*	(the act of) teaching	**hudut**	border, boundary, frontier
vazife	obligation; duty; responsibility; job, employment		

hariç (-ci) *n.*	outside, exterior; place beyond; foreign country; *adv.* except for apart from, not including
bahtsızlık	misfortune; unluckiness
evlat (-dı)	children; offspring; *s.* child; son
nesil	generation; descendants
saadet	happiness; prosperity
selamet	safety, security; well-being
için teşebbüste bulunmak	*here* concern oneself about, involve oneself with; make efforts on behalf of
mensup olmak (-e)	be related (to)/connected (with); belong (to); be a member (of)
kayıtsız	indifferent; unconcerned; careless
alakasız	indifferent; uninterested; unconnected
muhakkak *a.*	certain; well known; *adv.* certainly
mutluluk	happiness
refah	prosperity; affluence; comfort, ease
birtakım = bir takım	a number/lot of
maddi	material; physical
manevi	spiritual; moral
taşımak	carry; bear (a responsibility)
yaşatmak	cause to live; keep alive
yerine getirmek	do, accomplish; fulfill; carry out (an order, a responsibility)
mecburiyet	compulsion; obligation; necessity
düşmek	fall; drop; **(-e)** behoove, fall (to one as a duty/a concern)
satır	line (of print/writing)
dahil *n.*	inside, interior; *adv.* inside; included
dahil olmak	be included; **(-e)** participate in
pekâlâ	all right; very well; most certainly
olmak	be; become; **(-den)** be (among)
kader	destiny, fate; providence
cilve	coquetry; quirk
yirminci = XX.	twentieth
asır (-srı)	epoch; century
çeyrek	quarter; one fourth
cereyan	flow; movement; tendency; (electric) current
cereyan etmek	happen, occur, take place
hadise	event, incident, occurrence
akış	flow, course
netice	result, consequence
Adalar	the Aegean Islands
geçen	(the) past/last (week, month, etc.); passing, surpassing

ilgilenmek (-le)	be interested (in); show concern (for); pay attention (to)	**incitmek**	offend; hurt; injure; infringe on, violate
Türklük	quality of being a Turk; the worldwide Turkish community	**memleket**	country; home town
Müslümanlık	quality of being a Muslim; the Muslim world	**yaşama** *vn.*	life, living
haysiyet	self-respect, personal dignity	**sağlamak** (*p.* **sağlanmak**)	provide; guarantee; make secure/sure/certain
şeref	honor; glory	**kaçınılmaz**	unavoidable, inescapable, inevitable

NOTES

1. **genç nesillere...ne bir bilgi veriyor...ne de...bir teşebbüstte bulunuyoruz,** *to the young[er] generations...we are neither giving any information...nor...are we making any effort/are we concerning ourselves.* Two points should be noted about this sentence. **veriyor** (instead of **veriyoruz**) means *we are giving.* Again, in accordance with the principle of suspended affixation, **-uz** is attached only to the final of the two coordinate verb forms. Also, the negative notion is conveyed by the conjunctions **ne...ne,** so there is no need for the negative suffix **-me/-ma** to be attached to the verb stem.

2. **ne de devlet ve millet olarak,** *neither as a government/state nor as a people.* This refers to the subject of the verb (**-uz,** *we*), not **o insanların.**

3. **şu veya bu şekilde,** *in one way or another, somehow.*

4. **bizlere düşen,** *what we must do,* lit. *what falls to us (as a duty, a concern).*

5. **pek çok kişinin ailesi...insanların ailelerinden olabilirlerdi,** *the families of very many people...could have been among the ones* (lit. *among the families of people).*

6. **bu soydaşlarımızın imkânlar müsaade ettiği kadar, dertleriyle,** *with the difficulties/troubles of these compatriots of ours as far as is possible* (lit. *to the extent that possibilities permit).* Note that the two members of the possessive construction (**soydaşlarımızın** and **dertleriyle**) are separated by a four-word phrase. (TG-U 94)

7. **incitmeden,** *without infringing on/violating,* not *from infringing on/violating.* The **-me** of **-meden** is the negative suffix, not the suffix characteristic of the verbal noun. (TG-U 389)

Soydaşlarımızın yaşadığı bu ülkelerle[1], hem komşuluk menfaatleri[2], hem de Birleşmiş Milletler ve İnsan Hakları Evrensel Beyannamesi umdelerinin çerçevesinde, en az iktisadi ve ticari münasebetler kadar, kültür münasebetlerini de geliştirmemiz ve soydaşlarımızın dil, din, gelenekleri vb. gibi meselelerine yardımcı olmamız mümkündür. Bunu yapmak, Türkiye Cumhuriyeti'ni kuran ve yaşatan Türk milletinin en tabii hakkı ve vazifesidir. Böyle bir siyasetin, asla, bir ülkenin içişlerine karışıyor şeklinde anlaşılması[3] mümkün değildir. Üstelik, böyle bir siyaseti, milletlerarası hukuka uygun bir şekilde, her devlet yürütmektedir. Her devletin yaptığını Türkiye niçin yapmasın?

Milli varlığımızı yaşatmak

Buraya[4] kadar zikredilenler Türkiye'nin ve Türk milletinin birinci derecede sorumluluk taşıdığı ve mutlaka, şu veya bu şekilde, yerine getirmesi icabeden hususları ihtiva etmektedir. Bir de müstakil Türk milletinin, soydaşları ve dindaşları olarak bugün Sovyet Rusya, Çin, İran ve Afganistan'da yaşayan ve sayıları 100 (yüz) milyonu geçen Türk toplulukları için taşıdığı manevi mesuliyet bulunmaktadır[5]. Türkiye[6], bu mesuliyeti, yukarıda söylendiği gibi, devletlerarası hukuk çerçevesinde, ilgili ülkelerle kültür münasebetlerini geliştirerek, oralarda yaşayan Türkler'in maddi ve manevi varlıklarını korumalarına yardımcı olmak suretiyle yerine getirebilir.

Türkiye'nin üzerine düşen bu vazifeyi yapması ile, nerede yaşarsa yaşasın[7], her Türk, Türk milletine mensup olmanın gurur ve haysiyeti ile yaşama imkânına, bir dereceye kadar da olsa[8] kavuşacaktır. Bunun yaratacağı kendine güven ve Türklük şuuru ve bu şuura sahip kitlelerin meydana getireceği potansiyel, Türklüğün düşmanı olan herkes için büyük bir caydırıcı güç teşkil edecektir ki[9]; bu, milletimizi çeşitli badirelerden koruyacaktır. Ayrıca Türkiye, milli hudutları içinde kalmakla beraber yaygın bir Türklük âlemini temsil etmek itibariyle dünya siyasetinde daima müessir bir devlet olma hususiyetini muhafaza etmek imkânına sahip olacaktır.

VOCABULARY

komşuluk	neighborliness
menfaat	advantage; benefit
evrensel	universal
beyanname	manifesto, declaration
umde *n.*	principle
çerçeve	frame; framework; limits
en az	at least
din	religion, faith (*esp.* Islam)
gelenek	tradition, custom
vb. = ve başkaları, ve benzerleri	and so forth, etc.
asla	never, in no way
anlaşılma *vn. of* anlaşılmak (*irreg. p. of* anlamak)	being understood

uygun (-e) appropriate, fitting; in accord (with), conforming (to)

niçin why?

zikretmek mention, cite

birinci first; highest (degree)

icap etmek, icabetmek be necessary/required

ihtiva etmek hold, contain; include, comprise

müstakil independent, self-governing

dindaş coreligionist

geçmek pass; exceed

mesuliyet responsibility

devletlerarası international

oralarda in those parts/places

koruma *vn.* protection, defense; conserving, conservation

gurur pride; vanity, conceit

kendine güven self-confidence, self-reliance

şuur mind; conscience; consciousness

kütle, kitle mass; great quantity; crowd; group

meydana getirmek bring into existence, create, produce, accomplish

potansiyel potential, potentiality

caydırıcı dissuasive, deterrent

badire unexpected calamity, unforseen danger; difficult situation

korumak protect, defend; conserve

beraber together, in company (with)

yaygın widespread; worldwide; extensive; prevalent

âlem world; universe

temsil etmek represent

itibarıyla considering; concerning, as regards; from the point of view of; when it comes to

müessir touching, moving; effective; influential

hususiyet peculiarity; special characteristic/feature

muhafaza etmek protect; preserve, maintain

NOTES

1. The key elements of this sentence are: **bu ülkelerle** *(with these countries)*... **çerçevesinde** *(within the framework of)*... **münasebetlerini de geliştirmemiz** *(our developing relations of)*... **ve yardımcı olmamız** *(and our helping,* lit. *being a helper)* **mümkündür** *(are possible).* Reversing the order this becomes: *It is possible... within the framework of... for us to develop relations... and to help in.*

2. **komşuluk menfaatleri**, *good-neighborly relations,* lit. *the interests/benefits of neighborliness.*

3. **böyle bir siyasetin...karışıyor şeklinde anlaşılması**, *the understanding/ interpreting of a policy such as this as interfering*, lit. *in the manner of interfering*.

4. The key elements of this sentence are: **Buraya kadar zikredilenler** *(the things mentioned thus far)*...**hususları ihtiva etmektedir** *(include matters)*. **hususları** in turn is modified by two participal phrases: **sorumluluk taşıdığı** *(for which...bear responsability)*; and **yerine getirmesi icabeden** *(the implementation of which is necessary)*.

5. **manevi mesuliyet bulunmaktadır**, *a moral responsability exists*.

6. **Türkiye, bu mesuliyeti...suretiyle yerine getirebilir**, *Turkey can carry out* (lit. *put/bring into it places) this responsability by...*

7. **nerede yaşarsa yaşasın**, *whereever he may live*.

8. **bir dereceye kadar da olsa**, *somewhat, even if it be to some degree/extent*.

9. The complement of the conjunction **ki**, *that, so that*, is often left unexpressed. (TG-L 214; TG-U 434)

SECTION 3

Kısaca Türkiye'nin gücü, sadece Anadolu ve Trakya'ya yerleşmiş Türkler'den ibaret olmayacak, Asya ve Avrupa kıtalarına yayılmış ve aynı kültürü paylaştığı Türk topluluklarının maddi ve manevi desteği ile de bir kat daha güçlü bir manzara arzedecektir[1]. Milli hudutlarımız haricinde kalan Türk topluluklarına karşı Türkiye'nin yönelteceği kültür faaliyetleri, onların Balkanlar'da, Doğu Avrupa'da ve Rusya'da Hıristiyanlar arasında barınamayan, Asya'da Müslüman milletler içinde kaybolan bir ırk olmadıklarını, bilakis dünyanın her yerinde milli varlıklarını yaşatan ve koruyan birer topluluk olduklarını gösterecektir[2].

Geçmişin ihmallerini telafi etmek

Bugün, dünyanın pek çok ülkelerinde Türkiye hudutları dışında yaşayan Türkler'in tarih ve kültürleri üzerinde geniş ve ciddi araştırmalar yapılmaktadır. Fakat, ne hazindir ki, Türkiye bu tip araştırmaların merkezi olması icabederken, maalesef bu sahada çok gerilerde kalmış bulunmaktadır, hem de Atatürk'ün emrine rağmen.

Bir yazı serisinin başlangıcında da işaret edildiği gibi, büyük Atatürk, Türk tarihinin kısa zamanda araştırılması[3] hususunda direktiflerini bildirirken, bu araştırmaların merkezinin Türkistan[4] olduğunu söylemişti[5].

Bugün, Türkistan'da 100 milyona yakın insan yaşamaktadır. Atatürk, Türk Tarih Kurumu'nu bu tip çalışmaları yapması için kurmuştu. Atatürk'ün arzusuna rağmen, Türk Tarih Kurumu'nun, halen dış Türkler'in yüzde doksanını teşkil eden Türkistan Türkleri hakkında hiçbir neşriyatta bulunmaması çok manidardır. Halbuki o kurumun parasının esas nüvesini[6] Türkistan, Afganistan ve Hindistan (Pakistan) Türkleri'nin, Milli Mücadele yıllarında Atatürk'e gönderdiği para teşkil etmektedir. O paranın bir kısmını Türkistan Türkleri'nin tarih ve kültürlerini araştırmaya sevketmek acaba büyük bir hata mı olurdu[7]?

VOCABULARY

kısaca *a.*	rather short; *adv.* shortly, briefly; in short
Anadolu	Anatolia
Trakya	Thrace
ibaret olmak (-den)	consist (of), be composed (of)
yayılmak *vn.*	be spread, be spread out
paylaşmak	share
kat	layer; story, floor; time(s)
bir kat daha	still more, even more
manzara	view, scene, spectacle
arzetmek	present; submit; offer
yöneltmek	direct, turn towards, steer towards
Hıristiyan	Christian
barınmak (-de)	take refuge/shelter (with)
ırk	race; lineage
bilakis	on the contrary, far from it
birer	one each; each one, each
ihmal	negligence, neglect; inattention; carelessness
telafi etmek	make up for; compensate for; counterbalance
hazin	sad, pathetic, touching, moving
tip	type, sort, kind
maalesef	unfortunately, with regret
saha	open space; field; *fig.* sphere, field, domain
gerilerde kalmak	remain behind, lag
seri	series
araştırılma *vn.*	research, the process of being researched
direktif	directive, order
Türkistan	Turkistan
neşriyat	publication
neşriyatta bulunmak	publish, engage in publishing
manidar	meaningful, significant
esas *m.*	foundation, basis; *a.* basic, principal, main
nüve	nucleus; focus
Hindistan	India

sevketmek	send, convey; *here* allocate (funds)	**hata**	mistake, error; flaw, fault, defect

NOTES

1. The key elements of this sentence are: **Türkiye'nin gücü...ibaret olmayacak...bir kat daha güçlü bir manzara arzedecektir**, *Turkish strength...will not consist of...will present an even more powerful/effective scene/picture.*

2. The key elements of this sentence are: **Türkiye'nin...kültür faaliyetleri, onların...bir ırk olmadıklarını...birer topluluk olduklarını gösterecektir**, *the cultural activities of Turkey...will show/demonstrate...that they are not a race...that they are each one a community.*

3. **Türk tarihinin kısa zamanda araştırılması**, *research on Turkish history [to be undertaken] soon/shortly/within a short period.*

4. Turkistan is the name that was formerly employed to designate the regions of Central Asia lying between Siberia on the north, and Tibet, India, Afghanistan and Iran on the south.

5. **bu araştırmaların merkezinin Türkistan olduğunu söylemişti**, *he said that Turkistan was to be the center/headquarters of this research.*

6. **o kurumun parasının esas nüvesini**, *the principal funding of that society*, lit. *basic nucleus of money of that society/organization.*

7. **acaba büyük bir hata mı olurdu?**, *is it possible that/one wonders whether it would have been a great mistake?* The aorist past (**ir-di**) can mean either *used to* or *would/would have.* (TG-U 185)

Bilakis, büyük bir kadirşinaslık ve vefakârlık örneği verilmiş olurdu. Bu tip araştırmalarla, milli tarihimizin ve kültürümüzün bir parçasını teşkil eden o bahtsız insanların tarih ve kültürleri ortaya çıktığı gibi, onların ne dereceye kadar yabancılar tarafından tahrif edildiğini de bu millet görüp anlamış olurdu. Şayet Türkiye[1], bugünkü milli hudutlarımız dışında yaşayan soydaş ve dindaşlarımızın tarih ve kültürleri ile alakalanmamaya devam ederse, tarihi bir vebal altına girecektir ki, bu vebalin hesabını bir gün bizlerden soracak nesiller çıkacaktır[2]. Artık Türkiye ve Türk milleti, kendinden olan insanlara sahip çıkmayan[3] dünyadaki yegâne ülke ve millet olmaktan kurtulmak mecburiyetinde.

Maksadımız, şu veya bu şahsı veya müesseseyi suçlamak değildir. Bütün gayemiz, hakikatleri ortaya koymak ve yapılan hataların düzeltilmesine yardımcı olmaktır. Mesele ile ilgilenenlerin, hatalı yoldan kısa zamanda dönmek büyüklüğünü göstereceklerine inancımız tamdır[4].

İşaret edilen bütün eksikliklere rağmen, Türkiye ve Türkiye'nin kültür politikasını yönlendirenler için, henüz vakit geçmemiştir. Mevcut ihtisas sahiplerine, yetiştirilecek yeni mütehassıslar da ilave edilince ve onlara tam selahiyetle vazife verildiği zaman, geçmişin ihmallerini kısa zamanda telafi etmek elbette mümkündür. Ortaya çıkacak neticenin güzelliği, hepimizi mutlu edecektir.

VOCABULARY

kadirşinaslık	appreciation
vefakârlık	loyalty, faithfulness
bahtsız	unlucky; unfortunate
ortaya çıkmak	appear; emerge; come to light
gibi *post.*	like; *conj.* as
tahrif etmek	distort, falsify, misrepresent
şayet	if
alakalanmak (-le)	be interested (in), be concerned/involved (with)
tarihi	historic, historical
vebal (li-)	*rel.* sin; (evil) consequences (of an evil action)
sahip çıkmak (-e)	*here* stand as someone's protector
yegâne	single, sole, unique, only
kurtulmak	escape; be saved; (-den) avoid; evade
maksat (-dı)	aim, purpose, intention
şahıs (-hsı)	person
gaye	object, purpose, aim
hakikat	truth; fact
düzeltmek (*p. vn.* düzeltilme)	make smooth; correct, rectify

hatalı	mistaken, wrong, erroneous	**ihtisas**	speciality, specialization
dönmek *vi.*	turn; return	**ihtisas sahibi**	specialist
büyüklük	greatness; importance; magnanimity; generosity	**yetiştirmek** *vc.* (*p.* **yetiştirilmek**)	cause to reach/attain; train; instruct
inanç (-cı)	belief, trust	**mütehassıs**	specialist, expert
eksiklik	deficiency, defect, lack	**salahiyet, selahiyet**	authority/right (to do something)
yönlendirmek	direct, steer, guide; conduct (policy)	**güzellik**	beauty
vakit (-kti)	time	**mutlu**	happy

NOTES

1. **Türkiye...tarihi bir vebal altına girecektir,** *Turkey will be blamed for the historic consequences,* lit. *will enter under a historic sin/blunder/evil consequence.*

2. **bizlerden soracak nesiller çıkacaktır,** *[coming] generations will arise who will ask us for...*

3. **kendinden olan insanlara sahip çıkmayan,** *who do not look after their own people.*

4. **Mesele ile ilgilenenlerin...göstereceklerine inancımız tamdır,** *We fully believe* (lit. *our faith is complete) that those concerned with the matter will show.*

SELECTION TWENTY-SIX

SECTION 1

HABERLER

Walt Disney'in yarattığı müze kent, gezmekle bitecek gibi değil[1]...

DİSNEYLAND'DA TÜRK GÖMLEKLERİ

LOS Angeles Hilton Oteli'nin **kapısında** Lufthansa'nın Basın ve Halkla İlişkiler Başkanı Cüneyt Koryürek, "Disneyland, çocuklar için derler ama sen aldırma. Orada büyük bebeklerin neler yaptıklarını görünce şaşıracaksın" dedi.

Şaşırmadım. Çünkü ben de "koca bebek"lerden biri olarak, sabah girdiğim "Harikalar Diyarı"ndan akşam zorlukla ayrılabildim. Eğer Türkiye'ye dönüşümüz ertesi gün olmasaydı, birkaç gün daha Walt Disney'in bu mucizesini yaşamak isterdim.

Akıllara durgunluk veriyor

Amerika'nın, Los Angeles'ın en büyük turistik gelirlerinin başını Disneyland çekiyor. Yaklaşık 37 dolar kişi başına gezilen Disneyland'ın içine adım attığınız andan itibaren, ikinci bir kez daha elinizi cüzdanınıza atmıyorsunuz. Buharlı trenler, denizaltılar, kayıklar, motorlar, sallar, monoray trenler, sinemalar hepsi bedava.

İçerdeki tek harcamanız yiyecek, içecek ve Walt Disney'in birbirinden şirin yaratıklarının yer aldığı hediyelik eşyalar.

Kaşıklardan bebeklere, tişörtlerden ayakkabılara, maskelere kadar turistler her gün silip süpürüyorlar Disneyland'ı...

VOCABULARY

müze	museum
gömlek	shirt
basın ve halkla ilişkiler başkanı	public relations chief, official in charge of relations with the press and the public
aldırmak	mind, pay attention to
aldırma	never mind
şaşırmak	be surprised/amazed
koca	old, ancient; great, big, large
zorluk	difficulty; hardness

harika	wonder; miracle	**sal**	raft; coffin
diyar	country, land	**monoray**	monorail
harikalar diyarı	wonderland	**sinema**	the movies; motion picture theater
dönüş	returning; return journey	**içeri**	inside, interior
ertesi	the next/following (day, week, etc.)	**yiyecek** *a.*	edible; *n.* food
mucize	miracle; wonder	**içecek** *a.*	drinkable; *n.* drink, beverage
yaşamak	live; dwell; exist; live through; experience	**birbirinden** +*a.*	one more [*a.*] than the other
durgunluk	inertness, apathy	**şirin**	charming, attractive, sweet, affable
akıllara durgunluk vermek	astound, be astounding, be very surprising	**hediyelik**	suitable to be used as a present
baş	*here* bulk, major part	**eşya**	things, objects; belongings; goods
kişi başına	per head, per capita, per person	**hediyelik eşyalar**	souvenirs
gezilmek *vp.*	be visited/toured; *impers. p.* wander, stroll through	**kaşık**	spoon; spoonful
		tişört	tee shirt
adım atmak	(take the first) step; begin	**ayakkabı**	shoe
atmak	*here* put (into)	**maske**	mask
buharlı	steamy; *attr.* steam-	**silmek**	wipe up/away
tren	train	**süpürmek**	sweep (a place), sweep away
denizaltı	submarine	**silip süpürmek**	make a clean sweep of, clean out (the stock of a store)
kayık	boat, skiff		
motor	motorboat		

NOTE

1. **müze kent, gezmekle bitecek gibi değil,** *you can walk around forever in the museum city,* lit. *the museum city, is not like [something] that will end with walking about.* The same idiom appears in Section 4 of this Selection: **Disneyland anlatılmakla bitecek gibi değil,** *you can go on forever talking about/describing Disneyland.*

SECTION 2

Bizim Ankara'daki Gençlik Parkı'nın neredeyse 100 mislini düşünün işte size Disneyland... 17 Temmuz 1955'te kapılarını açan Disneyland'da yok yok. 7 ana bölüme ayrılmış.

"Maceralar Ülkesi"nde vahşi ormanlardaki yaşamları, İsviçre ailesini, tropikal kuşları, çiçekleri, tilkileri görüyorsunuz. Oradan "New Orleans" meydanına geldiğinizde sizi beş zenciden kurulu caz müziği grubu karşılıyor.

Karayibler'in azılı korsanlarının vahşi ve acımasız yaşamlarını, su üstündeki kayık-trenler içinde inanılmaz güzellikte yaşıyorsunuz. Her şey aslında manken, ışık oyunu... Ama korsanların, horozların, yarasaların her yanları elektronik beyinle ayarlanmış. Öylesine uyumlu ve canlı hareketleri varki, neredeyse konuşacaksınız.

Ayılar Ülkesi

Uzun kuyruklardan sonra Disneyland demiryolları trenine binip, "Ayılar Ülkesi"ne gidebilirsiniz. Davy Crockett'in kanolarından ayılara kadar birbirinden güzel eğlenceler var.

Her "ülke"deki hediyelik eşya satan mağazalarda bol bol "Türk Malı" tişört gördük. En güzel safari kıyafetlerinin de "Türk Malı" olması göğsümüzü kabarttı.

VOCABULARY

misil (-sli)	as much again; the like, the equal; times
işte	here! here it is! see! look!
Temmuz	July
yok yok	there is nothing at all lacking, there is everything
ayrılmak (-e)	be divided/separated (into)
Maceralar Ülkesi	Adventure Land
vahşi	wild; savage
İsviçre *n.*	Switzerland; *attr.* Swiss
kuş	bird
çiçek	flower
tilki	fox
zenci	Negro, black person
kurulu	formed, composed
caz	jazz
Karayibler	the Caribbean
azılı	ferocious, savage; violent; dangerous
korsan	pirate
acımasız	pitiless, cruel, hard-hearted
kayık	boat, skiff

kayık-tren boat-train

manken manikin; fashion model

ışık light

oyun play; game

horoz cock, rooster

yarasa bat (the animal)

beyin (-yni) brain; mind

elektronik beyin computer

ayarlamak (*p.* **ayarlanmak**) regulate, fix, adjust

öylesine so, so very, to such an extent

uyumlu harmonious, concordant; congenial

canlı alive, living; lively, vivacious; brisk, active

ayı bear

kuyruk line, queue

demiryolu, *pl.* **demiryolları** railroad

binmek (-e) get up (on); ride, board; travel (on)

kano canoe

eğlence amusement; diversion

mağaza store, shop

bol plentiful, abundant; wide; loose

Türk malı made in Turkey

safari safari, journey, hunting expedition

kıyafet clothes, dress, attire; costume

kabartmak cause to swell, make swell

göğsü kabartmak make proud, cause to swell with pride

Yapay ağaçlar

Disneyland'ın bir başka ilginç yanı, bütün ağaçların, bitkilerin gerçek olmayıp, plastikten yapılmış olmaları. Mevsimler nedeniyle yaprak dökülmelerini temizleme endişesinden, böyle bir yöntem uygulamayı doğru bulmuşlar. Eğer yöneticilerden birisi söylemeseydi anlamamıza olanak yoktu.

Artık sıra "Vahşi Batı"ya gitmeye geldi. Nehir gemileri müzikli gezileri için sizi bekliyor. Tom Sawyer Adası'nın çevresinde, Columbia gemisiyle gezintiye ne dersiniz? İsterseniz Mark Twain buharlı gemisine, "Altın Nal Revüsü"ne girebilirsiniz. Ya da küçük kanolarla, yarışmak sizin elinizde. Sanki koca Mississippi'nin kıyısındasınız, rengarenk dünyayı yaşıyorsunuz.

Ve karşınızda "Yarının Dünyası" var. Disneyland'ı gezen çocukların, büyüklerin en çok sevdikleri, ayrılmadıkları bölge burası. 360 dereceli sinema perdesinden, üç boyutlu gösterilere, roket jetlerden, ütopik spor arabalara kadar binebilirsiniz. İsterseniz denizaltıya. 20 kişi alan minik denizaltılar, sanki denizin altındaymışcasına efektlerle müşterileri gezdiriyor. Küçük lombozlardan yapma balıkları, incileri, denizanalarını hepsinin yapay olduklarını bile bile hayranlıkla izledik.

Masal kahramanları

"Fanteziler Ülkesi"de bir başka dünya. "Uyuyan Güzel"den "Pinokyo"ya, "Uçan Fil"den, Mickey Mouse'a, Peter Pan'a kadar bütün masal kahramanları kucak açmış, çocukları bekliyorlar.

VOCABULARY

yapay	artificial, synthetic
bitki	plant
mevsim	season
dökülme *vn.*	dropping/falling (of leaves)
temizleme *vn.*	cleaning; clearance, clearing out
yöntem	method, way, technique, procedure
anlamak	understand; (**-den**) know about
artık	now; at last, finally
Vahşi Batı	the Wild West
nehir gemisi	river boat
müzikli	musical
gezi	excursion; outing; tour
çevresinde	around, in the neighborhood of
gezinti	stroll; pleasure trip; outing; tour
buharlı gemi	steamboat
altın	gold
nal	horseshoe

revü	*th.* revue; show
yarışmak	compete; **(-le)** race against (each other)
elinde olmak	be possible, be within one's power
sanki	as if, as though
koca	old; ancient; great, large
kıyı	shore, coast, bank; edge
rengarenk	colorful; multicolored
Yarının Dünyası	the World of Tomorrow
burası	this place, here
dereceli	of...degrees
perde	curtain
sinema perdesi	movie screen
üç boyutlu *a.*	three-dimension
jet	jet; jet airplane
ütopik	utopian
spor	sport
binmek (-e)	get up (on); ride; board; travel (on)
denizaltı *n.*	submarine
minik	small, mini
-casına/-cesine (TG-L 188-189)	*v. suffix used with base of* **-miş** *past* as if
efekt	theatrical effects
gezdirmek	show (someone) around, take through
lomboz	porthole
yapma *a.*	artificial, imitation; fake
balık	fish
inci	pearl
denizanaları	jellyfish
hayranlık	admiration; appreciation
izlemek	*here* watch, view, observe
masal	fairy tale, tale, fable
kahraman	hero
Fanteziler Ülkesi	Fantasy Land
fil	elephant
Uçan Fil	the Flying Elephant
kucak	embrace; armful; lap
kucak açmak (-e)	welcome/receive with open arms

SECTION 4

Başınızı bir kaldırıyorsunuz ki, İsviçre Alpleri'ndeki ünlü Matterhorn bütün haşmetiyle karşınızda. Ve üstünde iki dağcı gösteri yapıyor.

Neredeyse akşam oldu. O halde hep beraber Belçika atlarının çektiği pırıl pırıl arabalara binip, "USA Main Street"e çıkalım ve oradaki kafeteryalardan birinde dinlenelim. İster dondurma, ister diyet kola, isterseniz kafeinsiz kahve.

Disneyland'ın yöneticilerinden birine sorunca, aldığımız cevap şu oldu: "Bugüne kadar Disneyland'ı yaklaşık 500 milyon kişi izledi. Burasını bir günde gezmek olanaksız. 25 bin dönüm arazi üzerinde daha ne gizli, ne eğlenceli yerler var. Yıllık ya da 6 aylık abonmanlar veriyoruz. Onu alın, istediğiniz kadar gezin. Sonra, şehirdeki otellerde kalmayın. Burada üç tane dev otelimiz var. Sabah çıkarsınız, gece otelinize dönersiniz."

Her sabah kapılarını 8.30'da açıp, gece 22.00'de kapatan Disneyland anlatılmakla bitecek gibi değil.

Bizde nasıl olacak?

Yalnız oradan ayrılırken aklıma bir şey takıldı. Kulakları çınlasın. Bizim sempatik Belediye Başkanı Bedrettin Dalan "İstanbul'da Disneyland yapacağım" demişti. Sayın Dalan, acaba Los Angeles'teki Disneyland'ı görmüş mü?

Lufthansa'nın dev Boeing 'Jumbo' 747'siyle Los Angeles'ten yaklaşık 11 saat aralıksız uçtuktan sonra Frankfurt Havaalanı'na indiğimizde Almanya bize 'kasaba' gibi geldi. Sonra da ver elini İstanbul... Los Angeles'le İstanbul arasında 10 saatlik zaman farkı...

Amerika bizim yanımızda çok büyük, çok geniş... Varsın olsun... Bizim insanlığımız, sıcaklığımız, dostluğumuz, boşvermişliğimiz, umursamazlığımız, şiddet saçan hosteslerimiz, kirli sokaklarımız, çalışmayan telefonlarımız var ya...

Bari insanlığımızın, insanımızın kıymetini bilebilsek...

-BİTTİ-

VOCABULARY

Alpler	the Alps
haşmet	majesty, pomp
dağcı	mountain climber
gösteri yapmak	put on a show/ performance
Belçika *n.*	Belgium; *attr.* Belgian
at	horse
pırıl pırıl	brightly shining, glittering, gleaming
kafeterya	cafeteria
dinlenmek	relax, rest, take a rest
dondurma	ice cream
diyet kola	diet cola
kafeinsiz	decaffeinated
kahve	coffee
olanaksız	impossible
dönüm	land measure (about one-fourth of an acre)
arazi	land; ground; country; site
daha	*here* besides; again
gizli	secret; mysterious
eğlenceli	amusing, entertaining; diverting
abonman	subscription; *here* season ticket
otel	hotel
tane	grain; single thing/ item
dev *n.*	giant; *a.* gigantic
anlatılmak *vp.*	be explained; be described; be related/ told/recounted
takmak (*p.* **takılmak**) (-e)	attach; affix
aklına takılmak	stick in (one's) mind and bother one
kulak	ear
çınlamak	ring (of the ears)
kulakları çınlasın	may his ears burn, I wish he good hear this
aralıksız	continuous(ly); nonstop
inmek	go down, come down, descend; land (of an airplane)
kasaba	small town, large village
ver elini	so then I went to, so then I'll go to
varsın olsun	be that as it may
insanlık	mankind; humanity; humaneness; kindness
sıcaklık	heat; warmth
dostluk	friendship; cordiality, friendliness
boşvermişlik *sl.*	indifference, apathy; laid-back attitude
umursamazlık	unconcern, indifference
saçmak	scatter, strew
şiddet saçmak	spread terror, terrorize; be terrifying
hostes	stewardess, airline hostess

kirli dirty

ya *particle used to emphasize a statement*

bari at least; for once; if only

insan *here* people

kıymet value, worth

kıymet bilmek value, appreciate, realize the worth of

bitti *here* end (*lit.* it ended)

SELECTION TWENTY-SEVEN

SECTION 1

LOBİYİ BURADA YAPALIM!

Sami KOHEN

SON haftalarda İstanbul'a "önemli ziyaretçiler" akını epey hızlandı. Ünlü sanatçılar, işadamları, bilim adamları, derken geçen hafta Avrupalı parlamenterler, Amerikalı Kongre üyeleri, birbirlerini izlediler.

Bu insanların çoğu, Türkiye'yi "yeni keşfettiklerini" ve gördüklerinin, duyduklarının, ülkemize gelmeden önceki tahminlerini, beklentilerini fersah fersah aştığını açıkça söylüyorlar.

Örneğin ABD Temsilciler Meclisi'nde oldukça etkili olan ve dünya sorunları ile de yakından ilgilenen bir Kongre üyesi, sohbetimiz sırasında, "İtiraf edeyim ki, İstanbul'a ayak bastığım ana kadar Türkiye hakkında bir fikrim yoktu" dedi. "Açıkçası, benim için Türkiye, İran, Arabistan, hepsi birdi. Şimdi öyle olmadığını, Türkiye'nin modern, Batılı bir ülke olduğunu anladım."

Avrupalı parlamenterlerden de buna benzer sözler işittik. Bir İspanyol politikacısı "Türkiye'yi anlamak için Türkiye'yi görmek şart" derken, bir Fransız da, "Türkiye'nin Strasbourg'daki imajı ile buradaki gerçek çehresi oldukça farklı" şeklinde konuştu.

Bu söyleşilerimizden çıkardığımız sonuç şu:

Türkiye'yi, ABD'deki veya Avrupa'daki "etkili çevreler"de tanıtmanın en iyi yolu, onların önde gelenlerini ülkemize getirtmektir.

Diğer bir deyişle, "lobi" faaliyetini Washington veya Strasbourg veya Brüksel yerine hiç olmazsa "kısmen" burada yapmaktır!

VOCABULARY

lobi	*pol.* lobbying
ziyaretçi	visitor
akın	rush; flow; stream (of people)
epey	rather, fairly, pretty; a good many, lots of
hızlanmak	gain speed/impetus/ momentum; be accelerated
sanatçı	artist
derken	while saying; just then; just; all at once
Avrupalı	European
parlamenter	member of parliament

Kongre	Congress
çoğu (-in)	most, the majority of
yeni *a.*	new; *adv.* newly; recently, just
keşfetmek	discover
tahmin	conjecture; guess, estimate
beklenti	expectation
fersah	parasang
fersah fersah	by far, far and away, greatly
aşmak	pass beyond/over, transcend; exceed; overcome
açıkça	openly; clearly; frankly
temsilci	representative; agent
meclis	assembly; council
Temsilciler Meclisi	(U.S.) House of Representatives
oldukça	rather, fairly, pretty
yakından	closely; from nearby
sohbet	conversation, chat, talk
itiraf etmek	confess, admit, acknowledge
ayak basmak (-e)	set foot in/on
fikir (-kri)	thought, idea; opinion
açıkçası	to be frank, frankly speaking
Arabistan	Saudi Arabia
benzer (-e)	like, similar, resembling
işitmek	hear; learn of
politikacı	politician
şart	condition, stipulation
şarttır	it is necessary/essential
imaj	image
çehre	face; aspect, appearance
söyleşi	conversation; discussion
tanıtma *vn.*	making known; lobbying
önde gelenler	leaders; prominent persons
getirtmek *vc.*	cause to bring; have brought; send for; **(-den)** order (merchandise)
deyiş	manner of speaking; statement, what a person says
Brüksel	Brussels
hiç olmazsa	at least

WASHINGTON'da Türk diplomatları veya devletçe kiralanan "lobiciler", bir Kongre üyesi ile, yarım saat, bilemediniz 45 dakika görüşür ve Ankara'nın resmi görüşünü ona iletir. Politikacı için bu görüşme, o gün bir düzine (veya daha fazla) insanla yaptığı konuşmalardan sadece bir tanesidir. Belki de bu görüşmede duyduklarını, ertesi gün unutacaktır.

Oysa buraya gelen parlamenterler veya Kongre üyesi, buraya geldiğinde rahattır, kafası başka şeylerle meşgul değildir, her tip insanla konuşmaya, tartışmaya ve öğrenmeye müsaittir. Üstelik broşürlerde görebildiğini (o da doğru-dürüst bir broşür görebiliyorsa), canlı olarak buralarda gezerek, dolaşarak görecektir. Avrupa Konseyi'nde çalışan bir hanımın dediği gibi, "Türkiye konusunda buraya geldiğinde boş olan kafalar, dönerken dolu ve hem de olumlu şekilde dolu oluyor."

Ama diyeceksiniz ki, bir sürü insanı davet etmeye Türkiye'nin gücü yeter mi?

Evet, yeter. Unutmayalım ki, tanıtma işi dışarda da bedava yapılmıyor. Dış ülkelerde - genelde hâlâ gerektiği gibi yapılmayan - tanıtma faaliyeti kısılsın, o paralarla buraya bir takım adamlar getirilsin demiyoruz. Ama şuna inanıyoruz ki, tanıtma konusunda daha çok şeyler yapmak isteyen devlet, harcamalarını bu yönde de yaparsa, bu çok iyi bir yatırım olur, sarfedilen paranın tam karşılığı alınabilir.

VOCABULARY

kiralamak (*p.* **kiralanmak**)	rent; hire
lobici	*pol.* lobbyist
yarım	half
bilemediniz	at most
dakika	minute
düzine	dozen
belki	perhaps, maybe
rahat *n.*	rest; comfort; *a.* at ease, comfortable
kafa	head
tartışmak (-le)	argue, dispute; have a discussion; size one another up, try each other's strength
öğrenmek (*vn.* **öğrenme**)	learn; study; get familiar with, get accustomed to
müsait	favorable; convenient; favorably disposed; available
broşür	brochure
dürüst	straightforward, honest
doğru-dürüst *a.*	real; proper; *adv.* really; properly
canlı	alive, living; lively; brisk, animated

dolaşmak	wander about, go around, walk around; visit
hanım	lady
boş	empty
sürü	herd, flock; gang; crowd
bir sürü	very many, a lot of
gücü yetmek (-e)	be able to, be capable of, be strong enough to
dışarda	out of doors; abroad
hâlâ	still, yet
kısmak (*p.* **kısılmak**)	tighten; lessen; reduce; cut down
sarfetmek	spend (money); expend (effort, time)
karşılık	equivalent; recompense, compensation; return (on an investment); **(-e)** in response to

SECTION 3

KALDI ki, bu işte birçok özel kuruluşlar da devreye sokulabilir.

Son zamanlarda SİSAV, TÜSİAD, "Türk Dış Politika Enstitüsü" gibi kuruluşlar, dışardan bazı önemli kişileri getirmek, seminer veya konferanslar düzenlemek suretiyle, güzel bir örnek vermişlerdir. Eminiz ki, buna benzer birçok dernekler, kültürel, sosyal birçok kuruluşlar - eğer bu yöntemin ne kadar verimli ve etkili olduğu bilincine varılırsa - seve seve dışardan Türkiye için değer taşıyan yabancılara ev sahipliği yaparlar. Ve gene eminiz ki, öylesine "hayırlı bir iş" için, birçok işadamlarımız, kesenin ağzını açmaktan çekinmezler.

Tanıtımdaki bu değişik yaklaşım, yeni bir buluş değildir. Bunu, bazı komşularımız dahil, pek çok ülke yapıyor zaten. Örneğin Yunanistan'ın yıllardan beri uyguladığı sistem, seçimlerden hemen sonra, Kongre'ye giren yeni üyelerden "işe yarayabileceklerini" davet etmektir. İsrail ve Mısır da, ABD'den ve Avrupa'dan sürekli çeşitli heyetler getirten ülkeler arasındadır.

Yunanistan'ın ABD'deki lobiliciğinde bir avantajı, Yunan asıllı seçmenlerin sayıca kabarık olması kadar, ünlü kişileri, dernekleri ve klisesi ile, Kongre üyelerini veya yönetim mensuplarını devamlı etkileme olanaklarına sahip olmasıdır. Washington'da yeni oluşan Türk lobisinin böyle geniş olanakları yoktur. O halde bir yetkili ile yarım saatlik bir görüşmenin zor yapılabildiği Washington, Bonn veya Paris yerine, tanıtma işini, kısmen de olsa, İstanbul'da veya Ankara'da yapmak, daha yerinde olmaz mı?

Hem daha etkili... Hem de - inanın - daha ucuz!

VOCABULARY

birçok many, a lot of

devir (-vri) cycle; circuit

devre sokulmak be included/involved; be activated, *lit.* be plugged into the circuit

sosyal social

vakıf (-kfı) pious foundation; foundation

SİSAV *acron.* **Siyasi İktisadi ve Sosyal Araştırmalar Vakfı** Political, Economic, and Social Research Foundation

sanayici industrialist

TÜSİAD *acron.* **Türk Sanayiciler ve İşadamları Derneği** Turkish Industrialists and Businessmen's Association

seminer seminar

emin safe, secure; sure, certain

dernek association; society; club

kültürel cultural

verimli productive; efficient, effective; fruitful

bilinç (-ci) consciousness; the conscious mind

bilincine varmak (-in) become conscious of; comprehend

seve seve gladly

değer taşımak have value, be valuable

ev sahipliği yapmak (-e) to host

öylesine to such an extent, so very

hayırlı good; advantageous; auspicious

kese small bag; money bag; purse

kesenin ağzını açmak prepare/begin to spend money freely, open up (the mouth of) one's purse

çekinmek (-den) refrain (from), abstain (from); beware (of)

tanıtım introduction; presentation; lobbying

değişik different

yaklaşım approximation; approach (to a problem)

zaten as a matter of fact, in any case, anyway

işe yarmak be useful/serviceable/ of use

heyet committee; commission, delegation

lobicilik lobbying

avantaj advantage

seçmen voter

sayıca numerically

kabarık swollen, puffed out

kilise church

mensup (-e) *a.* belonging (to); related (to); connected (with); *n.* member; employee; someone connected/affiliated (with)

devamlı continuous, continual, constant

yetkili *a.* authorized; official; *n.* (an) official, (a) responsible authority

zor *a.* difficult; hard; *adv.* with difficulty, barely

yerinde suitable, to the point, on the mark, correct

SELECTION TWENTY-EIGHT

SECTION 1

BUGÜN

LAİKLİK KAVGA KONUSU MU?

Mehmet BARLAS

TÜRK aydınının bitmek tükenmek bilmeyen tatminsizliğine bir çözüm bulmadan çok partili demokratik düzeni yerleşik bir rejim haline getirmek, imkânsız denecek kadar zordur.

Demokrasi, seçimle gelmiş çoğunluğun ağır bastığı yönetimleri oluşturur... Bu bakımdan özgürlükler ile demokrasi, hem birbirine bağımlıdır, hem de birbiri ile çelişkilidir. Çoğunluğun egemenliğini getiren demokratik rejim, kişilerin ve azınlıkta kalanların özgürlüğünü de sınırlar... Hukukun üstünlüğüne dayalı demokratik rejimlerde, tüm hak ve özgürlükler korunur... Bu arada, azınlıkta kalan görüşlerin sahiplerine de, gelecek seçimlerde çoğunluk olabilmek hakkı, daima tanınır...

Ne var ki, Türk aydınının düşünce dünyasında, bu çeşit bir demokrasinin yerleşik hale gelmesi çok zordur.

Birincisi, Türk aydınına göre, kabul edilebilir iktidarlar, çoğunluğu temsil edenler değil, kendi görüşüne yakın olanlardır. Bu bakımdan yüzyılı aşkın demokrasi deneyimimizde, azınlıktaki görüşlerin, daima, çoğunluğa dayalı iktidarları meşru olmamakla suçladıklarına tanık oluyoruz...

İkincisi, Türk aydını, gerek siyasi, gerekse ekonomik beklentilerini somutlaştıramamıştır...

1950'den beri, çeşitli iktidarlara aydın kesim tarafından yöneltilen eleştirileri hatırlayalım.

VOCABULARY

laiklik	secularism
kavga	quarrel, conflict, fight
tükenmek	be used up, come to an end; die out
bitmek tükenmek bilmemek	never come to an end, be unending
tatminsizlik	dissatisfaction, lack of satisfaction
demokratik	democratic
çok partili	*pol.* multiparty
düzen	order, arrangement; system
yerleşik	settled, established, stable

haline getirmek	bring up to a state/ condition
imkânsız	impossible
çoğunluk	majority
ağır basmak	be heavy; be influential; be important/ dominant
özgürlük	freedom, liberty
birbirine	to each other, to one another
bağımlı	dependent
çelişkili	antithetical, contradictory
egemenlik	sovereignty, dominance
üstünlük	superiority, preeminence
sahip (-bi)	owner; one who has/ possesses
ne var ki	but, however
çeşit	kind, sort; variety
hale gelmek	reach/come to the state, become
birincisi	in the first place, first of all
yüzyıl	century, 100 years
aşkın	past, over, exceeding, more than
deneyim	experimentation; experience
meşru	legal, legitimate; permissible
tanık	witness, eyewitness
ikincisi	in the second place, secondly
somutlaştırmak	concretize, give concrete form to
aydın kesimi	the intellectuals, the intellectual class, the intelligentsia
hatırlamak	remember, recall

SECTION 2

Petrol kaynağı olmayan Türkiye'de, "yerli petrol" sloganı ile yabancı sermayenin girişi engellenmiştir.

Sanayileşme çabalarının ilk aşamasında, bu çabaların sahipleri "montaj sanayii" biçiminde suçlanmıştır... Şimdi ise, bir düzeye ulaşan bu yerli sanayie karşı, ithalat yolu ile getirilmek istenilen kalite ve fiyat rekabetine, "iç piyasa yabancılara peşkeş çekiliyor" şeklinde karşı çıkılmaktadır[1].

Son soyut eleştiri de, Özal Hükümeti'nin, Türkiye'yi Araplaştırmak ve Avrupa'dan koparmak istediğine ilişkin yönde yoğunlaşmıştır. Oysa işte şimdi görüyoruz ki, Türkiye'nin ekonomik yeniden yapısallaştırma programı ertesinde, Ortak Pazar'a üyelik için en ciddi adımlar atılmaya başlanmıştır.

Çok önemli bir konunun, yani laiklik ilkesinin de, çarpıtılarak tartışma gündemine getirileceği yolunda işaretlerin var olduğunu söylemeliyiz... Toplumdaki dini inançların, günlük siyasi kavgaların ve tatminsizliklerin rüzgârında, sert ve bölücü biçimde tartışma konusu yapılmasının, ülkeye de, demokrasiye de katkı sağlayacağına inanmıyoruz... Bu bakımdan, özellikle devlet bürokrasisinin, siyaseti aşan biçimde, dini inançlara karşı, ya da bazı inanç sahiplerinin yanında yer alıp, toplumdaki kavga tohumlarını sulamaktan kaçınması şarttır.

Dileğimiz, demokrasinin, tatminsiz aydınlara rağmen değil, aydınların da desteğinde yerleşmesidir... Ama şimdiye kadar bu böyle olmamıştır.

VOCABULARY

yerli	local; locally produced, domestic
sermaye	capital (cash, property, or both)
sanayileşme *vn.*	industrialization
aşama	degree, level; stage, phase
çabanın sahipleri	those making the effort
montaj	assembly, assembling
biçim	cut; manner, way; form, shape
biçimde, biçiminde (-in)	in a...manner; as, as being
düzey	level; *fig.* importance, rank, value
yol	road; way; means, medium; method
getirilmek *vp.*	be brought
istenmek *vp.*	be wished/desired; be requested/asked for
kalite	quality
rekabet	competition; rivalry
iç piyasa	the domestic market
peşkeş	gift, offering
peşkeş çekmek (*p.* çekilmek)	give away what one has no right to dispose of
karşı çıkmak (-e) (*impers. p.* çıkılmak)	oppose; prepare to oppose
soyut	abstract
Araplaştırmak	Arabize
koparmak	break off, detach
yoğunlaşmak	become dense, thicken; intensify, become intense
yeniden	again, anew; from the beginning
yapısallaştırma *vn.*	structuring
yeniden yapısallaştırma	restructuring
adım atmak (*p.* atılmak)	(take the first) step; begin
çarpıtmak (*p.* çarpıtılmak)	distort, contort
tartışma *vn.*	debate, argument; discussion

var olmak	be, exist	**yanında yer almak**	take a position for/ in favor of
dini	religious	**tohum**	seed
rüzgâr	wind; *fig.* atmosphere	**sulamak**	water, irrigate
bölücü	divisive	**kaçınma** *vn.*	evasion, avoiding; abstinence
bürokrasi	bureaucracy	**dilek**	wish, desire; request
bazı	some, a few; certain	**tatminsiz**	dissatisfied, discontented
inanç sahipleri	*here* religious believers		

NOTE

1. **bu yerli sanayie karşı...kalite ve fiyat rekabetine...karşı çıkılmaktadır,** *opposition is being directed against...this domestic industry...against quality and price competition.*

SELECTION TWENTY-NINE

SECTION 1

METİN TOKER'İN NOT DEFTERİNDEN

"KIBRIS BİZİM CANIMIZ..."

Metin TOKER

KIBRIS işi 1950'lerin başında başka türlü çözümlenebilir miydi? Bilmiyorum. 1950'ler başı İngilizlerin adayı bırakma kararını alıp bunun uygulamasını planlamaya koyuldukları tarihtir.

Bu gelişmeyi yakından izlemek fırsatını buldum. O sırada Paris'te, "Batı Avrupa muhabiri" idim ve konunun su üstüne çıkması[1], Fransa başkentinde toplanan Birleşmiş Milletler Genel Kurulu'nda oldu.

Türkiye ile Yunanistan, Atatürk ve Venizelos devirlerinde başlatılmış balayını yaşamaya devam ediyorlardı. Yunanistan 2. Dünya Harbi'nin[2] kan ve ateşine karışmak talihsizliğine uğramış, buna karşılık Ege adalarını almıştı. Türkiye, İnönü'nün basireti hatta dehası sayesinde bu felaketten uzak kalmıştı. Türkler, "Yunan kardeşleri"nin maddi yardımına ellerinden geldiğince[3] koşmuşlar, kendileri de sıkıntı içinde oldukları halde[4] onlara yiyecek göndermişlerdi, giyecek göndermişlerdi.

Harpten sonra müttefikler, yani Anglo-Saksonlar Yunanistan'ı öteki Balkan ülkelerinin aksine komünizm pençesinden kurtarabilince Türkiye ile bu komşusunu, "ikiz kardeşler" gözüyle görmeye başladılar. Truman doktrini, Marshall yardımı, Avrupa Konseyi gelişmelerinde iki devletin adı hep beraber geçer.

1950'lerin bahsettiğim başında Türkiye'de Demokrat Parti iktidardaydı ve Dışişleri Bakanı Prof. Fuat Köprülü idi. Kıbrıs kaynamaya başladı. Yunanlı çoğunluk, adayı bırakıp gidecekleri belli olmuş İngilizleri bu "terk-i diyar"da hızlandırmak için Yahudilerin Filistin'de uyguladıkları metodu, yani terörü kopya ediyorlardı.

"Enosis" lafı piyasaya çıkarılmıştı. İşin politik yönü, konunun Birleşmiş Milletler'e Yunanistan tarafından getirilmesi ile açılacaktı.

Yunanistan'ın uyuttuğu Türkiye'nin resmi tezi ise, "Bizim için Kıbrıs diye bir sorun yoktur[5]" idi. İngilizlerin gideceği pek hesaplanmıyordu. Yunanistan'ın Türkiye uyutulurken, Kıbrıs'a el koyma peşinde bulunduğu ise[6] hiç düşünülmüyordu.

VOCABULARY

not	note
defter	notebook
not defteri	notebook
can	heart; soul; (*with a possessive suffix*) something/someone dear
çözümlemek (*p.* **çözümlenmek**)	analyze
koyulmak (-e)	begin, set about to, embark on
muhabir	news correspondent
Genel Kurul	the General Assembly
balayı	honeymoon
yaşamak *vi.*	live; dwell; *vt.* live through, experience
harp (-bi)	war
kan	blood
karışmak (-e)	meddle, interfere (with); become a part (of), be involved (in)
talihsizlik	bad luck, misfortune
buna karşılık	(but) on the other hand
basiret	insight, understanding
deha	genius, extraordinary intelligence
felaket	disaster, catastrophe, calamity
kardeş	brother; sister; sibling
elinden gelmek	be able to do
sıkıntı	distress, trouble, straitened circumstance
kendileri	they themselves
-diği halde	although (TG-L 186[22])
giyecek	clothing, clothes
öteki	the other (one), the one over there
pençe	paw; claw; *fig.* clutches, grip
kurtarmak	save, rescue
ikiz	twin
gözüyle görmek	be an eyewitness (to); view as, regard as
Demokrat Parti	the Democratic Party
kaynamak	boil; *fig.* become a hot spot
terk-i diyar	abandonment of the country, leaving the land
hızlandırmak	speed up, accelerate
Yahudi *n.*	Jew; *attr.* Jewish
Filistin	Palestine
kopya etmek	copy, reproduce
enosis *Greek*	union (with Greece)
piyasaya çıkarmak	bring into currency, make fashionable
açılmak	*here* be opened up
uyutmak (*p.* **uyutulmak**)	put to sleep; deceive, beguile

hesaplamak (*p.* **hesaplanmak**)	reckon, calculate, take into account/consideration	**peşinde** *as post.*	following, pursuing (something, someone)
el **koymak** (*vn.* **koyma**)	seize, confiscate		

NOTES

1. **konunun su üstüne çıkması**, *the surfacing of the issue, the coming up of the matter,* lit. *the issue's coming out on the water.*

2. **2.** (=**İkinci**) **Dünya Harbi**, *the Second World War.* Note that a full stop following a numeral signifies that the numeral is an ordinal.

3. **ellerinden geldiğince**, *to the extent they were able, to the extent they could afford.* (TG-L 183[15])

4. **kendileri de sıkıntı içinde oldukları halde**, *although they themselves were also in straitened circumstances.* (TG-L 186[22])

5. "**Bizim için Kıbrıs diye bir sorun yoktur.**" *"For us there is no such problem as Cyprus."*, lit. *a problem called/named* **(diye)** *Cyprus.*

6. **Yunanistan'ın...Kıbrıs'a el koyma peşinde bulunduğu ise**, *as for the fact that Greece was moving toward/was in pursuit of the seizure of Cyprus.*

Her zaman ve her yerde her Türk için olduğu gibi Paris'teki Batı Avrupa muhabirliği günlerinde de en yakın meslek arkadaşlarım, Yunanlı gazetecilerdi. Haberleri beraber kovalar, birbirimize ipucu ve destek verirdik. Onlar bana, genel kurul toplantısının bitimine doğru Yunanistan'ın Kıbrıs konusunu Birleşmiş Milletler'e getirip adanın yeni sahipliği için adaylığını koyacağını bildirdiler. Bunu Köprülü'ye aktardım. İhtimal vermediğini söyledi. Yunanlılar bizden habersiz[1] böyle şey yaparlar mıydı hiç?

Türkiye'de Kıbrıs üzerinde Türklerin hakkı bulunduğu kampanyasını Sedat Simavi "Hürriyet"te başlatmıştı. DP bundan memnun değildi. Köprülü, bununla başa iş açılacağı kanısındaydı[2].

Kıbrıs, neydi ki[3]? Belki, Yunan iktidarında da böyle düşünenler vardı. Ama milletler bir davanın peşine düştüler mi[4], o işin mantıklı ve adil çözümü için taraflar anlaşmazlarsa, ne hale geleceğine Kıbrıs sorunu şahittir ve bir örnektir.

TÜRKİYE Başbakanı Turgut Özal, o günlerden 35 yıl sonra Kıbrıs'ı resmen ziyaret eden ilk cumhuriyet hükümeti başkanı olarak adada bulunuyor. Bu ziyaret son derece kritik şartlar içinde yapılıyor. Bir yandan ada dışında, milletlerarası platformda, diğer taraftan ada içinde, bu bağımsız devletin iç politikasında çelişkili, fakat önemli vaziyet alışlar var. Önümüzdeki gelişmeler bu ziyaretten mutlaka etkilenecektir. Ziyaret Türkiye açısından bazı hususları vurgulamalıdır. Türkiye, Kuzey Kıbrıs Türk Cumhuriyeti'nin bağımsız devlet niteliğini, kendisi kayıtsız tanıdığı gibi[5] dost, müttefiklerinin başta İslam âlemi olmak üzere, mutlaka tanıması girişimini başlatmaktadır. Bu cumhuriyet, bir federal devletin federe parçası olmaya hazır ve razıdır. Birleşmiş Milletler Genel Sekreteri'nin böyle bir temel üzerindeki planlarını Türk tarafı bunun için kabul etmektedir. Fakat federal devlet ila nihaye beklenemez. Bunu açacak yol olan Birleşmiş Milletler Genel Sekreteri'nin başlatmak üzere son bir çaba gösterdiği müzakerelere Yunan tarafı yine yanaşmazsa İngiltere ve Amerika dahil herkes gerçekleştirilmeyen bir federal devletin federe parçası bulunamayacağına göre KKTC'yi olduğu gibi kabul etme mecburiyetlerini açıktan ilan etmelidirler.

Kıbrıs ziyareti, belki de Başbakan Özal'ın, öteki gezilerinin aksine, tam bir devlet adamı performansı göstermesine mutlak lüzum bulunduran ve alışılmış - sonuncusu Bükreş metrosunda yaşanılan - laubalilikleri, falsoları, hafiflikleri kaldırmayacak bir olaydır.

Türkiye'nin gözü, Başbakan Özal'ın üzerindedir.

VOCABULARY

muhabirlik	position of news correspondent
meslek arkadaşı	professional colleague
kovalamak	chase down, try to get
birbiri	each other, one another
bitim	ending, end, conclusion
doğru *as post.* (-e)	toward, in the direction of; toward, near the time of
sahiplik	ownership; protectorship
adaylık	candidacy
aktarmak	transfer; transmit
ihtimal	probability; probably
ihtimal vermek (-e)	consider (something) likely
habersiz	unnanounced; uninformed; without giving advance notice
kampanya	campaign, drive
hürriyet	freedom; *(capitalized)* the name of a Turkish newspaper
DP *abbr.* **Demokrat Parti**	the Democratic Party
memnun	satisfied, pleased, content
başa iş açılmak	result in trouble
kanı	opinion, view
düşünen	one who thinks
dava	case; *leg.* lawsuit
peşine düşmek	pursue/follow up in order to attain
mantıklı	logical; reasonable
şahit	witness
resmen	officially
hükümet başkanı	head of state/administration
son derece	the highest degree
çelişkili	antithetical, contradictory; opposing
vaziyet	position; condition, state; situation
vaziyet alış	position taking, taking of sides
etkilemek (*p.* **etkilenmek**)	effect, influence, have an influence on
husus	peculiarity; particular point; matter
vurgulamak	accentuate, stress, emphasize
nitelik	status, position
kayıtsız *adv.*	unconditionally, without reservation
başta	before all; first; at the head
olmak üzere	being, on the point of being
tanıma *vn.*	acknowledgment; *dip.* recognition
federe	federated
razı	pleased, satisfied; willing

ila nihaye	until the end; forever	**lüzum**	necessity, need
çaba göstermek	work hard/strive/endeavor (to do)	**lüzum bulundurmak**	make necessary, make into a necessity
müzakere	negotiation, discussion, deliberation; conference	**alışılmış**	usual, customary, habitual
yanaşmak (-e)	draw near (to); accede (to), be willing to agree (to)	**sonuncu**	the last/final (one)
KKTC *abbr.* **Kuzey Kıbrıs Türk Cumhuriyeti**	the Turkish Republic of Northern Cyprus	**Bükreş**	Bucharest
açıktan	openly	**laubalilik**	excessive familiarity
gezi	excursion; tour; trip	**falso**	false note; blunder, bungling
devlet adamı	statesman	**hafiflik**	lightness; frivolity, levity
		kaldırmak	raise, lift; abolish; tolerate, bear

NOTES

1. **bizden habersiz**, *without our being informed.*

2. **Köprülü, bununla başa iş açılacağı kanısındaydı**, *Köprülü was of the opinion that this would lead to trouble.*

3. **Kıbrıs, neydi ki?**, *What was it about Cyprus that...?* The complement of **ki** is often left unexpressed. (TG-U 434; TG-L 214)

4. **milletler bir davanın peşine düştüler mi**, *if nations pursue a claim.* "As an alternative to the conditional form of the verb, the protasis may be a question in the **-di** past." (TG-L 266)

5. **kendisi kayıtsız tanıdığı gibi**, *as [Turkey] itself has recognized [it] without reservation.*

SELECTION THIRTY

SECTION 1

KÖŞE

DİPLOMATLARIMIZA HAKSIZLIK EDİYORUZ

M. Ali BİRAND

GEÇENLERDE Yunanlı diplomatlarla beraber olduk. Türkiye ile ilişkiler hakkında neler düşündüklerini anlatıyorlardı. Hepsi gencecik, son derece bilgili, iki dil konuşabilen bir kadro. Eski yaşlı kadronun gidip yerine yenilerin geldiği görülüyor. Yunan Dışişleri Bakanlığı kendini yenilemiş, yöntemini de değiştirmiş. En modern aygıtlar devreye sokulmuş. Bu yeni kadronun yürüttüğü "Türkiye politikası" özellikle son aylarda Ankara'da alarm zillerini çaldırıyor. Her alanda, NATO'da, AET'de, diğer kuruluş ve başkentlerde, Yunanistan gün geçmiyor ki, yeni bir belge dağıtmasın. Türkiye'nin bir iddiasına yanıt vermesin[1]... Bu arada dikkatleri çeken nokta, Atina'nın son derece etkili bir "disinformation" (yanlış bilgi) kampanyası yürütmesi, dağıtılan belgelerin içinde bir bakıyorsunuz bir noktada verilen bilgi gerçeklerin tam aksi... Yanlış bilgiler söylene söylene[2] adeta doğruymuş gibi muamele görmeye başlıyorlar. Bir yandan bu kadroyu görmek, öte yandan da Türkiye'nin uluslararası alanda karşı karşıya kaldığı sorunlara bir göz atmak, insanı ister istemez Türk Dışişleri kadrolarının durumunu düşünmeye zorluyor.

BUGÜN Türkiye ne kadar kritik bir stratejik noktada bulunuyorsa, Türk subayının yetiştirilmesi ne oranda önemli, ordunun modernizasyonu ne derece vazgeçilmez ise, Dışişleri Bakanlığı da aynı durumdadır. Diplomatlarımızın eğitiminden tutun, bakanlığın çağın gerektirdiği aygıtlarla donatılması ve kullanılan yöntemlerin modernizasyonu vazgeçilmez noktaya gelmiştir.

Diplomatlarımıza zaman zaman büyük haksızlık ediyoruz. Gereksiz biçimde eleştiriyor, başkalarına ait görevleri dahi onlara veriyor ve "Neden yapmıyorlar efendim?" diyerek sinirleniyoruz. Oysa Dışişleri Bakanlığı kadroları, diğer bakanlıklar arasında bir karşılaştırma yapıldığı taktirde en çok "daha iyinin" toplandığı yerdir.

VOCABULARY

köşe	corner	geçenlerde	lately, recently
haksızlık	injustice	gencecik	very young

bilgili	well-informed, knowledgeable
iki dil **konuşabilen**	bilingual
kadro	professional staff/ group
eski	old; former
yaşlı	old, aged, elderly
yerine *post.*	instead of, in place of; in its place
görülmek *vp.*	be seen; appear; be evident
yenilemek	renew; renovate
yöntem	method; way; technique; procedure
aygıt	equipment; apparatus; device, instrument
zil	bell
çaldırmak	cause to strike; cause to play (an instrument); cause to ring/sound; cause to steal
belge	document; report
dağıtmak (*p.* **dağıtılmak**)	scatter; distribute; issue
yanıt vermek (-e)	make a reply (to); give an answer (to)
bu arada	meanwhile
nokta	dot; point; item; position
Atina	Athens
yürütme *vn.*	carrying out, conducting, applying, putting into force
akis (-ksi)	reflection; converse; opposite
adeta	nearly, almost; virtually, in effect
muamele	treatment; dealing
muamele görmek	be treated/handled
bir yandan	on the one hand
karşı karşıya kalmak	remain face to face with, confront
göz atmak (-e)	glance (at)
ister istemez	willingly or unwillingly, like it or not
subay	military officer
yetiştirilme *vn.*	training
modernizasyon	modernization
vazgeçilmez	indispensable; essential, necessary
tutun (-den) *as post. (= imperative of* **tutmak**)	from; beginning with, starting with
gerektirmek	necessitate, require
donatmak (*p.* **donatılmak**)	equip; decorate
gereksiz	unnecessary
eleştirmek	criticize
dahi	also, too; even
sinirlenmek	become irritable/ irritated
karşılaştırma *vn.*	comparison; confrontation

NOTES

1. **gün geçmiyor ki, yeni bir belge dağıtmasın...yanıt vermesin**, *a day does not pass that [Greece] does not distribute a new document...that it does not make a reply.* The optative (subjunctive) with **ki** occurs in several types of subordinate clauses that follow a main clause with a negative verb. (TG-L 264-265[2])

2. **Yanlış bilgiler söylene söylene**, *false information repeated over and over,* lit. *being said being said.* The adverbial prefix -(y)e added to a reduplicated verb stem denotes the manner in which the action of a verb is performed. (TG-U 380-381)

SECTION 2

Toplumun her kesitinde (özellikle basında) olduğu gibi, onların da aralarında iyileri, çok iyileri ve çok kötüleri de bulunmaktadır. Bu da normaldir. Buna rağmen ortalamaları yüksektir. Ancak bu kadroların 2000 yıllarında yerine gelecek olanları düşündükçe, kullanılan aygıtlar, yöntemler ve koşulları gördükçe insan kaygılanmaktan kendini alamıyor. Birkaç iyi niyetli kişinin dışında, kimse ciddi biçimde Dışişleri'nin modernizasyon gerekliliğine eğilmiyor, kimse işi ciddiye alıp uzun vadeli bir çalışma yaptırmıyor.

Bakanlığın içinde bir ara başlatılan bir çalışma, kaplumbağa hızıyla ilerliyor. Zira, en üst düzeyde, bu konuda bir siyasal irade oluşmuş değil. Ne yazıktır ki, bu bakanlığa hayatını vermiş olan bakan, kadrolarına, seferberlik ilan ettiremiyor, bakanlığının geleceğini ilgilendiren bu konuda hükümeti duyarlılaştıramıyor. Belki de elinden geleni yapıyor ama hükümetten tepki alamıyor.

Ne yazık ki, parlamenterlerimizin de kılları kıpırdamıyor. Avrupa'da bir toplantı veya konferansa gittikleri zaman bazılarının "Aman bana bir konuşma yazıver, ne olur" diye peşinde koştukları, görüşlerini alıp Türkiye'ye dönüşlerinde kendi gözlemleriymiş gibi sattıkları Türk diplomatlarına sahip çıkmıyorlar[1]. Oysa en çok onların telaşlanması gerekmez mi[2]?

Ne yazık ki, toplumun her alandaki sorunuyla yakından ilgilenen en yüksek makam da bu konuya duyarlık göstermiyor. Dışişleri Bakanı'na "Nedir bu durum?" diye sormuyor. Zira sorsa, Halefoğlu'nun neler neler anlatacağını biliyoruz. Özetle, hepimiz geleceğimiz açısından hayati önemdeki bir bakanlığımızın, bir kadromuzun yavaş yavaş eridiğini seyrediyoruz. Elindeki yetkiler paylaşılıyor, çalışma koşulları giderek kötüleşiyor. Yeterlilik düzeyi düşüyor.

2000 yıllarında belki güçlü bir ordumuz, çok iyi eğitilmiş bir subay kadromuz olacak. Ancak bugün asıl mücadelenin yapıldığı konferans masalarında veya uluslararası kuruluşlarda çıkarlarımızı koruyacak insanlarımız yetersiz olursa, bu silah gücü neye yarayacak? Bugün enformasyon dalında uluslararası bir savaş yapılıyor. Biz ne yazıktır ki, ne bu savaşın farkındayız, ne de kendimizi hazırlayabiliyoruz...

VOCABULARY

kesit cross section

aralarında among (them)

kötü bad; evil

yerine gelmek *here* come in its place

kaygılanmak be worried/concerned/ anxious

kendini alamamak (-den) be unable to resist, be unable to restrain oneself from

niyetli having...intention(s)

iyi niyetli well-intentioned

gereklilik necessity, need

eğilmek *vp.* (-e) bend; incline; *fig.* be inclined (toward)

ciddiye almak take seriously

uzun vadeli *a.* long-term

yaptırmak *vc.* have...done/made

bir ara once, at one time

kaplumbağa tortoise, turtle

üst *n.* upper surface; *a.* uppermost; highest

irade will; volition; commitment

yazık pity; shame

hayat life

seferberlik mobilization (as if for war)

ettirmek *c. of* **etmek** cause to do, have... do/make

gelecek *a.* future; next (week, etc.); *n.* the future

ilgilendirmek be of interest to, concern

duyarlılaştırmak make sensitive

kıl hair

kıpırdamak stir, move slightly

kılı kıpırdamamak remain indifferent/completely unmoved

aman *n.* pardon, mercy; *int.* for goodness sake! please!

ne olur please!

peşinde koşmak follow (in the hope of getting)

gözlem observation

satmak sell; pass off, foist

sahip çıkmak (-e) act as someone's protector; support, lend support (to)

telaşlanma *vn.* (state of) being alarmed/ confused/agitated

makam place; office, authority

duyarlık sensitivity

özetle in brief, in short

hayati living; vital; essential

yavaş slow

yavaş yavaş slowly; gradually

erimek *vi.* melt; dissolve

elindeki available, at the disposal of

yetki	authority, delegated power
paylaşmak (*p.* **paylaşılmak**)	share, divide, divide up
giderek	slowly, gradually
kötüleşmek	deteriorate, become bad/worse
yeterlilik	sufficiency; competence
eğitilmiş	trained; educated
masa	table
çıkar	interest; benefit
yetersiz	insufficient; unqualified, incompetent
silah gücü	armed might
enformasyon	information
dal	branch (of a tree); *fig.* branch, subdivision; *here* sphere, realm
farkında olmak (-in)	be aware of, know about; notice
hazırlamak	make ready, prepare

NOTES

1. The key elements of this sentence are: **Türk diplomatlarına sahip çıkmıyorlar**, *[the members of parliament] are not providing support for the Turkish diplomats;* and **diplomatlarına** which is modified by two participal clauses, each of which ends in an object participle - **koştukları**, *whom they run [after],* and **sattıkları**, *that they pass off.*

2. **Oysa en çok onların telaşlanması gerekmez mi?**, *But isn't it they [the members of parliament] who should be most alarmed?* lit. *Isn't it their alarm that is the most necessary?*

SELECTION THIRTY-ONE

SECTION 1

AÇI

SOLUN İLK ÖDEVİ

Mümtaz SOYSAL

BİR sözün, "Demokratik solla demokratik sağ el ele versin ve yeni bir anayasa yapılsın" sözünün pek sık edildiği şu günlerde, böyle bir el ele verişin ne gibi ortak sonuçlar doğurabileceğini yine birlikte düşünmek yararlı olabilir.

Ama, bunun için, 1982 Anayasası'yla ilgili birtakım saptamaların da yapılması gerek.

Bu Anayasa'nın yanlış ve kötü bir Anayasa olduğu doğrudur.

Yanlışlık, Anayasa'nın temel felsefesinde, genel yaklaşımında: Devlet, bireyin önüne konmuştur ve şimdiki Anayasa, bireyi değil, devleti korumak için vardır. Oysa, anayasaların tarihi, bunun aksini sağlamanın tarihidir.

1982 Anayasası'nın temel felsefesindeki ve genel yaklaşımındaki yanlışlık bazen kendini küçük terim değişiklerinde bile açığa vuruyor. Örneğin, devletin 1961 Anayasası'nda belirtilmeye çalışıldığı gibi "İnsan haklarına dayalı" bir devlet olması gerekirken, 1982 Anyasası'na göre, devlet ancak "İnsan haklarına saygılı" bir devlettir. Başka bir deyişle, varlığının nedenini insan haklarını sağlamak, korumak ve geliştirmek oluşturmaz. Devlet başka bir şeyler için vardır. Ama, bu başka bir şeyler için çalışırken, yolda insan haklarıyla karşılaşırsa, onlara "saygılı" olduğu için, selam verir, geçer.

Üstelik, bu temel yanlış, Anayasa'nın bütününe kötü bir teknikle ve anlatımla yansımıştır.

Böyle olunca, "Doğru olan, Anayasa'yı parça parça değiştirmek değil, hep birlikte yepyeni bir Anayasa yapmaktır" düşüncesi yanlış bir düşünce sayılmaz.

Ama, gerçekçi mi?

VOCABULARY

ödev	duty; homework	el ele vermek	join forces, cooperate
söz	word; talk; (oral) statement	sık *a.*	dense; frequent; *adv.* frequently, often

el ele veriş	joining of forces, collaboration; cooperation
ortak *n.*	partner; associate; *a.* common, communal; collective
doğurmak	give birth to; *fig.* give rise to, produce
saptama *vn.*	fixing; determining, determination
yanlışlık	error, mistake; erroneousness
felsefe	philosophy
birey *n.*	individual
önüne, önünde *as post.*	in front of; before
koymak (*p.* **konmak**)	put, place, insert
şimdiki	present, of the present time
sağlamak (*p.* **sağlanmak**)	assure; make certain; secure, provide; prove
bazen	sometimes
terim	term, technical word/ expression
açığa vurmak	reveal openly, bring into the open
insan hakları	human rights
başka bir deyişle	in other words
karşılaşmak (-le)	meet, encounter; be confronted (with)
selam	greeting, salutation
selam vermek	greet
bütün *a.*	all, whole, entire; *n.* the whole, the entirety
teknik *a.*	technical; *n.* technique, method
anlatım	explanation; exposition
yansımak	be reflected; echo
parça parça	in bits and pieces; partially, in some parts
yepyeni	brand new, competely new

ÖNCE, gelecekteki bu "yepyeni bir anayasa yapma ortaklığı"nın olası yandaşları bakımından. Soldaki bütün partiler ile Doğru Yol Partisi bir araya gelse, bugünün koşulları içinde Anayasa'ya hep birden getirebilecekleri değişikler onun temel niteliğini değiştirmeye yeter mi acaba? Aslına bakarsanız, eski siyasilere konmuş yasaklar dışında hemen anlaşabilecekleri pek az konu var. 1982 Anayasası, çok büyük ölçüde, 12 Eylül[1] öncesindeki "demokratik sağ"ın ve herkesten önce de Adalet Partisi ile liderinin istediklerini gerçekleştiren bir Anayasa. "Sendikalar, dernekler, meslek kuruluşları için konmuş sınırlamaları kaldıralım" deseniz, "demokratik sağ"da gönülden katılacak kaç yandaş bulursunuz? Devleti bireyden öne koyan, yürütmeyi aşırı güçleştiren, yargı denetimini zayıflatan hükümleri kaldırmak için o yanda kaç kişi heyecanlanır dersiniz?

Kısacası, yepyeni bir anayasayı birlikte yapma hevesiyle yola çıkmadan önce, demokratik solla demokratik sağ arasında asıl yapılması gereken şey, ortaklığın asgarileri üzerinde anlaşmak, daha doğrusu bu anlaşmanın mekanizmalarını oluşturmaktır.

VOCABULARY

ortaklık	company, firm; partnership; *here* cooperation
yandaş	supporter, advocate; partisan
Doğru Yol Partisi	the Correct Way Party
bir araya gelmek	come together; join together
hep birden	all together; all at once
nitelik	attribute, characteristic; character
aslına bakarsınız	the truth of the matter, *lit.* if you look at its essence
siyasi *a.*	political; *n.* (only in the plural) politician
yasak *a.*	prohibited, banned; *n.* prohibition, ban
Eylül	September
adalet	justice
Adalet Partisi	the Justice Party
meslek kuruluşları	professional organizations
sınırlama *vn.*	act of limiting; limitation
gönül (-nlü)	heart
gönülden	sincerely, willingly, readily
öne koymak (-den)	place ahead/before
yürütme *vn.*	carrying out; *here* executive action
aşırı	excessive(ly), extreme(ly)

yargı *n.*	decision; judgement; *a.* judicial	yapma *a.*	artificial; false, feigned
denetim	inspection; control; check; audit	heves	desire, enthusiasm, great interest
zayıflatmak	weaken	yola çıkmak	set out on a path/ journey
hüküm	rule; provision; judgment	asgari	smallest, least; *n.* minimum, minimum condition
heyecanlanmak	*here* be *or* become excited/ enthusiastic	daha doğrusu	to be more exact
kısacası	in brief, in short	mekanizma	mechanism, apparatus
birlikte	together; jointly		

NOTE

1. A military takeover took place on 12 September, 1980.

SECTION 3

BİR de, böyle bir öneri büyük halk yığınları açısından gerçekçi mi acaba?

1982 Anayasası'nın olağanüstü koşullar altında olağanüstü sınırlamalarla oylandığı doğrudur. Ama, o olağanüstü çoğunluğun ne kadarı böyle bir Anayasa'nın gerçekten gerekli ve zorunlu olduğuna inanmadan oy kullanmıştır? 1982 Anayasası'yla getirilenlerin elbette getirilmesi gereken şeyler olduğuna inanan ve üstelik bu konuda şimdi "demokratik" dediğimiz sağ tarafından yıllar boyu koşullandırılmış olan insan sayısı bugün sandığımız kadar küçük müdür?

Bugünün Türkiye'sinde yığınları ayağa kaldıracak, heyecanla akın akın sandıklara koşturacak bir "Anayasa bunalımı"nın bulunduğu pek gerçekçi olarak söylenemez.

Anayasa'nın bütün yanlışlığına, kötülüğüne, özde yığınların çıkarlarıyla çatışırlığına rağmen.

Ama, yine bugünün Türkiye'sinde yığınları ayağa kaldıracak, heyecanla akın akın sandıklara koşturacak, dengeli ve hızlı kalkınma gibi, sosyal adaletin gerçekleştirilmesi gibi, yoksulluğun ve işsizliğin yenilmesi gibi, sanayi atılımlarının hızlandırılması gibi, bölgelerarası dengesizliklerin giderilmesi gibi somut ve canalıcı konular bol bol vardır.

Solun ve özellikle demokratik olduğunu söyleyen solun ilk ödevi, Anayasa'nın soyutluklarıyla oyalanmak değil, bu konularda somut programlar oluşturup yığınları peşinden sürükleyebilmektir.

Anayasa'yı da değiştirecek, sağı da belirli değişiklikler yönünde zorlayabilecek güç, ancak böyle oluşur.

VOCABULARY

yığın — heap; crowd; mass

olağanüstü — extraordinary

oylanmak — be voted on/put to a vote

kadar — quantity; amount; extent; degree

zorunlu — obligatory, compulsory; essential

oy kullanmak — vote

yıllar boyu — for years, throughout the years

koşullandırmak (*p.* koşullandırılmak) — condition

ayağa kaldırmak — stir up; incite; excite

heyecan — excitement; enthusiasm

akın — flow; rush (of people, etc.)

akın akın — in droves

sandık — chest; box; ballot box

koşturmak — make run, cause to run

bunalım — crisis

kötülük — badness; wickedness

öz — self; essence; core

özde — in essence, essentially

çatışırlık — clash; conflict; contradiction

gerçekleştirilme *vn.* — realization, being made into a reality

yoksulluk — poverty, destitution

işsizlik — unemployment

yenilme *vn.* — being defeated; defeat

atılım — progress; step forward; sudden advance, breakthrough

hızlandırılma *vn.* — acceleration, speeding up

bölgelerarası — interregional

dengesizlik — imbalance; instability

giderilme *vn.* — removal; abolishment

somut — concrete; tangible

canalıcı — vital; crucial, critical

soyutluk — abstractness; abstraction

oyalamak (*p.* oyalanmak) — divert, distract; detain

peşinden sürüklemek — drag along behind

belirli — definite, specific; clear

SELECTION THIRTY-TWO

SECTION 1

ŞEYTANIN GÖR DEDİĞİ[1]

YAKASI AÇILMADIK KONULAR

Çetin ALTAN

Siyasetçilerimizin taze konular bulmakta zorluk çektikleri görülüyor.

Kendilerine elimizden geldiği kadarıyla yardımcı olmak istiyoruz.

Şöyle ki:

1 Türkiye'de hergün ortalama altı milyon çift sevişiyor. Hergün yirmidört saatte bir de, on bin kadın hamile kalıyor. Günde altı milyon çiftleşmeden hamile kalan on bin kadın sayısı, beş bine indiğinde, kalkınma hızımız bir puan artacak.

Liderlerimiz, gebeliği azaltma konusunda çiftleşmelerin mi azaltılmasından yanalar, yoksa korunmaların mı çoğaltılmasından yanalar?

2 Uzayı gözetleme konusunda kullandığımız teleskopların modelleriyle değerlerinden hiçbir liderimizin haberi olmadığı anlaşılıyor.

Bu alandaki geriliğimizin, Ortak Pazar üyesi ülkelerin düzeyine gelmesi için ne yapmayı düşünüyorlar?

a) Optik endüstrisinde köklü atılımlar yapmayı mı?
b) Dışarıdan ultramodern elektronik yeni teleskoplar getirmeyi mi?
c) Uzayı gözetlemede dış ortaklıklar kurmayı mı?
d) Iskartaya çıkarılmış eski teleskoplarla durumu idare etmeye mi?

Bayrağımızdaki ayyıldızın, gökbilimciliğe olan toplumsal merakımızın da bir simgesi sayıldığını insanlığa kanıtlamak, siyasetçilerimiz için neden önde gelen bir amaç olarak görülmüyor?

VOCABULARY

şeytan	Satan, the devil	yakası açılmadık	hidden, concealed; unheard of
yaka	collar	siyasetçi	politician

zorluk çekmek	experience difficulty
yardımcı *n.*	helper; *a.* helpful
şöyle ki	as follows; that is to say
altı	six
sevişmek	love each other; make love
yirmidört	twenty-four
on	ten
hamile	pregnant
hamile kalmak	be/become pregnant
çiftleşme *vn.*	coupling, mating
kalkınma hızı	growth rate
puan	mark; point, statistical unit
gebelik	pregnancy
yana olmak	be on the side of, support
korunma *vn.*	defense; *med.* prevention; preventive measures
çoğaltılma *vn.*	(the action/state of) being increased; *here* increase
gözetleme *vn.*	watching, observing; observation
(-in) haberi olmak (-den)	know about, be informed of
anlaşılmak *vp.*	be understood; be evident
gerilik	backwardness
gelme *vn.*	(act of) coming; arrival
yapma *vn.*	(act of) making/doing
endüstri	industry
köklü	radical; fundamental, basic
atılım	progress; sudden advance, step forward; breakthrough
dışarıdan getirme	(act of) importing
kurma *vn.*	(act of) establishing/founding/forming
ıskarta	waste, discard
ıskartaya çıkarmak	discard, throw away
idare	management, direction, administration
idare etmek	manage; (-le) make do with
ayyıldız	star and crescent (on the Turkish flag)
gökbilimcilik	astronomy
merak	curiosity; deep interest; concern; anxiety
simge	sign; symbol
kanıtlamak	prove
önde gelen	prominent

NOTE

1. Şeytanın Gör Dediği, *As The Devil Says "See".*

3 Kadastro konuları hiç ele alınmıyor. Oysa arazi sınırlarının belirsizliğinden ötürü, mahkemelere yığılmış dosya sayısı, toplumun büyük dramlarından biri.

Kitlelere siyasetçiliğin havanda su dövmekten ibaret olduğunu göstermekteki başarı ne kadar büyükse de, somut konulardaki bilgisizliklerle, bol keseden oy toplanabileceğine inanılmamalı.

4 Köy kadınlarınca açılmış boşanma davası hiç yok. Neden üstünde durulmuyor?

Örneğin, "gezginci köy mahkemeleri kurulacak ve boşanmak isteyen köy kadınlarına kolaylık sağlanacak" gibi.

5 Laiklik konusu, cız... Bir parti lideri de çıkıp, Hıristiyan olmuş Türkler varsa, onlara kilise yaptıracağını söylemiyor.

Oysa Fatih, Müslüman olmamış üvey annesinin kilise yaptırması için kendisine hazineden bin altın verilmesini emretmişti. Bir bakıma hepimizden daha laikti Fatih...

6 Afrika ve Latin Amerika ülkeleri ile olan ilişkilerimiz hakkında da, siyasetçilerimizin ne düşündüğü hiç belli değil. Şili yahut Kostarika yahut Güney Afrika hakkında kimin hangi politikadan yana olduğunu bilmiyoruz. Demokrasi edebiyatımızı kırk yıldır tekrarlana tekrarlana havı dökülmüş birkaç kalıp içine hapsetmek günah değil mi?

VOCABULARY

kadastro	land survey, cadastral survey
ele alınmak	be considered/taken up; be undertaken
belirsizlik	ambiguity, uncertainty, indefiniteness
ötürü (-den)	because of, on account of
yığmak (*p.* yığılmak)	collect in a heap, pile up, accumulate
dosya	dossier, file
dram	drama
kitle, kütle	mass; great quantity
siyasetçilik	politicking
havan	mortar (for pounding)
havanda su dövmek	engage in fruitless discussion; engage in useless labor
bilgisizlik	ignorance, unawareness
bol keseden	generously, abundantly
toplanmak *vp.*	come together; be gathered/gathered in
inanmak (*p.* inanılmak)	believe

köy	village
boşanma *vn.*	divorce
dava açmak (-e)	*leg.* bring a suit (against)
durulmak *vp. impers.*	stop; stand
üzerinde durulmak	dwell on; emphasize, stress
gezginci	roving, wandering; itinerant
boşanmak (-den)	be/get divorced (from)
sağlamak (*p.* **sağlanmak**)	ensure; provide
cız	sizzling or hissing sound; ouch!
Hıristiyan	Christian
yaptırmak *vc.*	have done/made, cause to make
Fatih *pr. n.*	the Conqueror (Sultan Mehmet II)
üvey	not related by blood, step-
anne	mother
üvey anne	stepmother
hazine	treasure; treasury
altın	gold; gold piece, gold coin
emretmek	order, command, decree
bir bakıma	in one respect, from one point of view
laik	secular
Şili	Chile
yahut	or
Kostarika	Costa Rica
hangi	which
edebiyat	literature; *here* record
kırk	forty
tekrarlamak (*p.* **tekrarlanmak**)	repeat, do again
tekrarlana tekrarlana	repeatedly, over and over again
hav	nap, pile (of cloth)
dökülmek *vn.*	be poured out; get old and shabby
havı dökülmüş	threadbare
kalıp (-bı)	mold; pattern; model
hapsetmek	imprison; confine; shut up
günah	sin

SECTION 3

7 Rafadan yumurtayı tepesinden kolayca kesip açacak bir tür "yumurta makası"nı henüz Türkiye'de kimse bilmiyor.

Seçmenleri rafadan yumurta yerken böyle bir kolaylığa kavuşturmak, siyasetçilerin görevleri arasına girmiyor mu?

8 Köy çocuklarının modern oyuncaklarla oynayamadıklarından, okullardaki başarıları sınırlı kalıyor.

Ve siyasetçiler köylerde oyuncakçı dükkanlarının açılmasına yardımcı olma konusunda da hiçbir öneri getirmiyorlar. Ne hazin...

9 Hergün ishalden ve solunum hastalıklarından üçyüzelli çocuk ölüyor. Bir siyasetçi de kalkıp her sabah işyerlerinde, her ölmüş çocuk için bir dakikadan üçyüzelli dakika saygı duruşunda bulunulmasının, Türkiye'nin acılarını dile getirme bakımından çok görkemli bir jest olacağını akıl etmiyor. Oysa böyle bir öneri çok tutardı.

10 Siyasetle uğraşanlarda zekâ testi yapılıp, sonucunun halka açıklanmasını isteyen kimseye de rastlanmıyor.

Zekâ düzeyi bilimsel olarak saptanmamış kişilerin, toplum yönetiminde söz sahibi olmaya kalkmaları sakıncalı değil mi?

Tepemize gerzeklerin düşme olasılığını[1] çağdaş denetimlerle mutlaka önlemeliyiz.

VOCABULARY

rafadan	soft-boiled (egg)
yumurta	egg
tepe	hill; summit; peak; top
kolayca	easily; quite/fairly easily
kesmek	cut; cut off; cut into
makas	scissors
kavuşturmak *vc.*	cause to meet; cause to succeed in getting
girmek (-e)	enter; *here* be included
oyuncak	toy, plaything
oynamak (-le)	play (with)
sınırlı	limited, restricted
oyuncakçı	maker *or* seller of toys
oyuncakçı dükkanı	toy store
açılma *vn.*	(act of) being opened; opening
ishal	diarrhea
solunum *n.*	breathing, respiration; *attr.* respiratory
üçyüzelli	three hundred and fifty
işyeri	place of work/employment
saygı	respect, esteem; consideration
duruş	position; posture
acı	pain, ache; suffering, sorrow, grief
dile getirmek	express; give voice to

görkemli	splendid, magnificent	rastlanmak (-e) *impers. p.*	run across, meet
jest	gesture	bilimsel	scientific
akıl etmek	think of, give thought to	saptamak (*p.* saptanmak)	fix, determine; establish
tutmak *vt.*	hold, hold on to; *vi., fig.* catch on, become popular/ acceptable	söz sahibi olmak	be/become an authority
		sakıncalı	dangerous, perilous
uğraşmak	struggle, exert oneself; (-le) be occupied (with); be engaged (in)	gerzek	stupid individual/ person
		çağdaş *a.*	contemporary, modern; *n.* contemporary
zekâ	intelligence	önlemek	avert, prevent; avoid
test	test		

NOTE

1. **Tepemize gerzeklerin düşme olasılığını**, *the risk of having stupid individuals in high-level positions,* lit. *the probability of the falling of stupid ones over us/on our heads.*

SELECTION THIRTY-THREE

SECTION 1

OLAYLAR VE İNSANLAR

EVET, TEHLİKEDİR...

Hasan PULUR

İRTİCA bir tehlikedir; hem de çoğunluğu Müslüman olan Türk halkı için bir tehlikedir.

Neden mi?

Çünkü irtica, tahakkümü de, zorlamayı da beraberinde getirir.

Oysa, İslamiyet'te zorlama yoktur.

Eğer İslamiyet'te zorlama olsaydı, eğer İslamiyet'te tahakküm olsaydı, dünyanın en büyük, en güçlü İslam İmparatorluğunu kurmuş olan Osmanlılar, bugün Yugoslavya'da, Bulgaristan'da, Romanya'da, Macaristan'da tek bir Hıristiyan kalmasına izin vermezlerdi.

AÇIN, 1876 tarihli Kanun-i Esasi'nin 11. maddesini okuyun:

"Devlet-i[1] Osmaniye'nin dini, Din-i İslam'dır. Bu esası vikaye ile beraber asayiş-i halkı ve adab-ı umumiyeyi ihlal etmemek şartı ile memalik-i Osmaniye'de maruf olan bilcümle edyanın serbesti-i icrası ve cemaat-ı muhtelifeye verilmiş olan imtiyazat-ı mezhebiyenin kemakan cereyanı, devletin taht-ı himayetindedir."

VOCABULARY

irtica	(fundamentalist) reaction, being reactionary
tahakküm	tyranny, domineering behavior
zorlama *vn.*	coercion, force, compulsion
İslamiyet	Islam, the religion of Islam
Macaristan	Hungary
tarihli	dated, having the date...
kanun-i esasi	*pol.* constitution
madde	article, section
Osmaniye *fem. a. (Ott.)*	Ottoman

esas	foundation, basis; principle	**edyan** *pl. of* **din**	religions
vikaye	protection	**serbesti**	freedom
asayiş-i halk	public order	**icra**	carrying out, execution; practice
adap (-bı)	customs and observances	**cemaat (-ti)**	community; religious community; *also pl.* communities
umumi	general, common; public	**imtiyaz,** *lrnd. pl.* **imtiyazat**	privilege; government concession
adab-ı umumiye	common decency	**mezhebi**	religious; sectarian
ihlal etmek	break (a law, a treaty); violate	**kemakan**	as it was/used to be
memalik *pl. of* **memleket**	countries, lands	**cereyan**	flow; current; continuance
memalik-i Osmaniye	the Ottoman Empire	**taht** *lrnd.*	under surface; *as prep.* under
maruf	known; well-known	**himayet** *lrnd.*	protection
bilcümle	all; entire		

NOTE

1. This very brief paragraph illustrates the great gulf that exists between present-day Turkish and pre-Ataturk Turkish. At least four features are present in it that are either obsolete or obsolescent in modern Turkish:

a. Grammatical gender. For example **Osmaniye**, *Ottoman*, and **umumiye**, *common, general*, are the feminine forms of **Osmani** and **umumi** respectively. In the words of G.L. Lewis, "Ottoman followed Persian in borrowing from Arabic the curse of grammatical gender, from which Turkish and Persian were born free." (TG-L 51)

b. The frequent (as opposed to occasional) use of Arabic broken plurals, e.g., **edyan**, the plural of **din**, *religion*, and **memalik**, the plural of **memleket**, country.

c. The use of an Arabic preposition instead of a Turkish postposition, e.g., **devletin taht-ı himayetinde**, *under the protection of the state.*

d. The frequent use of the Persian izafet construction. In Persian, unlike Turkish, the modifier follows the modified, and is linked to the modified by the particle -i, e.g., **din-i İslam**, *the religion of Islam*, which in the modern language would be **İslam dini**.

MADDE gayet açıktır, kısaca devletin dini İslam'dır, ama diğer dinler de, mezhepler de serbesttir, diyor.

Fakat irticanın, buna bile tahammülü yoktur.

O sadece kendi dediğinin serbest olmasından yanadır, diğer olan her şey yasaktır, günahtır, din elden gidiyordur.

Örnek mi istiyorsunuz, önce kıyafetten başlar, kadınlar başını örtecektir, örtmeyenler kâfirdir, der, başlar örtülür, yine kâfi gelmez, başlar şöyle örtülecek, başörtüsü şöyle bağlanacak der, başlarınızı onun dediği gibi bağlarsınız, bu defa başörtünün rengine karışır, ille şu renk olacak...

Onun için irtica tahakküm edicidir, zorlayıcıdır.

İşte laikliğin temeliyle, çatışma burada başlar.

Osmanlı Devleti laik değildi, ama hoşgörülüydü, irticada ise hoşgörünün zerresi yoktur.

DÜN, ortaokullarda mescit, bugün ilkokullarda...

Bunun sonu nereye varacaktır bilir misiniz?

Anayasa'nın ikinci maddesinin değiştirilmesine...

Anayasa'nın 2. maddesi, devletin laik bir devlet olduğunu kesinlikle yazmaktadır; bu ilke, 10 Aralık 1931'de Anayasa'ya girmiştir. Bu madde nasıl değiştirilir?

Anayasa'nın herhangi bir maddesi gibi.

ADAMLAR zaten açık açık söylüyor...

"Laiklikle İslam dini birbirine yabancıdır" diyorlar...

Ve anlatıyorlar:

"İslam, hayatı yönetmeyi esas alan bir dindir. Yani ferdi görevlerle, sosyal görevler iç içedir. Toplumsal mekanizma dini ölçülere göre oluşmaz ve yönlendirilmezse, o dini bütünüyle yaşamamız mümkün olmaz toplumda... Onun için laiklik ve İslam dini birbirine yabancıdır. Bunların birbirini onayladığını iddia etmek belki bugünkü toplumda, belli yerlere gelmek isteyen insanların görüşleri olabilir, ama gerçekle bağdaşamaz. Laiklik, dinin hayata müdahalesine karşıdır. İslam ise hayatı yönetmek iddiasındadır." (Posta Gazetesi - Haziran 1986)

VOCABULARY

mezhep	religious sect; creed; system of thought
tahammül	tolerance, toleration; patience
günah	sin; fault
elden gitmek	be lost
kıyafet	clothing, clothes
örtmek (*p.* örtülmek)	cover, veil; shut, close
kâfir	infidel; non-Muslim; non-believer
kâfi	sufficient/enough
kâfi gelmek	be sufficient/enough
başörtüsü	(woman's) veil, head scarf
bağlamak (*p.* bağlanmak)	tie, bind
renk (rengi)	color
ille	come what may, no matter what happens
tahakküm edici	tyrannical, domineering
zorlayıcı	coercive
temel	foundation, basis; principle
hoşgörü	tolerance; indulgence
hoşgörülü	tolerant; indulgent
zerre	atom; minute particle; trace
ortaokul	middle/secondary school
mescit	masjid, small mosque (without a pulpit)
ilkokul	primary/elementary school
nereye	whither, (to) where
değiştirilme *vn. p.*	change, (act of) being changed
kesinlik	definiteness; finality; certitude
herhangi bir	any, just any
açık açık	openly
yönetme *vn.*	directing; controlling
esas almak	take as a basis
ferdi	personal, individual,
iç içe	one within the other, inseparably linked, interdependent
ölçü	measure; extent; *in the pl.* criteria
yönlendirmek (*p.* yönlendirilmek)	direct, steer, guide; conduct (policy)
belli	evident, clear; definite, certain
yer	earth; ground; room; place, position
bağdaşmak (-le)	harmonize (with), be compatible (with)
Posta-Gazetesi	*the name of a newspaper*
Haziran	June

BU konu, bundan daha açık söylenebilir mi?

Bize sorarsanız, biz bunun söylenmesine de karşı değiliz; herkes, istediğini açıkça söyleyebilmelidir.

Lakin, Anayasa'ya bağlılık yemini etmiş olanlar, başta siyasi iktidar, bu görüşlerin sahiplerini cesaretlendirici, özendirici bir tavır içinde olmamalıdır.

"Hayır, ben de onlar gibi düşünüyorum!" derseniz, gelirsiniz Meclis'e devleti "laik devlet" diye tespit eden maddeyi değiştirirsiniz, olur biter.

Bu memlekette "laiklik" ilkesine karşı olanlar, her zaman olmuştur ve olacaktır da...

Ama tam tersini düşünenler de...

Türkiye Cumhuriyeti laik devlettir, diyenler de...

Biz onlardanız...

Herkesin dininde, imanında serbest olmasından, ama din ile devlet işlerinin birbirine karıştırılmasından yana olmayanlardan...

Hele hele din esaslarına göre devlet yönetimi...

Biz bunu kabul edemeyiz.

GEÇENLERDE bir yazımızda bu iktidarı üç şeyin götüreceğini yazmıştık...

Biri pahalılık, biri yolsuzluk söylentileri, biri de tarikatçılık, yani şeriatçılık...

Üçü de gemi azıya almış gidiyor...

Bu iktidara verilecek her oy, bu üçünün de onaylanması demektir, başka bir şey değil!

Peki, ya bu iktidarın karşısındakiler?

Biri üç, beş oy korkusuyla "sus-pus", diğerinin ise yıllar yılı "Camiye, kışlaya, mektebe siyaseti sokmayın" diyenin ise cuma namazlarını nasıl miting meydanına döndürdüğünü görüyorsunuz.

VOCABULARY

söylenme *vn.*	(act of) being said
lakin	but, however
bağlılık	attachment; allegiance; loyalty
yemin	oath
yemin etmek	swear, take an oath
başta	first; before all; at the head
bu görüşlerin sahipleri	those who hold these views
cesaretlendirici	encouraging, lending encouragement
özendirici	supportive, lending support
meclis	assembly; council; *with caps* (Turkish Grand National) Assembly
tespit etmek	establish, fix
olur biter	it is done, it becomes an established fact/ fait accompli
her zaman	always
iman	faith, belief; religion, creed
karıştırılma *vn. p.*	mixing, (the act/state of) being mixed
yazım	piece of writing, article
götürmek	take, take away; *here* remove, destroy
pahalılık	expensiveness; sky-rocketing/high prices
yolsuzluk	corruption
tarikatçılık	sectarianism
şeriatçılık	a movement in support of the Shari'a (religious law)
gem	horse's bit
azı dişi	molar tooth
gemi azıya almak	bolt, get out of control, take the bit between the teeth
onaylanma *vn. p.*	(act of) being approved/ratified, approval
peki	all right, very well
ya *interj.*	well then, so, what about?
biri	one of them; someone
sus-pus	silent, hushed up
yıllar yılı	for years and years
cami	mosque
kışla	barracks
mektep (-bi)	school
sokmak (-e) (*vn.* sokma)	insert; interject; introduce
diyen	*here* one who says
namaz	ritual worship, religious service
miting	meeting; mass meeting, demonstration
meydan	public square; arena
döndürmek	turn into; convert, transform

SELECTION THIRTY-FOUR

SECTION 1

AÇI

BİR 10 KASIM[1] GÜNÜNDE 25 MİLYARA AMERİKA

Mümtaz SOYSAL

NAİM Tirali'nin en güzel kitaplarından biri, "25 Kuruşa Amerika" adını taşır. O kitaptaki hikâyelerin birinde, Missouri zırhlısının çevresini dolaştırmak için müşteri toplamaya çalışan Kabataşlı motorcular, "Haydi, yok mu? 25 kuruşa Amerika" diye bağırırlar. Bir saatlik motor gezintisinin ücreti o zaman 25 kuruştur.

Missouri, 40 yıl sonra yeniden geldiğinde, çevresini dolaşmak herhalde en az 250 liraya patlayacak.

Yani, bin misli daha pahalıya.

Ama, asıl ilginç olan şudur: 40 yıl önce 25 kuruşla başlayan flört, bugün 25 milyar dolar dış borcu olan bir Türkiye yaratmıştır.

O günlerin koşulları içinde savunma açısından zorunlu sayılan bir yakınlaşmayı askerlik düzeyinde tutmayıp, ulusal eğitiminden ekonomik sistemine kadar her şeyine bulaştırmış olmak, son yarım yüzyıl Türkiye'sinin belki de en büyük başarısızlığıdır: "Küçük Amerika" olmaya heveslenip de, Lafontaine masallarının öküzlüğe özenen kurbağası gibi, 40 yıl içinde en az üç kez çatlayan, siyasal bunalımdan ekonomik bunalıma, ekonomik bunalımdan sosyal bunalıma sürüklenen bir Türkiye başarılı sayılabilir mi?

Lütfen, "Amerika sayesinde" Anadolu'yu bir baştan bir başa kaplamış olan karayolu ağından, dış dünyaya açılan pazarlardan, Atlantik ötesinde yeni beceriler edinen genç kuşaklardan söz etmeyin. 40 yıl içinde bütün bunların çok daha iyisini, çok daha akıllıca başarmış toplumlar var.

Türkiye'nin, "Amerika sayesinde" başardıkları, aynı Türkiye'nin ortak ve hakça paylaşılmış özverilere dayanan planlı atılımlarla başarabileceklerinin yanında bir hiçtir. Dış kaynaklı petrole ve yabancı lastiğe dayalı bir ulaşım sistemi içinde debelenen, okullarından ekranlarına kadar her yanından Amerikancılık akan, dış politikada yıllar yılı Amerika'nın dümen suyundan gitmek yüzünden Ortadoğu'yu, Asya'yı ve Afrika'yı kendine küstürmüş bir Türkiye, 25 kuruşla başlayan flörtten kazançlı çıkmış olabilir mi?

VOCABULARY

kuruş	piaster, kurus, (a Turkish monetary unit)	**zırhlı**	battleship

çevre	environment; vicinity, surrounding area
dolaştırmak	take for a walk; show around, take on a tour
Kabataşlı	of Kabatash; person from Kabatash
motorcu	motorboat operator
haydi *int.*	come on!
ücret	wage, salary; price; fee
dolaşmak	wander about; tour; visit
herhalde	presumably; in all probability
patlamak	explode, burst; *here* (-e) cost
misil (-sli)	the like, the equal; as much again; times
yakınlaşma *vn.*	drawing near; becoming close friends; establishing of close relations
askerlik	the military profession; the military service
tutmak	hold, hold on to; *here* restrict, limit
bulaştırmak	smear; infect, contaminate; involve
başarısızlık	failure, lack of success
heveslenmek (-e)	desire, long for
öküzlük	acting like an ox; *fig.* stupidity
özenmek	wish to imitate
kurbağa	frog
çatlamak	crack, split; *fig.* become destabilized
lütfen	please
sayesinde *as post.*	thanks to, because of
bir baştan bir başa	from one end to another
kaplamak	cover over; envelop; include
karayolu	main road, highway
ağ	net; network
ötesinde *post.*	on the other side of
edinmek	get, obtain, acquire
kuşak	sash, girdle; generation
akıllıca	intelligently; wisely
başarmak	succeed in; accomplish, achieve
ortak *a.*	common; collective; *n.* partner
hakça	justly, fairly, rightly
özveri	self-sacrifice
planlı	planned
dış kaynaklı	having a foreign source/origin
lastik	rubber; tire
dayalı (-e)	leaning (against); based (on), dependent (on)
ulaşım	transportation
debelenmek	struggle in vain/desperately, thrash about

ekran	screen; motion picture screen	dümen suyunda gitmek	*fig.* follow in someone's steps
Amerikancılık	the American way	küstürmek	offend; (-e) make angry (at)
akmak	flow; come in great quantity	kazançlı	profitable; with profit, having profited
dümen	rudder		

NOTE

1. The tenth of November, 1938, is the date of the death of Mustafa Kemal ATATURK.

SECTION 2

KIRK yıllık bilançonun en kötü yanı, içine girilen modelin ve ilişkiler ağının başka hiçbir seçeneğe yer bırakmayacak kadar perçinlenmiş ve sık dokunmuş oluşudur.

O kadar ki, Türkiye'nin ana muhalefeti bile artık değişik bir ana çözüm, sistemi tersyüz edecek bir ana seçenek oluşturmak yerine, uyuz rötuşlarla yetinen bir sosyal demokrasiden öteye geçemez durumdadır. 40 yıllık ilişki, Türkiye'nin ağzından girip burnundan çıkmış, muhalefetiyle, sendikacılığıyla, üniversitesiyle ve basınıyla, yılgın, kaderine mahkûm, Milli Mücadele ruhundan fersah fersah uzak bir Türkiye yaratmış.

Bugün, toplumu derinden derine işleyen, 40 yıllık yabancılaşmanın ve uydulaşmanın günlük yaşamdaki belirtilerine karşı, yığınlardaki birikimleri derinden derine kullanan tek tepki, Müslümanlığın tepkisidir. "Komünizme karşı panzehirdir" diye yine Amerika'nın etkisiyle imdada çağrılan din, kendisinden beklenen sınırlı ve ısmarlama görevi çoktan aşmış, özündeki bütünlük ve kapsamlılık sayesinde, son 40 yıllık Amerikanlaşmayı da hücum hedefleri içine alan büyük ve köklü bir tepki oluşturmaya başlamıştır.

TARİH, özellikle Türk-Sovyet ilişkilerinin tarihi, Türkiye'yi, Amerika'nın kucağına atan 1945 yanlışlarını ve Stalin'in kısa görüşlülüğünü hiç affetmeyecektir.

Amerika'nın da, kucağına düşmüş bir Türkiye'den yararlanış tarzı, onu kullanışı, ona karşı gösterdiği anlayışsızlık ve haklı bir davada uyguladığı haksız ambargo da affedilecek şeyler değildir.

Ama asıl affedilmeyecek olan, 25 kuruşluk bir efsunlaşmaya kendini kaptırıp, 25 milyar dolarlık bir batağa kadar sürüklenen Türkiye'nin bilinçsizliği ve kendini teslim ediş tarzıdır. Demek ki, Milli Mücadele'nin Mustafa Kemal'iyle birlikte bir daha yitirmemek üzere kazandığımızı sandığımız ulusal bağımsızlık, gurur, onur ve kendine güven gibi duygular, 1946'ya kadar, yani bir çeyrek yüzyıl bile dayanamayacak kadar zayıfmış.

Missouri'nin ikinci gelişini, bir 10 Kasım gününe, yani Atatürk'ün ölüm yıldönümüne rastlatışındaki esrarlı anlam belki de budur.

VOCABULARY

içine	to the inside; inside of it, into it
girilmek *impers. p.*	enter, be entered
ilişki	relation, relationship, connection
seçenek	alternative, option
perçinlenmek *vp.*	be riveted; be/become rigid
dokunmak	be woven
sık dokunmuş	tightly woven; *fig.* closely knit
oluş	formation; nature
muhalefet	oppositon; *pol.* the Opposition
ana *n.*	mother; *a.* main, principal; fundamental
tersyüz etmek	turn inside out
uyuz *n.*	itch; mange; *attr.* mangy
rötuş	retouch(ing); touch-up job
ağzından girip burnundan çıkmak (-in)	cajole, get around (someone) with persuasive words, *lit.* entering (someone's) mouth to go out through his nose
yılgın	intimidated, cowed
Milli Mücadele	the National Struggle (for Independence)
ruh	spirit; soul; essence
derinden derine	deeply, profoundly; to the upmost
işlemek *vt.*	work over; work on, effect; *vi.* work, function
yabancılaşma *vn.*	alienation, estrangement
uydulaşma *vn.*	(state/act of) becoming a satellite nation, satellization
belirti	sign; indication; symptom
birikim	accumulation, buildup
Müslümanlık	Islam; the Muslim World
panzehir	antidote, panacea
imdat (-dı)	help
ısmarlama *a.*	custom-built; prescribed; entrusted
çoktan	for a long time; by far
bütünlük	wholeness; integrity

kapsamlılık	comprehensiveness; all-embracing nature
Amerikanlaşma *vn.*	Americanization
hücum	attack, assault; harsh criticism
içine almak	include, contain
kısa görüşlülük	shortsightedness
affetmek (*p.* **affedilmek**)	forgive, pardon
tarz	manner, way; sort, kind
kullanış	use; manner/way of using
anlayışsızlık	insensitivity, lack of consideration
haklı	just, fair, right
dava	case; *leg.* lawsuit
haksız	unjust
ambargo	embargo
kuruşluk	amounting to...piasters/kurus
efsunlaşma *vn.*	witchcraft; bewitchment
kaptırmak	cause *or* permit to seize/snatch/take in
batak	swamp, bog, quagmire
bilinçsizlik	unconsciousness, lack of consciousness
teslim ediş	way of delivering/surrendering/handing over
demek ki	that is to say, thus, therefore
onur	honor
kendine güven	self-confidence, self-reliance
dayanmak (-e)	lean (on); rely (on); last, endure
geliş	manner of coming; coming, arrival
yıldönümü	anniversary
rastlatış	causing to coincide/take place at the same time
esrarlı	mysterious, cryptic
anlam	meaning; significance

SELECTION THIRTY-FIVE

SECTION 1

ARADA BİR

SEFARAD YAHUDİLERİNİN DİLİ

Beki BARDAVİD Araştırmacı

'Sefarad'lar, İzabel ve Ferdinand engizisyonundan, 1492'de İspanya'dan kaçıp, ölümlerden kurtulabilerek, Avrupa'nın dört bir yanına dağılan Yahudilerdir. Öteki Avrupa ülkelerine 1.000'er, 3.000'er yayılırken, Osmanlı İmparatorluğu'na 90.000 (?) Yahudi yerleşti, çoğunlukla Selanik ve İstanbul'a. Geldiklerinde, konuştukları İspanya İspanyolcasına, (Yahudilerin konuştukları bir dil olması nedeniyle) Osmanlı halkı bu dile 'Yahudice' adını koydu.

İkinci Beyazıt'ın, kollarını açarak ülkesine aldığı bu Yahudiler, bazen artarak, bazen azalarak, 500 yıldan beri, önce Osmanlı İmparatorluğu'nda, sonra da Türkiye'de mutlu ve huzurlu bir yaşam sürmektedirler. 1492'de birlikte getirdikleri dillerini (İspanyolca), romans ve madrigalleri[1] (müzik), refranoları (deyim), proverboları (atasözü), diçaları (deyiş), konsejaları (öykü), giyim kuşam... yemek türlerine varana değin, akla gelen her etkinliği, anayurtları bildikleri İspanya'nın hüzün dolu özlemleri ile Osmanlı topraklarına taşıdılar.

Önceleri, kimliğini koruyan bu etkinlikler, giderek Osmanlılaştı, sonra da Türkiyeleşti. Ve katarak, çıkararak, bozarak, süsleyerek gelişen bu ekinsel etkinlikler, bugüne dek gelen özel bir tür oldu. Bu değişimleri, dilde açık bir biçimde gözlemlemek olası. Gerçek İspanyolca, 1530 yılından sonra Türkçe, İbranice, İtalyanca, Fransızca, Rumca, Arapça sözcüklerin dile girmesiyle kırıldı ve Judeo-Espanyol veya Yahudice oldu.

1860'ta Alliance Israélite Universelle'in kurulması ile Türkiye'de 115 Fransız okulu açıldı ve bundan böyle Judeo-Espanyol 'klasa-başa', alt tabaka dili olurken, Fransızca giderek bir seçkinler dili olarak gönüllerde taht kurdu. Ve böylece 'Judeo-Espanyol' yeni bir biçim aldı: 'Judeo-Franyol.' ...Ta ki Atatürk gelene değin. Yeni abece, Arap harflerin bırakılması, ülkece 'yurttaş Türkçe konuş' bilinci[2], Yahudilerde, dili yeni bir değişime uğrattı: Judeo-Türk.

VOCABULARY

arada bir	from time to time, now and then; here and there	Sefarad *n.*	Sephardic Jew(s), Sephardim; *attr.* Sephardic

İzabel	Isabel
engizisyon	inquisition
dört bir yanına	in every direction, to every part (of), all around
dağılmak *vi.*	scatter, disperse
öteki	the other; the other one
-er/-ar	*distributive suffix* (TG-U 199-200)
biner	one thousand each
yayılmak *vp.*	be spread, be spread out; be scattered, be dispersed
çoğunlukla	by a majority; mostly
Selanik	Salonika
İspanyolca	the Spanish language
Yahudice	the Jewish language; Ladino
ad koymak (-e)	name, give a name (to)
İkinci Beyazıt	Beyazit II, Beyazit the Second
kol	arm
kollarını açmak	welcome with open arms
huzurlu	comfortable, tranquil
yaşam sürmek	lead a life
romans	romance
deyim	expression; idiom
atasözü	idiom
deyiş	manner of speaking; a saying
öykü	short story, folk tale
giyim	clothing, apparel
kuşam	anything girded around the waist
giyim kuşam	clothes, clothing
yemek	food; meal; dish
değin (-e) *post.*	up to, until; as far as
varana değin	including
akla gelmek	occur to the mind
etkinlik	effectiveness; *here* activity
anayurt (-du)	native country, motherland
hüzün	sorrow, sadness, melancholy
önceleri	at first; formerly, previously
Osmanlılaşmak	become Ottoman
Türkiyeleşmek	become Turkish, adopt Turkish habits
katmak	add; mix
çıkarmak	take out; remove; subtract
bozmak	spoil; ruin; corrupt
süslemek	decorate, adorn, embellish
ekinsel	cultural
dek (-e) *post.*	until; up to; as far as
tür	kind, sort; category; *art.* genre

değişim	change
gözlemlemek	observe
gerçek	real; genuine; *here* original
İbranice	the Hebrew language
İtalyanca	the Italian language
Rumca	the Greek language, (as spoken in Turkey)
Arapça	the Arabic language
sözcük	word
girme *vn.*	the act of entering; entry; admission
kırılmak *vp.*	be broken; *here* be altered/changed
Judeo-Espanyol	Judeo-Spanish
Alliance Israélite Universelle *Fr.*	Universal Israelite Alliance
kurulma *vn. p.*	the act of being established; establishment, foundation
bundan böyle	henceforth, from now on; from then on
klasa başa *Ladino*	the lower class
alt *n.*	bottom, lower part; *a.* lower
tabaka	layer, stratum; *soc.* class
alt tabaka	the lower class
seçkin	choice, select; exclusive, elite
taht	throne
gönüllerde taht kurmak	become very popular, *lit.* found a throne in the hearts
Judeo-Franyol	Judeo-Franish (= French + Spanish)
ta	right up to; even until
abece	alphabet
harf	letter (of the alphabet)
bırakılma *vn. p.*	the state of being abandoned; abandonment
yurttaş	citizen; fellow countryman; compatriot
uğratmak	cause to encounter; subject; expose
Judeo-Türk	Judeo-Turkish

NOTES

1. In the Turkish text five Ladino words (all of which have Turkish suffixes) are accompanied by approximate Turkish equivalents. These words are: **madrigalleri**, **refranoları**, **proverboları**, **diçaları**, and **konsejaları**. The last four words bear a resemblance to, but are not identical with, the corresponding words of standard Spanish.

2. **ülkece 'yurttaş Türkçe konuş' bilinci**, *the consciousness on the part of the nation to "speak Turkish, compatriot/citizen."* (TG-L 194[d])

Bugün Türkiye'de ve Türkiye'den göçlerle dünyanın her yanında, Judeo-Espanyol, ya da Judeo-Franyol veya Judeo-Türk konuşanların sayısı gittikçe azalıyor: 40 yaşından büyük olanların iyi anlayıp, iyi konuştukları bu dili, gençler çoğunlukla konuşamıyor ve yeni kuşaklar genellikle anlamıyor.

Bugün Türkiye Yahudilerinin, tüm İspanya kalıtını toplayan Judeo-Espanyol Kürsüsü, dünyada ilk kez Fransız hükümetince, Sorbon Üniversitelerinde kurulmuştur. 4 Kasım 1984'te. Bu tarihsel güne, Türkiye'den çağrılı olarak eşim ve ben gittik ve büyük kıvançla yaşadık. O unutulmaz gün, Fransız Hahambaşısı René Sirat ile Doğu Dilleri Profesörü Vincent Aubrun tarafından açıldı ve kürsünün başına Doğu Dilleri Profesörü Haim Vidal Sephiha getirildi[1]. Prof. Sephiha, yıllar önce başlamış olan bu konudaki çalışma ve araştırmaları sürdürmek ve arttırmak amacı ile dünyanın her yanından ve Fransa'dan öğrencileri Sorbon'a çağırmaktadır. Daha çok dilbilim araştırmalarına önem veren Sephiha, dilbilimin her dalındaki derin çalışmaları, özellikle Türkiye'de yaşayan ve Judeo-Espanyol bilen Sefarad öğrencilerinden ısrarla istemektedir. Bu konuda başlamış bir tezim vardır. Prof. Berke Vardar'ın iki değişik yapıtından: "...Toplum yapısıyla kavramsal alan arasında sözcük bilim yoluyla nasıl ilişki kurulabileceği... Her dil ve özellikle her sözcük öbeği bir toplumun durumuna bağlı olduğu ve her dünya görüşü bir dil durumunun sonucu olduğu düşüncesinden yola çıktık."

Aslında yıllardır, Türkiye'ye ve Selanik'e, her yerden araştırmacılar gelip, bir süre yerleşiyor ve gereken bilgileri, yazılı, çoğu sözlü, topladıktan sonra ülkelerine veya dünyanın önemli Sefarad odaklarına dönüp kitaplarını yazıyorlar. Bu odakların bir bölümü Madrid, New York, Kudüs Üniversitelerinde, bir bölümü de radyo istasyonları ile şimdi de kürsü olan Sorbon Üniversitelerinde yoğunlaşmaktadır. Tüm bu kuruluşlar, 1492 İspanyasının renkli ve canlı müzesi olan Türkiye ve Selanik Yahudilerinin, kulaktan kulağa, babadan oğula, belleklerde kaldığı gibi ve kaldığı denli, aktardıkları bu varsıl ve bulunmaz ekini toplamak için yarışa girdiler.

VOCABULARY

göç	migration; emigration; immigration	eş	mate; spouse; husband; wife
konuşan	*here* speaker	kıvanç	pride
büyük	big, large; great; old	unutulmaz	unforgetable
kalıt	inheritance	hahambaşı	chief rabbi
kürsü	lectern; chair of study, professorship	doğu dilleri	oriental languages
tarihsel	historical, historic	çalışma *vn.*	work; endeavor; study
çağrılı	invited (of a person)		

sürdürmek *vc.*	continue, carry on (an action); conduct (research, study)	**yola çıkmak**	set out on a path/journey; *fig.* set out, start
her yan	every side; every part	**bilgiler** *pl.*	data, information
dilbilim	linguistics	**yazılı**	written, in written form
derin	deep, profound; in-depth	**çoğu**	the greater part; *adv.* mostly; usually; many times
ısrar	insistence; persistence	**sözlü**	oral, verbal
yapıt	work (of literature/art)	**bölüm**	division; part; section
yapı	building, edifice; structure, build, construction	**Kudüs**	Jerusalem
kavramsal	conceptual, relating to ideas	**yoğunlaşmak**	become thick/dense; *fig.* be concentrated
sözcük bilim	the science of words, etymology	**kulaktan kulağa**	by word of mouth, on the grapevine, *lit.* from ear to ear
yoluyla	by way of, via; by means of	**baba**	father
ilişki	relation, connection, relationship	**bellek**	memory
öbek	pile, heap; group	**denli**	to the extent/degree; so
sözcük öbeği	group of words	**aktarmak**	transfer; transmit
dünya görüşü	*phil.* conception of the world, Weltanschauung	**varsıl**	rich, wealthy
		bulunmaz	rare
		ekin	harvest, crop; culture

NOTE

1. **kürsünün başına...Vidal Sephiha getirildi**, *Vidal Sephiha was appointed to the chair.*

Böylece 1492 yılında Osmanlı İmparatorluğu'nda doğan ve yıllarca, yüzyıllarca, dedelerinin dedeleri henüz doğmadan ve bilinçsizce, değersizce, düşünmemecesine taşınan, yararlanılan ve ağızdan ağıza kuşaklarca aktarılan bir ekin, birdenbire orta yere fırlayarak, Fransa'nın Sorbon Üniversitelerine ve daha birçok saygınlıklı odaklara yerleşiverdi[1]. Ve bilim adamlarının, profesörlerin, düşünürlerin, araştırmacıların, toplumbilimcilerin, insanbilimcilerin, tarihçilerin, coğrafyacıların, müzikçilerin, her daldaki bilimcilerin ve sanatçıların çok önemli ve çok güncel bir konusu oldu.

Sefaradların, İspanya'dan Osmanlı topraklarına gelişlerinin 1992 yılına rastlayan 500. yıl kutlamaları için Başbakan Turgut Özal ile Türkiye Hahambaşısı David Asseo arasında bir anlaşmaya varılmıştır.

Tarihsel 4 Kasım 1984 pazar gününden üç gün sonra, 7 Kasım çarşamba, Sorbon'da ilk Judeo-Espanyol dersini vermek için kürsüye çağrılma onurunu yaşadım. Ve kürsü o gün bana verildi. Çünkü ben 1492'de, II. Beyazıt'ın bağrına bastığı 90 bin Yahudiden biriyim. Çünkü Hitler'in işlemediği tek Avrupa ülkesi Türkiye'de, Türk hükümeti, dindaşlarımla birlikte yaşamımı güvence altına aldı.

Kürsü o gün bana verildi, çünkü 500 yıldan beri Osmanlı İmparatorluğu'nda, sonra da Türkiye'de yaşıyorum. Güzel Türkçemle iç içe. Bu onuru hep taşıyorum.

VOCABULARY

doğmak	be born; arise, appear; originate
dede	grandfather; ancestor
bilinçsizce	unconsciously; while unaware
değersizce	not as having value
düşünmemecesine	unthinkingly, without giving thought (TG-L 195[h]ii)
birdenbire	suddenly, all of a sudden
orta yer	central place; prominent position
saygınlıklı	respectable; prestigious
düşünür	thinker, intellectual
toplumbilimci	sociologist
insanbilimci	anthropologist
tarihçi	historian
coğrafyacı	geographer
müzikçi	musician
bilimci	scientist; scholar
sanatçı	artist
güncel	contemporary, current
geliş	manner of coming; arrival
rastlamak (-e)	encounter, come across; coincide (with), occur at the same time (as)

varılmak *impers. p.*	be reached/arrived at	**bağır (-ğrı)**	bosom; breast
çarşamba	Wednesday	**bağrına basmak**	embrace, take to one's heart, cherish
ders vermek	give a lecture	**işlemek** *vi.*	*here* operate, function
çağrılma *vn. p.*	the act of being invited	**güvence**	guarantee; protection
II. Beyazıt = İkinci Beyazıt	Beyazit II		

NOTE

1. The key elements in this sentence are: the subject **bir ekin**, *a culture, a harvest;* the intransitive verbal form **yerleşiverdi**, *quickly took root;* and the dative form **odaklara**, *in...centers.* **bir ekin** is modified by four participial clauses of which the final elements are **doğan** *(originating)*, **taşınan** *(being carried)*, **yararlanılan** *(being profited from)*, and **aktarılan** *(being transmitted)*.

SELECTION THIRTY-SIX

SECTION 1

BUGÜN

MACAR RAPSODİSİ...

Mehmet BARLAS

SİZ sayın okurlarımız bu satırları okuduğunuz sırada, biz, Cumhurbaşkanı Evren'le birlikte, Macaristan yolunda olacağız.

Macaristan denilince, ne gelir aklımıza?

Nüfusu 11 milyon... Doğu Bloku'nun, ekonomik açıdan en liberal ülkesi... 1972'den beri, bu ülkede yüzde 49 payı geçmemek şartı ile, yabancı sermaye ortaklıkları kurulabiliyor. Ayrıca, Macaristan 1982'den beri de, Uluslararası Para Fonu'na (IMF) üye...

Budapeşte'de, ünlü Karl Marx Üniversitesi var... Türkiye'nin zengin sanayici ailelerinden, Koç'ların da akrabası olan Mermerci'lerin (Akfil Tekstil Grubu) en genci Sadullah Mermerci, ekonomi doktorasını, Karl Marx Üniversitesi'nde yaptı... Ancak, Macar Marxsistleri, biraz Friedmancı da... Örneğin Sadullah Mermerci'nin doktora tezinin kabul edildiğini belirten Karl Marx Üniversitesi raporunda, "Bu doktora çalışması ile, kapalı ekonomilerde enflasyonun körüklendiği kanıtlanmaktadır" gibi bir ibare de var.

Evet... Macaristan denilince, aklımıza "İkarus" marka otobüsler ve bizim yılda 5 milyon dolar mal satıp, 55 milyon dolarlık ithalat yaparak, sürekli açık verdiğimiz dış ticaretimiz gelir...

Macaristan ayrıca, Balkanlar'da, çeşitli sınırlar ötesinde yaşayan azınlıkların haklarına saygılı olunmasını isteyen bir ülke... Bulgaristan'daki Türkler uygulanan baskı rejimini, en iyi anlatabileceğimiz Doğu Bloku ülkesi Macaristan... Romanya'daki Macar kökenli insanların, aynı kadere sahip olmaması için, bu anlayış şarttır...

VOCABULARY

Macar *n.*	(a) Hungarian; *attr.* Hungarian	**yolunda**	on the way to, en route to
rapsodi	rhapsody	**denilmek** *vp.*	be said; be mentioned; be named/called
sayın	esteemed, estimable, respected	**nüfus**	population, number of inhabitants; people, persons
okur	reader		

Doğu Bloku	the Eastern Block
ortaklık	partnership; firm, company, corporation
yabancı sermaye ortaklığı	foreign equity/capital partnership
fon	fund
Uluslararası Para Fonu	the International Monetary Fund (IMF)
doktora	doctorate
Marksist	Marxist
biraz	a little, rather, somewhat, to some extent
Friedmancı	follower of [Milton] Friedman (an American economist of the University of Chicago)
kapalı	shut, closed; covered
kapalı ekonomi	closed-market economy
körüklenmek	be fanned into flames; be heated up; *fig.* be encouraged
kanıtlamak (*p.* kanıtlanmak)	prove
ibare	wording, phraseology; expression; sentence
İkarus	Icarus
marka	mark, brand; trademark
otobüs	bus
açık vermek	have/incur a deficit
dolarlık	for/amounting to...dollars
ötesinde *post.*	on the other side of, beyond
olunmak (*p.* olunma) *impers. v.*	become
baskı	pressure; oppression
kökenli	of...origin

SECTION 2

Macaristan denilince, Osmanlı İmparatorluğu'nun Mohaç'la (1526)[1] girip, Karlofça ile çıktığı (1699)[2] topraklar gelir aklımıza... Bu toprakların mülkiyet düzeni, Kanuni'nin şeyhülislamı Ebussuud Efendi'nin tedvin ettiği "Budin Kanunnamesi" ile düzenlenmiştir. Bu topraklarda, türkülere, destanlara konu olan Estergom, Zigetvar, Kanije ve Eğri vardır[3].

Macaristan denilince, bir kuşağın aklına yerleşmiş, Ferenç Molnar'ın "Pal Sokağı Çocukları[4]" romanını hatırlarız. Lajos Zilahy'nin "İki Esir"ini, Sandor Petöfi'nin şiirlerini, George Lukacs'in "gerçekçilik" üzerine çalışmalarını düşünürüz. Franz Liszt'in "Macar Rapsodisi"ni dinlerken, Bela Bartok'un ve Zoltan Kodaly'nin bestelerini de özleyiveririz. Sonra, rejisör Korda'nın filmlerini düşünürüz...

Devlet Başkanı düzeyinde bir geziye katılan gazeteci olarak, Macaristan'ın mutsuz dönemlerini hatırlatmak istemeyiz... 1920'de, Bela Kun'u devirip, 1945'e kadar ülkeyi yöneten Amiral Horty'nin[5] diktatörlüğünü de, 1956'da Sovyet tankları ile bastıran Macar bağımsızlık hareketini de, bir kenara bırakırız...

Macaristan, bereketli ovaları, sıcakkanlı insanları ve dost ortamı ile güzel bir ülkedir. Şimdi biz, Macaristan yolundayız.

VOCABULARY

mülkiyet	ownership (of property); proprietorship
Kanuni *pr. n.*	the Lawgiver (Suleyman I)
şeyhülislam	Sheikulislam, minister for all religious matters *(Ott.)*
efendi	gentleman; *hist.* an Ottoman title
tedvin etmek	codify (laws), compile
kanunname	code of laws
Budin Kanunnamesi	the Code of Laws of Buda
düzenlemek (*p.* düzenlenmek)	arrange, put in order; regulate
türkü	folk song
destan	epic, epic poem
esir	prisoner of war; *here* captive
gerçekçilik	realism
dinlemek	listen to, hear
beste	musical composition
rejisör	motion picture director
mutsuz	unhappy
devirmek	overturn; knock down; overthrow
yönetmek	direct, manage; administer, rule
amiral	admiral
diktatörlük	dictatorship
bastırmak (*p.* bastırılmak)	press, push down; suppress; repress
bir kenara bırakmak	set aside, put to one side
bereketli	blessed; fertile; fruitful
ova	grassy plain; meadow; field
sıcakkanlı	friendly, genial; warm-blooded
dost ortamı	friendly atmosphere

NOTES

1. **Mohaç'la (1526)**. This refers to the battle of Mohacs that took place in 1526.

2. **Karlofça ile (1699)**. This refers to the peace of Karlowitz, 1699.

3. The usual English rendering of the four place names in this sentence are: *Esztergom, Szigetvar, Kanjiza,* and *Eger.*

4. **Ferenç Molnar'ın "Pal Sokağı Çocukları"**, *"The Paul Street Boys" of Ferenc Molnar.*

5. **Amiral Horty**, *Admiral Horthy.*

PART II

ENGLISH TRANSLATIONS
OF THE THIRTY-SIX TURKISH SELECTIONS

SELECTION ONE

SECTION 1

"Springtime Climate Between Paris and Ankara"

FRANCE IS DETERMINED TO STOP ARMENIAN TERRORISM

KUWAIT, (A.A.) - The influential Middle East journal of economics and politics MEED [Middle East Economic Digest] revealed that Turkish-French relations, after a long period of chill, have entered "a climate of springtime."

Noting that relations were expected to become warmer after Prime Minister Turgut Ozal's last visit to Paris, the journal revealed that France was determined not to permit Armenian terrorist activities, [activities] that played (*lit.* was) an important part in the worsening of relations.

After recalling the fact that the [French] socialist government had shown a receptive attitude to Armenian claims, and that President François Mitterrand's participation in 1984 in ceremonies arranged by Armenians had met with negative reactions in Ankara, MEED expressed the following views:

SECTION 2

However, a change in the official line with respect to Armenians had begun [to take place] before the March elections which the socialist government lost. Armenian terrorist activities were broadly condemned, and demands by Armenian groups for territory within the borders of Turkey were rejected. Foreign Minister Jean Bernard Raimond, speaking in the parliament on 23 April, declared that "neither the Turkish people, nor the Turkish government can be held responsible for events that took place seventy-one years ago."

MEED noted that the suspension of martial law in Turkey in all but (*lit.* except for) a few provinces had also had a positive effect (*lit.* provided help) on relations, and that France had cast (*lit.* used) an affirmative vote in the matter of granting Turkey the chairmanship of the Foreign Affairs Committee of the Council of Europe.

SELECTION TWO

SECTION 1

THE AFGHAN PRESIDENT WHO HAS FALLEN OUT OF FAVOR WITH THE SOVIETS IS ILL

It has been revealed that Babrak Karmal, who has not been seen in public for some time, is ill and is receiving medical treatment in the Soviet Union. Westerners are stating that the illness is a pretext, and that Karmal will be removed from his post.

ISLAMABAD, (A.A.)- Since Babrak Karmal, the President of Afghanistan, has not been seen in public for a long time, he is presumed to have fallen out of favor with the Soviet Union, and is reported to be in Moscow. And now it has been revealed that he is ill.

Western diplomats have said that a statement was put out to the effect that Karmal's failure to participate in ceremonies in Kabul was due to his extended medical treatment (*lit.* the extension of his medical treatment) in the Soviet Union.

In a statement that was put out by Afghan authorities, it was made known that no information had been given out about the indisposition of Karmal who left Kabul on 30 March.

SECTION 2

Relying especially on the appearance of criticism against him in Pravda, the official Soviet (publication) organ, diplomats are proposing/surmising that Karmal has been "removed from his position," and that the Soviets are in search of a new leader.

Observers have noted that for a long time a statement on the "illness" of Karmal has been expected, [given] the variety of rumors that are appearing concerning him, but that the degree of truth in [this] matter is not known.

Upon coming to power with a coup d'etat, Babrak Karmal at the end of the year 1979, inviting in the Soviet Union, requested their intervention in Afghanistan and initiated the occupation of the country by Soviet troops. At the present time 115,000 Soviet troops and various special combat units are in Afghanistan.

SELECTION THREE

SECTION 1

YAVUZTURK: "THERE IS NO PRESSURE FOR A STAND IN FAVOR OF IRAQ"

Repeating the fact that Turkey is in a most suitable position for a possible initiation of a period of peace, the Minister of National Defense declared that "In the war between Iran and Iraq favoring any one side is out of the question."

ANKARA - Minister of National Defense Zeki Yavuzturk declared that "Turkey's giving support to any one side in the Iraq-Iran war is out of the question."

While making it clear that putting any pressure on Turkey in the direction of throwing (*lit.* putting) its weight behind Iraq in the war is something that cannot be considered, Yavuzturk said the following:

"Turkey feels great anxiety and concern because of the war taking place just beyond its borders between Iran and Iraq, neighbors with whom it has maintained close relations. Our country from the beginning of the war has pursued a scrupulous and balanced policy of neutrality."

SECTION 2

"Through this policy, [and] taking advantage of the atmosphere of confidence developed in relations with the two countries in question, and with the objective of bringing about a just and honorable solution to the war, Turkey has been insistently exhorting and [expressing its] wishes to [both] sides; and, in the event that it is desired and requested by the two nations, [Turkey] has made it known that it is ready to be a helper in bringing the war to an end. As a result of this policy of neutrality that we have always been following, when in the future a favorable atmosphere arises for bringing an end to the war, our country will be (*lit.* is) in a most favorable position from the point of view of being able to assist (*lit.* be a helper) in the initiation of the peace process."

SELECTION FOUR

SECTION 1

THE SOVIETS WANTED TO BLOCK NUREYEV

They Requested That He Not Be Given Permission to Appear on Stage in Turkey

ANKARA, SPECIAL [REPORT]

The famous ballet dancer and choreographer Rudolf Nureyev who, having fled the Soviet Union, took refuge in the USA, and who has been living for years in America and Europe, has come to Turkey to stage and to play the leading role in "Sleeping Beauty", a ballet by (*lit.* of) Tchaikovsky; his coming has developed into a problem - although a minor one - between Ankara and Moscow.

Moscow has made a démarche to Ankara not to permit a performance in Turkey by the famous ballet dancer.

According to information received, Anatoly Kadirov, Counselor to the Embassy of the Soviet Union [in] Ankara, approached the Foreign Ministry at the beginning of last week and had a meeting with [ex-]Ambassador and Deputy Undersecretary for Foreign Affairs Ecmel Barutcu.

SECTION 2

At the meeting Kadirov expressed the displeasure that question of blocking they felt at the possibility of Nureyev performing in Turkey, and requested that the Turkish Government not give permission to the ballet dancer in question.

Ambassador Barutcu, making it clear that Nureyev was coming (*lit.* was to come) to Turkey for an artistic performance, declared that this ought to be regarded as a purely artistic event, and that it had no political implications.

Barutcu made it known that there could be no question of blocking an artistic event.

Nureyev, the (art) director of the Paris Ballet, is also playing the leading role in "Sleeping Beauty" which he is staging at the Istanbul State Opera and Ballet. The first performance on the night before received broad acclaim. "Sleeping Beauty" will be performed this evening and tomorrow evening at the Ataturk Cultural Center.

Halefoglu Questioned

It was learned that when the first contacts were made regarding Nureyev's performing in Turkey, Minister of Culture Mukerrem Tascioglu asked Foreign Minister Vahit Halefoglu "whether or not there was any objection [to this] from a political point of view." After Foreign Minister Vahit Halefoglu informed Tascioglu that there could be no objection at all to Nureyev's coming to Turkey, an invitation was extended (*lit.* made) to him (Nureyev).

SELECTION FIVE

SECTION 1

OBSERVATION

Ugur MUMCU

Today is the first of May/ May Day...

The military junta in Poland - labeled Marxist-Leninist - has banned all meetings and demonstrations other than the ceremonies that the Communist Party will organize. The object is to prevent May first demonstrations by the "Independent Union, Solidarity."

In Turkey it is also forbidden to conduct a political demonstration on the first day of May. We have a so-called democracy; but demonstrations of this type are not permitted.

In the most recent years the first of May ceremonies ended with the most brutal incidents. Today May Day is being celebrated in all NATO countries. In not one of them is it banned. We have greatly exaggerated this event. The political right became tense almost to the point of considering the May Day ceremonies as a "communist revolt." Certain factions of the political left, with the same tension, all but imagined the first day of May to be the beginning of a revolution.

And on the first of May, 1977, at the provocations of the centers of darkness, that bloody event took place (*lit.* was lived through/experienced).

We have never forgotten the responsibility of the circles of darkness for this incident. But let us also do some "self-criticism." Doesn't the "madness of factionalism" have any role at all in this matter? What about (*lit.* what were?) those incredible accusations, and the factions of the left that consider each other the enemy?

SECTION 2

The first of May is not a "communist holiday." It is not an anarchist ceremony. It is not a terrorist celebration. So what is it?

In the year 1884, upon the resolution of a labor union in Chicago in America limiting the workshift to eight hours a day, the workers were fired upon (*lit.* fire was opened on) by the police; thereafter at the first congress of the Second International meeting in Paris in 1889, it was resolved/decided to celebrate this day as a "workers' holiday." The fact that this day became a holiday was due to a proposal by American labor union members.

May Day has no connection with the Soviet revolution nor with Lenin and Stalin.

May Day was celebrated in 1921 in Turkey even in Istanbul [which was] under occupation. In 1922 the Ankara government celebrated May Day as a workers' holiday. Through a law passed in 1935 the first of May was approved as a "Spring Holiday." In the year 1976 the Confederation of Revolutionary Labor Unions made the decision to celebrate this day as a "Workers' Holiday." In 1977 that bloody first of May was lived through/experienced.

In our country the first labor union activities began with the formation of the "Workers' Protective Society" in 1871. During the years of the [Turkish] War of Independence (*lit.* Liberation) strikes were conducted (*lit.* experienced) against the Istanbul government by [workers of] the tramcars, the Tunnel, and the "Shirketi Hayriye" (the Benevolent Association). In our country unionism gained strength with the Constitution of 27 May. The rights granted the labor unions with the Constitution of '61 were rescinded with the Constitution of '82.

When democracy in the Western sense has become established in Turkey, laborers and all workers/the entire working force, under the leadership of legal parties and labor unions, will of course celebrate the first day of May as a "workers' holiday."

SELECTION SIX

SECTION 1

FOREIGN NEWS

While Libya Is Carrying on Its Flirtation With the Warsaw Pact

SHULTZ: "TOMORROW WE CAN DO SOMETHING ELSE"

FOREIGN NEWS SERVICE

TRIPOLI/WASHINGTON/PARIS/LONDON - While Libyan Secretary for Information Sherifeddin Fitouri was announcing that his country was seriously reviewing the matter of joining the Warsaw Pact, American Secretary of State George Shultz repeated the fact that [the Americans] (*lit.* they) might be able to carry out covert actions against the government of Ghadafi.

Secretary for Information Fitouri, making a statement in Tripoli, accused the United States of forcing his country to abandon neutrality, and said that "the principle of neutrality has henceforth lost its meaning for a small country like ours, inasmuch as a superpower like the United States has torn this principle to shreds."

Making it clear that Libya was expecting and was ready for all sorts of future attacks by the United States, Fitouri, with respect to the advanced arms that the Soviets had given to his country, contented himself with saying "We have the support of the Soviets."

Shultz's Speech

In the course of his exposition on CBS Television, American Secretary of State George Shultz, responding to a question of whether or not the Reagan administration considered secret operations against Libyan leader Ghadafi, replied [as follows], "Very many activities which can be included under the covert operation concept, the details of which it is not necessary to reveal, may be resorted to in the event that they prove useful."

SECTION 2

[In a response] to a question as to whether Syria, and not Libya, was behind the last TWA airplane bombing, Shultz, making it clear that he had no information corroborating this opinion, said [as follows]," Whether consideration be given to Libya's terrorism or to [any] other kinds of terrorism, for us the important thing is that we have the capability (of being able) to do many different things. There are a great many things different from those things which we have been able to do so far. If so, the idea that we will do the same thing that we did in the past is false. There are economic sanctions, there are diplomatic efforts, there is a policy of isolation and blockade gradually applied against (*lit.* in) Libya. Besides, tomorrow we can do something else/something different."

Last November the Washington Post made public (*lit.* revealed to public opinion) a secret CIA plan which included action against the Libyan regime, and it was for this reason subjected to attacks by the Reagan administration. Revolt (operations) against Ghadafi by secretly supported Libyan opponents were also involved in the plan made public by the newspaper.

SECTION 3

A Step Backward by Thatcher

Facing up to intense criticism from the people because of the fact that American planes bombing Libya were given permission to take off from England, British Prime Minister Thatcher stated that they (the British) would very definitely not be obliged to give support in the same way to any new intervention that the United States would engage in against Libya, Iran or Syria.

Fear in France

Americans in France, seized by a great fear after the bombing of Libya, have, for purposes of security, begun to change their habits and to remove [all] signs that make known their presence.

American schools, companies and other establishments have removed all signs that reveal their identity. American embassies in all countries are distributing handbooks on security to their citizens.

Arab Summit

The first Arab summit in a long time, in which the "complete staff" [*i.e.*, full membership] of the Arab countries will participate, will be conducted at the end of next week in the city of Fes in Morocco. The Arab countries from whom Libya will ask for aid in its clash with the United States have not yet been able to agree on an agenda.

SELECTION SEVEN

SECTION 1

EMPHASIS SHOULD BE GIVEN TO HIGHER-LEVEL VOCATIONAL SCHOOLS

Hasan KARA - SAMSUN

Developing higher-level vocational schools and opening up new ones (*lit.* new branches) are the most economical and shortest ways of guaranteeing the qualified man power needed for developing Turkey. In this way the students who line up at university gates will in a short time be gained/included as individuals [who are] beneficial to the economy of the nation.

[With respect to] the movement toward establishing this kind of education - considered most appropriate for the changing economic, technological and social conditions of the world - despite the fact that it began long years ago, with us efforts made in this direction (*lit.* in this matter) have not yet been taken into consideration as they should.

It will take time for our standards of judgement to be altered [to the point of] accepting these schools that are preferred by society in industrialized nations. It is possible to minimize (*lit.* lower to the least) this time by assuring that graduates acquire sufficient knowledge and skill.

SECTION 2

Incentives Should be Provided (*lit.* Measures Which Offer Encouragement Should be Taken)

During these years, in which these schools have just begun to spring up, it is absolutely essential to strengthen [them] with an adequate/competent teaching staff. It is possible to reach/arrive at positive results by continuous experiments which apply practice and skill in a sound and consistent balance, and by means of programs which strive to find the best [solutions]. The creation of realistic programs, which will train the work force necessary for the economy, can be made possible by an ongoing study and evaluation of industrial and regional needs.

Higher-level vocational schools should not be those preferred by individuals who have taken university entrance examinations, who have not been (able to be) successful and who do not just want to be left out; but instead they should be the schools that those who willingly prefer [them] can get into. The way to assure this is to provide incentives/take measures which offer encouragement ..

SELECTION EIGHT

SECTION 1

THE BULGARIAN POLICE KILLED A TURKISH SCHOLAR [AFTER] BEATING HIM CONTINUOUSLY

FOREIGN NEWS SERVICE

The Sofia Government has begun to eliminate one by one Turkish intellectuals who come out against the implementation of the Bulgarization [campaign]. While Associate Professor Riza Mollov, the most famous Turkologist in (*lit.* of) the Balkans, was beaten at police headquarters and killed, Associate Professor Ibrahim Tatarli and researcher and author Salih Baklaci have disappeared.

It was learned that Professor Riza Mollov, who for many years headed the department of Turkology at Sofia University, refused to accept the Bulgarian name of Rizo Markovic [to which his name] was changed, and tore up his identity card in the presence of the militia saying, "A Bulgarian mother did not give me birth... I am a Turk and will remain a Turk." It was made known that because of this act of protest Mollov was dragged off to the police station and was beaten for days. On the fourth of March, as a result of beatings, the sixty-year old scientist died. The Bulgarian government doctor called to the police station was made to prepare a report to the effect that Mollov died of a heart attack, and the corpse of the Turkish scientist was sent to his home.

A Fighter

Coming into the world in 1920 in the northeastern Bulgarian city of Provadiya as the son of a well-known family, Riza Mollov completed [his studies in] Slavic philology at Sofia University. Mollov, who during his student years had also worked on Turkish newspapers and magazines, became an assistant in the department of Turkology of the university in 1952.

SECTION 2

Gaining a reputation with his research, Riza Mollov edited [the works of] more than twenty Sufi, Ottoman, and folk poets [who were] born in Bulgaria and who had made great contributions to Turkish literature. He took his doctoral examinations in Moscow. He wrote books entitled "Studies," "Articles on Literature, "Folk Poetry of the Bulgarian Turks," and he presented new theses relating to Ottoman literature.

Mollov, who was a good writer of stories, collected [all] these in a book entitled "Things That Exist."

Mollov, who despite all pressures conducted his lectures in Turkish instead of Bulgarian in the Turkology Department, was removed from his position together with his wife Mufkure Mollov who was a lecturer in the same place.

In 1985, during the most intensive period of Bulgarization, Mollov - who had repeatedly been interrogated, tortured and whose library had been plundered - was also tried for a period of time as a "political suspect," on the grounds that he had kept Turkish books in his house.

The Others

The fate of Professor Ibrahim Tatarli, who during the same period was first discharged from his position and then carried away by the police, is not known. [*Alternate free translation:* The fate of Professor Ibrahim Tatarli is not known; during the same period he was first removed from his position and then carried away by the police.] According to the reports arriving from the region it is believed that Tatarli also died as the result (*lit.* at the end) of torture.

SELECTION NINE

SECTION 1

"A BEAUTIFUL WOMAN CAN SPEND HER VACATION IN TURKEY FOR PRACTICALLY NOTHING"

Kenan SEVEN

İZMIR - The British woman writer Elaine Pickford, [while] in Turkey where she has come for research on her new book, will take a tour of the Aegean and Mediterranean [Seas].

The beautiful British writer, who drew instant attention with her book entitled "Tourism and Love in the World" which she published last year, gave broad coverage (*lit.* space/place) in this work of hers to Turkey and the Turks. Elaine Pickford said the following about Turkey where she has come for the third time:

"When I first came to your country I was timid. As the days passed I realized that the rumors about the Turks were false. And as I explained in my book, the Turks are not barbarians who like to kill and to destroy. A nation knowing how to enjoy itself more (*lit.* better) than the Greeks, more Casanovalike and warm-blooded/friendly than the Italians, and much prouder than the Spaniards..."

SECTION 2

One thing more, you are respectful and generous to women [in a way] not to be compared with [that of] any [other] country at all. In some places I experienced a closeness that I had not experienced with my [own] relatives. Let me say (*lit.* make clear) this very sincerely that in the future I may settle down in your country."

When we asked whether or not there were things that disturbed her in Turkey where she had come twice before, she gave this reply:

"First I was very much afraid of the traffic; secondly, the fact that the restaurants were not very clean bothered me. There was a lot of shouting and yelling. Furthermore, the men were too familiar (*lit.* were behaving too close). Later on, except for the monstrous traffic, the other [things] turned out to be very appealing to me. [When] you are sitting in a restaurant, there are no decorations, but the food is fresh... As far as men are concerned, I can say with ease that a beautiful woman can spend her vacation in Turkey for nothing/at no expense."

SELECTION TEN

THE GREEKS SMOKE THE MOST CIGARETTES [OF ALL THE COUNTRIES] IN THE WORLD

ANKARA - It has been determined that among the various nations of the world on a per capita basis the most cigarettes are smoked in Greece.

In an article published in the latest issue of the journal "Avrupa [Europe]", published in Turkish by the Common Market Commission, it was revealed that after the Greeks, the Japanese and the Americans smoke the most cigarettes.

In the article, which dwells on/emphasizes the effects of (the disease of) cancer and the studies being conducted regarding this disease in the European Economic Community, it is revealed that in the countries of the Common Market every year one million people contract cancer, and of these one half succumb to the disease and die.

In the article it is also noted that according to the latest research, of the cancer cases which end in death one-third has its source in the tobacco habit, one-third [more] in dietary deficiencies and alcohol, and the remaining one-third in infection, sexual conduct and working conditions.

On the other hand, it was revealed that in the Common Market (countries) cigarettes are the chief cause of ninety-five percent of lung cancer cases that end in death.

SELECTION ELEVEN

SECTION 1

THE NATIONS

THE GREEK CYPRIOTS ARE VERY ANGRY WITH OZAL

Reshat AKAR

NICOSIA - The statement that Turkish Prime Minister Turgut Ozal [made] on recent developments relating to Cyprus, while creating great pleasure in the Turkish Republic of Northern Cyprus, caused/opened the way to serious concern in Southern Cyprus.

Prime Minister Ozal declared: "There is a limit (also) to our patience. We will examine again our policy on the Cyprus issue, and we will not permit the annexation of the Island to Greece." While the Turkish newspapers in Northern Cyprus overwhelmingly echoed his words, the Greek Cypriot newspapers gave broad coverage to their leader Kyprianou's attack on (*lit.* directed at) Ozal.

In a statement made by (*lit.* that he made) Spyros Kyprianou, the President of the Greek Cypriot regime, he accused Prime Minister Ozal "of resorting to threats and blackmail." He went on (*lit.* strove) to harshly criticize his [Ozal's] statements on the subject of Cyprus. "Instead of threatening us again, let Ozal comply with the resolutions of the United Nations," Kyprianou said.

SECTION 2

Meanwhile, in a statement that Rauf Denktash, President of the Turkish Republic of Northern Cyprus, made yesterday morning, he responded to Greek Cypriot leader Kyprianou who had attacked Prime Minister Turgut Ozal. "You have no right at all to make a reply to Ozal. Above all, you are unable to do anything at all without consulting Papandreou," he declared.

Pointing to the uncompromising policy of the Greek Cypriot and [Continental] Greek leadership, Rauf Denktash reiterated the fact that the Island of Cyprus is not a Greek island, and that it will be impossible to make any concession on Turkey's status as an active guarantor.

SELECTION TWELVE

SECTION 1

Americans Who Disregard Threats Have Filled Paris

THE FEARLESS AMERICANS

Some Americans, risking every sort of danger, are going to Europe to spend (*lit.* make) [their] vacation. These tourists say that before coming to Europe they were seized with fear, particularly because of the reports in the press, but as soon as they left on vacation they forgot everything; and they add "What could be more beautiful than to die in Paris?"

Night and day the Paris metro and suburbs are full of American tourists. One of them explains his lack of fear as follows: "The latest attacks have changed our way of looking at events, not our habits."

FOREIGN NEWS SERVICE - In the most recent months the attacks in Europe undertaken one after the other against American targets do not seem to have intimidated American tourists. Despite last year's hijacking of a passenger airplane belonging (*lit.* connected) to the American TWA airline, and of the Italian liner Achille Lauro, full of American tourists, and despite the bombing attacks carried out at the airports of Rome and Vienna, for American tourists Europe, particularly Paris, is still an attractive place for a vacation. According to the French newspaper *Le Matin,* the continuing threat of Libya to undertake retaliatory attacks against American facilities in Europe does not seem to have had an effect on American tourists.

SECTION 2

No matter how cautiously the American government acts because of possible terrorist acts against American installations in foreign countries, and no matter what great importance it attaches (*lit.* gives) to security measures, American tourists on the contrary, behaving just as (*lit.* to that extent) boldly, are courageously going to Europe on vacations. Despite the warnings of the press and broadcast media in their country, some Americans, not considering the taking of a vacation in Europe as a heroic act, are making no changes at all in their previously planned vacations. However, it is conjectured that after the U.S. attack on Libya the exact opposite of this will be the case, and that European tourism will come to a great halt/a big standstill.

According to *Le Matin* it may be thought that this situation is due to the foolishness of the Americans, and their not keeping up with daily news reports. But the situation is not like this. American citizens know very well that their government "has begun a deadly war against international terrorism, and particularly against Ghadafi's terrorist threats."

A Colorado couple who came to Paris for a vacation say that for a year and a half they have been making preparations to visit the coasts of Europe. During the time they were in Europe the bomb attacks carried out in West Berlin and other countries did not induce/persuade them to make any changes at all in their plans. Moreover, this American couple, carrying (*lit.* having) their babies in their backpacks, say that the latest events have not frightened them.

SECTION 3

Also, a San Francisco couple, despite all the warnings of their friends, came to Paris on a vacation, [but] in response to the pressure of their friends they promised/gave their word that they would not go the Sacré-Coeur quarter. In a statement made to journalists this couple revealed that, not keeping their word, they went to Sacré-Coeur and found [it] very beautiful (*lit.* they found Sacré-Coeur that they went to not keeping their word very beautiful). In addition, telephoning acquaintances in the United States, they advised them not to miss out on a Paris vacation this summer. The Paris metro, even after midnight, is full of American tourists. These tourists say that before coming to Europe they were especially frightened/seized by fear because of the reports appearing in the press, but as soon as they set out on the vacation they forgot everything, [and] they are looking for a good time. And they add: "What could be more beautiful than to die in Paris?"

An American tourist who every day goes to a British bookstore two-hundred meters beyond the American consulate, which he admits that he considers as a perfect target for terrorists, says: "Nothing at all happens to me. The most recent attacks have changed our way of looking at events, not our habits."

In spite of all these [things], it is reported that the customers of American travel agencies have decreased [in number].

SELECTION THIRTEEN

THE WORLD IS CONDEMNING THE RACIST REGIME

FOREIGN NEWS SERVICE - [Negative] reactions are coming in from various nations [in response] to the aggression carried out the other day/on a previous day by the racist government of the Republic of South Africa in the territory of three neighboring countries. Following (*lit.* after) the United States, England and the countries of the British Commonwealth of Nations, yesterday Sweden, the People's Republic of China, India and the Soviet Union also condemned the attacks against regions in Botswana, Zimbabwe and Zambia that are alleged/claimed to be guerilla base[s].

Yesterday hundreds of university students in the city of Johannesburg in South Africa boycotted classes as a protest (*lit.* with the object of protest) against the attacks by units connected with the racist government/regime. It is being reported that a skirmish broke out between the police and the demonstrating students, and that thirteen students were arrested.

In a statement put out yesterday by the government of Sweden it was stated: "The Republic of South Africa, in order to defend its racist policy, is providing examples of aggression on a gradually/progressively greater scale." The governments of India and China also condemned the latest attacks carried out by the racist government, and requested an increase in pressure in order to bring about a change in the racist policy of this country.

Perez de Cuellar, the Secretary-General of the United Nations, declared that the white minority government had shown once again that it disregards international law.

The Soviet Union made it known that the attacks carried out by South Africa against independent countries in Africa resembled the aggression against (*lit.* in) Libya and Lebanon by the United States and Israel, which are its [South Africa's] chief allies.

With the purpose of protesting the South African attacks, in which three persons died and fifteen persons were wounded, classes were boycotted yesterday in the universities in Johannesburg. Eight hundred university students, while carrying out a demonstration in the city, sang anti-racist songs. It is being reported that after the police intervened in the event, a skirmish broke out, and students in great number were arrested.

Meanwhile it is being reported (*lit.* a report is being given) that in skirmishes that have broken out among blacks in Johannesburg, the number of deaths has risen to sixteen. In the skirmishes, which have continued for two days, hundreds of houses have burned down.

SELECTION FOURTEEN

SECTION 1

WHERE ARE WE WITH RESPECT TO THE CONCEPT OF ENVIRONMENT?

Necati ZINCIRKIRAN

For me there are two beautiful places in Instanbul to stroll around in - Belgrade Forest and Yildiz (Star) Park. Several days a week I go to these two places early in the morning and walk around for about an hour. In recent years these places have had a good number of visitors (*lit.* customers). What a great blessing to be able to walk or run about in a beautiful natural setting (*lit.* nature) with sparklingly clean air.

Thanks to Chelik Gulersoy, Yildiz (Star) Park has been brought to a state [where it is] well tended and very clean. Also, in Belgrade Forest the Directorate of the Forest Region is trying to do some things. Couldn't it be better? And how! The things being done in the Forest, whether by the nature or disposition of this management, are proceeding very slowly. Yet as Istanbul continues to grow, [its] needs also increase. People there want to see many more things.

While walking either in Yildiz (Park) or in Belgrade Forest one thing usually attracts my attention...the fact that some people walking or running ahead of me throw their used paper handkerchiefs on the ground! If a person can be civilized enough to use a paper handkerchief, he should not throw that handkerchief in the street (*lit.* not throwing that handkerchief in the street is necessary).

In the same way, no different from this are the cases of cigarettes thrown from cars and ashtrays emptied out on the roads. At present on every avenue and street of Istanbul there is a garbage can at [every] fifty meters.

But still these [cases] are nothing. We know owners of waterside mansions who empty their garbage into the sea from the mansions they live in. We know also so-called/supposedly cultured people who prune their garden or have it pruned, and [then], in the darkness of night, throw the flowers, tree branches and leaves into the sea.

SECTION 2

Above all, we are also informed of the existence of apartment building owners, managers or their maintenance men who about this time every year pour out the fuel-oil sludge in the fuel tanks of the apartment buildings into the sewer systems in Etiler and Bebek, and leave the sea covered with oil (*lit.* in oil).

"You, man, as long as I throw [it in], what do I care about the others/the rest?"

The greatest treachery against one's country is not to be respectful of the rights of others; beyond this, to sully the environment; to bring harm to nature and society.

The environment is the common property of all of us. Because the creature we call man does not live alone. He must live as a social being. [And] man, living as a social being, is obliged to keep the environment clean. This is impossible if one person keeps it clean and another pollutes it/dirties it up. Isn't it necessary for everyone to look after the common property with the same meticulousness?

I look at Yildiz Park and the forest, and while garbage cans are standing there, people have thrown their filth on the grounds. And every day government employees on duty are busy cleaning up these people's filth.

I wonder what the houses of people who do these things are like? For example, do they relieve themselves in the middle of the living room rather than in the toilet.

SELECTION FIFTEEN

SECTION 1

[NEWS] IN BRIEF

GORBACHEV TOOK PART IN A PRIVATE MEETING OF THE KGB

Mikhail Gorbachev, the General Secretary of the Communist Party of the Soviet Union, took part in a private meeting of the Soviet Security Service -KGB- that began the other day. Tass, the official news agency of the Soviet Union, revealed that at the meeting [the matter of] increasing/stepping up the activities of the KGB was taken up. Western diplomats, who are specialists on the internal affairs of the Soviet Union, are noting that the meeting was not considered to be a routine one, and that in all probability (*lit.* with great probability) it was directed at the same objective [as was the case] with the speech that Gorbachev made last week to the Soviet ambassadors. Western diplomats have noted that they have observed a change - however slight/slight though it may be- in the activities of the KGB both within and outside of the country, but that because Gorbachev has come to power, no decrease in its influence is to be expected.

Anatolian Agency

Bangladesh: The Number of Dead [Is] 600 in a Ferryboat Accident

In the greatest ferryboat disaster that has occurred in Bangladesh up until now (*lit.* today) the number of deaths has reached six hundred. Divers have removed fifty more bodies from the river. The authorities have revealed that as of today, 300 bodies have been removed from the river, and as for the remaining 300 bodies, they were either dragged away or thrust into the river bed. The ferryboat lost its bearings in the course of a storm that came up immediately after [its] leaving Bhola on Sunday en route to Dacca. Authorities noted that 1100 people were on the ferryboat, in spite of its capacity for 550 [people].

SECTION 2

The Smuggling of Arms to Iran from the United States

Five members of a gang of seventeen people, who were engaged in smuggling out of the United States arms valued at 2.5 billion dollars [and destined] for Iran, were arrested in New York after being extradited from Bermuda to the United States. The suspects, who were brought to Kennedy Airport in New York in a Pan Am airplane, were taken away to an unknown place by the police, who were taking very tight security measures following death threats. It was revealed that retired Israeli General Bar Am was also among the suspects. With respect to the arms smugglers who had come to Bermuda from London and were arrested on 21 April, the Higher Court of Bermuda had [previously] decided to return [them] to the United States. The other twelve members of the gang, composed of [individuals of] American, French, West German, and Greek [nationality], had previously been arrested in the United States.

Anatolian Agency

Investigation of the Murder of Palme

The Police, who are investigating the case of the killing of Swedish Premier Olaf Palme, have suggested that it might be possible that the murder was not the work of terrorists. In a statement made on Swedish Police Radio, the police authorities revealed that they had conducted an investigation in connection with sixteen terrorist groups, but they had not been able to establish any connection between these groups and the assassination. The authorities are also noting that as a result of the investigation that they made in connection with the assassination, they found clues indicating international involvement (*lit.* clues amounting to international dimensions).

Anatolian Agency

American Firms Are Withdrawing From South Africa

It has been revealed that American firms have moved in the direction of either leaving South Africa or reducing their contacts/relations with this racist state. In a report published by the "Investor Responsibility Research Center," [located] in Washington, it was noted that since the beginning of last year forty-eight American firms have decided to leave South Africa. In the report the view was expressed (*lit.* space was given to the view) that the real reason which led to (*lit.* opened the way to) these decisions was the economic situation of the country, which made the making of profits difficult, rather than the policy of racial discrimination followed by the Pretoria Government. According to the report, while General Motors has decided (*lit.* taken the decision) not to sell vehicles to the South African Police or Army, other major American firms such as IBM and Xerox have announced that they will withdraw either wholly or partially from South Africa.

Anatolian Agency

SELECTION SIXTEEN

SECTION 1

COMMENT

A VALUABLE GUEST

Professor Fahir ARMAOGLU

When any foreigner says a few nice words about our country and our people, we Turks immediately label him "a friend of the Turks." As much as it expresses our desire (existing) for "friendship" in the pessimistic atmosphere of international politics, this is also an expression of the value which we as a people give to "friendship."

As for the Honorable Richard Von Weizsaecker, who beginning yesterday has come to our country for a five day visit, he is a personality who has occupied a place far above and beyond the friends and friendships we mentioned [above]. The Honorable Von Weizsaecker's "friendship", contrary to what we have been accustomed to, comes not from any of his words or statements, but directly from his actions and conduct. And the basis of his sincerity in [his] "friendship for Turks" is these [very] actions and conduct. When he was mayor of West Berlin (*lit.* in the course of his mayorship of West Berlin), [instances of] the sympathy and cordiality that he showed towards Turkish workers became stories that were spread by word of mouth. Several years ago when we went to West Berlin at the invitation of the German government, the West Berlin representative of our newspaper Tercüman took us one evening to a shish kebab restaurant. The restaurant was in a place near the West Berlin parliament. The owner of the restaurant was proud of the fact that the mayor of the city came to the restaurant from time to time and ate shish kebab.

SECTION 2

President Von Weizsaecker's visit without doubt comes at (*lit.* coincides with) an unlucky time. At a time when Greek madness and rudeness have reached their highest peak (*lit.* have risen to the sky), and when consequently the pages of our press are full of reactions to this, our press has not been able to allot sufficient space (*lit.* allot space sufficiently) to this visit. But there is no doubt that the heartfelt feelings of the Turkish people are far beyond the pages of a newspaper.

There is no question regarding the large number of things to be discussed with the Honorable Weizsaecker (*lit.* there is no doubt in the abundance of matters). This of course much be welcomed (*lit.* it is necessary of course to welcome this also). Because Turkey has many things to discuss with a president [who is] a true friend of the Turks. For Turkey this visit is an opportunity for a 'heart-to-heart talk" and "consultation." One pours out one's heart and carries on consultations not with "distant friends", but with "close friends."

Turkey's relations with Europe, and in particular positive developments in this direction which have taken place in most recent times, will undoubtedly constitute the main thrust (*lit.* weight) of the discussions. With regard to these positive developments, the help and support of the Federal Republic can at no time be underestimated. For this reason, from the point of view of accelerating such developments, there are things that President Weizsaecker will say both from the standpoint of his own country and of Western Europe, and there are also things that we will say. Besides these matters, there is no doubt that an appraisal will also be made regarding unpleasant "interallied" developments of recent days.

Turkey ought to make use of the Honorable Von Weizsaecker's visit as a good opportunity to bring into bold relief (*lit.* to move from far to near) the serious state of its foreign policy.

SELECTION SEVENTEEN

The Killing of Nineteen University Students By the Police Is Being Protested

LARGE STUDENT DEMONSTRATIONS IN NIGERIA

In the capital city of Lagos students set fire to (*lit.* setting fire to) automobiles [and] blocked off the main streets. The military government shut down nine universities.

LAGOS (AP) Large student demonstrations are being conducted in the capital city of Lagos with the objective or protesting the shooting in Nigeria last week of nineteen university students by the police. On a previous day the military government shut down Lagos University and banned all demonstrations.

Last Friday, at Ahmadu Bello University in the city of Zaria in the north of Nigeria, police opened fire on students who were protesting the expulsion from the school of student association leaders. As a result of [their] opening fire, nineteen university students died. In the capital city of Lagos hundreds of students, carrying out demonstrations with the purpose of protesting this incident, set fire to automobiles and blocked off the main streets. Pouring into the streets the students set fire to a police station, and raiding a prison, they set hundreds of convicts free. In various universities in the country demonstrations are also being conducted, and schools are being boycotted with the objective of protesting police actions.

The other day the military government of Nigeria under the leadership of General Ibrahim Babangida shut down *(it.* shutting down) a university in the capital city of Lagos [and] proclaimed a ban on all demonstrations and [protest] marches. Thus the number of universities in the country that have been shut down has reached nine.

According to a report of Lagos Radio, while the leader of the military government, Ibrahim Babangida, the other day sent letters of condolence to the families of the nineteen students killed last week, the Minister of Education, Jubril Aminu, also examined the situation while visiting Ahmadu Bello University where the incident took place. In addition, Lagos Radio reported that the Nigerian Workers' Congress had called on students to make peaceful demonstrations with the objective of protesting the incident.

The other day in a statement issued by the military government it was announced that all demonstrations and marches in the country were forbidden, and that all universities and institutions of secondary education where demonstrations took place would be shut down.

After thirteen years of military government in Nigeria, elections were held in 1979; and again on the 31st of December 1983, a military government returned with a coup d by Ibrahim Babangida.

SELECTION EIGHTEEN

SECTION 1

A NEW HORIZON FOR YOUTH

SPECIALISTS IN FOREIGN TRADE MARKETING

Gungor OCAL

IZMIR, (Tercuman) - The economic development of our country has begun to create completely new occupational categories (*lit.* branches). In the foreign trade companies in Turkey, which have existed for four or five years, there are about 150 employees working as "foreign trade marketing specialists," and because of the fact that a present this branch of business is not [well] known, operations are proceeding on a "master-apprentice basis."

Foreign trade marketing is really an occupation [that is] attractive in the highest degree. Those working in this field travel to various countries of the world, and while staying in the most luxurious places talk face to face with business men [who are] well known throughout the world, and engage in dealings which will earn foreign exchange for our country. The average age of the young people working in this branch of business is in the neighborhood of twenty-eight years. The cost to the firm for (*lit.* of) a market specialist who actually spends fifteen days of the month out of the country is forty-thousand dollars. However, they [the market specialists] also really make recompense/provide a return for the money that is spent on them, and in the days that they spend outside of the country they make export deals (*lit.* contact) [running into] millions of dollars.

We met with personnel of a foreign trade organization located in Izmir who had come from abroad. Young people, each one of whom was highly educated and knew one or two languages, they revealed that in spite of the fact that they had very good jobs previously, they preferred foreign trade marketing, and they said, "It is an extremely colorful job. It is a profession that always forces one on and causes one to develop."

Cemali Kirmizioglu, who had graduated from the Middle East Technical University and had become a metallurgical engineer, chose marketing despite the fact that he had worked in the tourism field and had a very good job. He knows English and Greek. He says that his firm's products are eighty percent iron and steel, and that it [the firm] is heavily engaged in this area. He has been working in Iraq for years, and he says that this branch [of business] is open for still more young people.

SECTION 2

The trade director of the firm, Alaattin Ergen, a graduate of the Agricultural College, speaks English and Persian. After having served as an education official, he began working [on trade matters] with Iran, Iraq, Greece, and the Soviet Union. In five years he went abroad sixty times, and on each trip he remained about fifteen days outside of the country. Ergen said [as follows]: "The marketing specialist must absolutely find sources [of market]. We pay attention to every act of the businessmen with whom we deal. We know [everything and] everybody, from their birthdays to all the members of their families. Because there the market specialist is the boss. He can sign [contracts] for billions of liras."

Marih Bagcioglu, a graduate of the Mechanical Engineering Department of Bosphorous University, knows English. He has worked in the construction business in Iraq. He explains that he would (*lit.* will) not exchange his present occupation for anything in the world.

Hakan El, a graduate of both the Mechanical Engineering Department of Aegean University and the Department of Business Administration of Bosphorous University, knows English and [enough] French to explain his needs (*lit.* troubles). He has worked for various firms as an engineer, and he makes it clear that it is absolutely necessary for young people to apply to foreign trade firms for training; he says that it is necessary for them to take advantage of this new horizon.

Bilge Nazli, a graduate of the School of Business Administration of Bosphorous University, knows English and is studying French. She says that one learns many things in this occupation.

Yes, for an occupation that is to be recommended to those who are dynamic, congenial inclined to research, possessing initiative and loving adventure, young people are speaking out to the effect that (*lit.* in the form) "This occupation addresses every taste. Computer specialists benefit from even greater possibilities. At the present time no one knows [this] occupation, but in a short period of time this occupation will have a prominent role in our country."

SELECTION NINETEEN

SECTION 1

[NEWS] IN BRIEF

Ershad Has Again Given up on Democracy

The President of Bangladesh, Husein Muhammed Ershad, declared that the martial law which has been in effect in the nation for about four years would not be removed before the presidential elections; it has not yet been announced when these will be held (*lit.* it not yet being announced when...will be done). In a statement he made after last month's elections, in which the party in power, Jatiyo Parti (the National Party), won 153 [seats] of the parliamentary membership of 300, Husein Muhammed Ershad made it clear (*lit.* making it clear) that the new parliament would be opened at the end of this month, and he said that a discussion would be held in the parliament regarding the changes that would be made in the constitution and in martial law. Noting that the date for the presidential elections will be determined by parliament, Ershad stated that the lifting of martial law would be difficult at a time when turmoil within the country and terrorist attacks are continuing.

Claim by a Soviet Newspaper:

Agca Will Be Killed in Prison

It has been claimed that M. Ali Agca, who was sentenced to life imprisonment because of being [involved] in the attempted assassination of Pope John Paul the Second, has been threatened with death (*lit.* being killed). In a report (that it gave out) relying on [a statement by] an Italian lawyer by the name of Federico Federici who lives in New York, the Soviet weekly newspaper *Literatournaya Gazeta* claimed that "plans have been prepared for killing Agca." The Soviet newspaper wrote that the "Western secret services," whom it claimed were behind Agca, were intending to kill him (*lit.* Agca) in order that "he would not make any new disclosures." *Literatournaya Gazeta* stated that "As is known, the Turkish businessman Bekir Celenk was murdered in prison eight months ago because he had said that there had been no cooperation/collaboration between Agca and the Bulgars. Now it is Agca's turn (*lit.* the turn is at Agca)."

ETA Has Lost Its Support in the Basque Region

It has become definite that the ETA organization, which is carrying on an armed struggle for the independence of the Basque region of Spain, has in large/significant measure lost the support of the people of the region. A public opinion survey carried out by the autonomous government brought to light that only two percent of the Basque people approved of the method of resorting to violence/violent acts in order to (*lit.* with the objective of) achieve independence. The public opinion survey, which also was taken into consideration by the human rights commission of the Basque parliament, showed that three fourths of those who cast their votes in the election for the Herri Batasuna Party, the political wing of the ETA, were against violence. (ANKA)

SECTION 2

Le Pon, A Member of the Far Right, Discusses (lit. Discussed) the Disagreement Between the Turks and Greeks

Jean Marie Le Pen, an extreme rightist and leader of the French National Front, said that it is necessary for Europe to assist in (*lit.* be a helper in) solving problems in the Mediterranean, and he indicated that among the greatest problems [is] the tension between Turkey and Greece. Immediately following the conference that right-wing members of the Parliament of Europe held in Palermo, Le Pen at a press conference (*lit.* arranging a press conference) made it clear that, besides the tension between Turkey and Greece, the greatest problems of the Mediterranean [area] are the expansion of the Shiites, the economic instability of Europe, the Iran-Iraq war, and the pressure by Libya to achieve dominance.

Anatolian Agency

The Exemplary Behavior of a Turkish Child in Germany

A Turkish child of fifteen years of age by the name of Mehmet Tashdelen became the person of the day (*lit.* the person currently talked about) by giving back to the (*lit.* its) owner 10,000 marks (about three million Turkish liras) that he had found on the street while riding (*lit.* going with) a bicycle. The Turkish child found (*lit.* finding) a thick wallet while bicycling on Daimler Street in Stuttgart; as soon as he opened the wallet, he saw that the inside was full of money. Mehmet Tashdelen immediately took (*lit.* taking) the wallet to the address which was written on the inside of it, [and] Juergen, the owner of the wallet, gave him a reward of 300 marks (about 90,000 Turkish liras) (*lit.* to Mehmet Tashdelen who took...the owner...gave).

Anatolian Agency

The Prime Minister of South Yemen Is Going to the USSR

Yasin Said Noaman, who was brought in as prime minister (*lit.* brought to the office of prime minister) following the clashes that took place in South Yemen in January, will make an official visit to the Soviet Union next week.

SELECTION TWENTY

SECTION 1

CANEVI "DREW A ROSY PICTURE"

"The Inflationary Trend Has Been Turned Back"

ANKARA (Tercuman) The 54th Regular General Assembly of the Central Bank was held yesterday. In the director's report on the Central Bank for the year 1985, it was revealed that the bank closed its last year's balance sheet with a profit of 11 billion, 847 million, 602 thousand Turkish liras.

Central Bank President Yanuz Canevi, in his opening speech given at the general assembly, gave a briefing on domestic and foreign economic developments. Drawing attention to the continuing loss in value of the American dollar in comparison with other currencies, Canevi explained that as a consequence of this there had been a cutback in world trade.

Reporting also on economic measures taken in 1985, Yavuz Canevi made it known that the bank had followed a more [tightly] controlled loan policy, and that in 1985 the increase in the credits extended to/used for the public sector had from time to time created a difficulty in [exerting] this control.

Explaining that in 1985 a money policy that would decrease inflation was adhered to, Canevi said that "this year and in the future years a tight money policy will be pursued (in a manner) reducing inflation even more."

Price Increases Will Slow Down

Noting that parallel to the decline in inflation, interest rates were also being lowered (*lit.* in the state of being made less), Canevi continued as follows:

"In the period ahead of us a slowing down of price increases is expected. In this case interest rates will be subject to regulations on the one hand to provide real interest to a person with savings, and on the other hand in a manner that will not revive/give fuel to inflationary expectations and in the direction of lowering prime costs."

SECTION 2

Explaining that in general the Government has moved in the direction of policies [calculated] to reduce further the role of the state in the economy and to reduce budgetary deficits, and that the financial policies, with the reforms in the area of taxes, have been carried out in a healthy manner, Canevi reported that the national income in the year 1985 had increased by 5.1 percent, and that the fall in the added values of the agricultural and industrial sectors was the cause for the rate of this increase, [an increase] that turned out to be lower in comparison with last year.

The Last Intervention

Defending the position (*lit.* fact) that in 1985 success had been achieved in lowering the rate of price increase, and in turning back inflationary expectations, Canevi announced that the last intervention of the Central Bank in the foreign exchange rate was due to the fact that it had not been possible in Turkey to follow/keep sufficiently abreast of the world-wide loss of value of the dollar.

Stating that "there are hopeful developments in exporting and, because of the drop in oil prices, in imports and in other economic indicators," and noting that in 1985 payment had been made on the largest foreign debt in history - three and a half billion dollars, Canevi declared that "it is estimated/conjectured that in the period ahead of us payment on the foreign debt will be less/lower."

SELECTION TWENTY-ONE

SECTION 1

LETTER FROM AMERICA

THIS IS THE OPPORTUNITY:

Yucel DONMEZ

While at one time it was said it had ended [or] that it would end, terrorism has suddenly become a part of our daily lives. There is not a day that the press and broadcast media (*lit.* organizations) do not discuss terrorism. While the world has entered a more modern state/condition with developing technology and new discoveries, individuals, organizations and nations that are advocates of violence are (each) carrying out actions guided by (*lit.* with) a medieval mentality in order to move our age in a backward/outdated direction.

Meanwhile in America, which has made [very] definite decisions against terrorism, contradictions are becoming evident/showing themselves in regard to this matter. We previously wrote:

"When it is a matter of Armenian terrorism, the press and broadcast media do not show the same sensitivity."

In the same way this claim of ours was corroborated on the date of 24 April (*lit.* that we passed). The Armenians, while conducting demonstrations in various places of America except for Chicago, shouted slogans encouraging Armenian terrorism. And [yet] at this time, when America has adopted a definite stand against terrorism, not a single American press or broadcast organ criticized the demonstrations that took place (*lit.* were made).

If demonstrations of this kind were conducted against another country the situation presumably would have been different. In addition, at the most fiery demonstration that they conducted, the Armenians made use of the Governor of California as [their] speaker. George Dekmejian, of Armenian origin and the Governor of California, had the flags in Los Angeles lowered to half-mast, and in a speech that he made in a theater in San Francisco, he showered insults on Turkey and the Turks. And to boot, viewing himself not as the Governor of California, but as an Armenian leader...

Turks living in California are making it known that with the election of George Dekmejian the Armenians look on California as an Armenian state. In addition, this Dekmejian is of Reagan's party and a close friend of the President. Presumably emboldened by this (*lit.* with this boldness), he is proclaiming the 24th of April in California as Armenian genocide day/a day [in memory] of the genocide of the Armenians.

SECTION 2

The Armenian terrorists, who in the recent past killed Consul-General Kemal Arikan in Los Angeles, committed the murder at (*lit.* as a result of) the instigation of certain people, [acting] as Dekmejian is doing [now]. At this time when Turkey has good relations with America, it must be interesting /a matter of interest [to note] that an American governor engages in activities that lend encouragement to terrorism, as he declares war on Turkey, and at this [very] same time, so be it, these actions meet no criticism in America. Today a Turkish community of three hundred thousand people are living in America.

In America Turks are making contributions to this country's technology, space science, medical science and business [activities]. The Turkish community in America, viewed from whatever point of view, is ninety-nine percent successful in comparison with other ethnic groups. Turkey, in the region where it is located, is in the position [of being] insurance for America. Trade relations between America and Turkey are on a high level/of major dimensions. While our relations with America are in this state, the fact that the Governor of California is engaged in activities harmful to Turkish-American friendship is not at all something (*lit.* an event/incident) that will be greeted with pleasure. An American friend of mine in Los Angeles with whom I discussed this matter, told me the following by telephone:

"We elected Dekmejian because we found him [to be] intelligent. But [any] rational American/American with a brain in his head does not welcome gladly the actions he has taken recently against Turkey. If he continues like this he may be harmed in the coming elections."

Foreigners who have settled in America, in special reports/interviews conducted with them from time to time on television, have always mentioned the fact that America is the land of opportunities. And it really is (like that).

If you get the opportunity you will become rich instantaneously and achieve fame. If like Dekmejian you get your chance and get your hands on a governorship, [then] this is the chance! Do what you are able to do. Because if the American once awakens/becomes aware of what is going on, he never again gives [one] this chance.

SELECTION TWENTY-TWO

SECTION 1

COMMENT

TURKEY AND NATO

Professor Fahir ARMAOGLU

For years one voice has been reaching us from NATO circles saying: "Turkey is the bulwark/ fortress of NATO." Every American, [be he] official or unofficial, when he comes to Turkey he immediately declares that Turkey is our most "powerful" ally, and these words that make our breasts swell (!), and that produce the effect of music in our ears, appear on the first pages of our newspapers.

However, when we bring forward [for consideration] the actual figures, one's eyes are opened wide. In these figures you get an idea (*lit.* see the mirror) about both the bulwark of NATO and our [actual] strength. All the government administrations that have come and gone and all the authorities, since they knew the situation, have for years tried to explain our distress to NATO on the one hand, and to our friend America on the other. In looking at the past course of these efforts we note sadly that we barely made any progress (*lit.* we only covered a very short distance/a barely's length). Because it was necessary, if the phrase is permissible, to put up a pitched battle [just] to be able to get a few arms (*lit.* three pieces arms/armament) from our allies. The situation is still this way.

SECTION 2

A report on the status of Turkish defense was prepared by a French representative for submission to the political commission of an organization called the North Atlantic Assembly, [an organization] composed of representatives of the nations of NATO. [The report] which appeared in yesterday's Tercüman, is, we think/imagine, in its nature something that will further darken the pessimistic picture which we have sketched above. Since this report was given broad coverage in our newspaper of yesterday, we will not repeat the details of it [here]. However, it is useful to make known the truth that the report brings to light/puts forward. According to it, except for the regions of the Bosphorus (*lit.* Istanbul) and the Dardanelles, the defensive [position] of the other regions of Turkey is very weak/inadequate. And above all, as for Eastern Anatolia, where our friend America has thought of nothing other than setting up a radio station and acquiring a military facility aimed at the Persian Gulf, from a defense point of view [the region] is in the highest degree weak in the face of a Soviet force of 20 divisions reinforced by 4300 tanks and 4800 [big] guns.

SECTION 3

In particular, in response to requests by Turkey for military aid, there is the same old thing repeated by our American friends: "Sir, we are giving you close to one billion dollars in aid." (Somehow this figure very definitely cannot be one billion.) "This amount is very close to the aid that we have given Egypt."

Now let us get down to business (*lit.* putting our hat in front of us) and consider: What is Egypt's situation? Egypt's entire unique feature is that it has made peace with Israel, and that it has opened its gates to an American rapid deployment force. Beyond this, from a strategic point of view, it cannot be compared in the slightest way with Turkey. Today, from the point of NATO's [very] existence and security, the two countries having the greatest strategic importance are West Germany and Turkey. From this point of view Turkey is really in the position of [being] a "bulwark." But all the same, from the point of view of arms/armaments, Turkey's position is entirely inadequate (*lit.* in the nature of a drop in the ocean/an ear on the camel).

In the report it is revealed that during the negotiations of the Defense and Economic Cooperation Agreement (DECA), the Turkish Government requested a concession from America on behalf of the textile industry, so that we have read this part of the report with a very unhappy feeling. Since we have written a great deal about the matter in this column, we will not repeat [what we said].

Turkey should give up (*lit.* withdraw itself from) being "Mr. Nice Guy".

SELECTION TWENTY-THREE

SECTION 1

COMMENT

BULGARIA AND THE SOVIETS

Professor Fahir ARMAOGLU

The reactions arising from the genocide that Bulgaria has inflicted on a million of our compatriots, while having an increasingly infuriating/hardening [effect] on Turkish public opinion, because of the nearness of the visit which Prime Minister Ozal is going to make to Soviet Russia, a number of views are being put forth regarding the ability of the Soviets to resolve the Bulgarian matter/issue.

At first sight it cannot be denied that there is logic in these views. Because the Bulgarians have been the most loyal puppets of Russia during the time of the Tsars and of Soviet communism now. Today, among the socialist nations, Bulgaria is the only one that follows to the letter the instructions from Moscow, and that is even ruled directly by Moscow. This being so, it seems logical to have the conviction that with one order from Moscow everything could be changed.

But for those who are able to view the situation in an objective way, it is really not this way at all. The most striking example of this is "Bizim Radyo" (Our Radio) which for years has been vomiting out slander against Turkey, and which, with its broadcasts, directs Turkish communists. No Turkish government, despite all (their) efforts, has been (able to be) successful in silencing this station that broadcasts from East Germany. Since we have not had diplomatic relations with East Germany until recently, Turkish governments have always taken the initiative with Moscow in order to have the broadcasts of this radio station discontinued, and on each occasion they received the answer, "East Germany is an independent state, we cannot interfere." Actually this word "independence" in the hands of the Soviets is (a means for) a pretext. Because [by acting] in this way they are with ease making use of these broadcasts by socialist nations, but [at the same time] by promoting the concept of "independence" they are deliberately avoiding any sort of interference. Consequently, what they will say about Bulgaria will be the same thing [as occurred in other cases].

SECTION 2

This is one side of the coin (*lit.* this situation is one face of the medallion). The other side, particularly in the matter of Bulgaria, is the fact that the possibilities for the Soviet Union to intervene are very great/extensive. That is to say that if they so wish, they can immediately make Bulgaria abandon this genocide that it has been carrying out. But for this it is necessary to grant a concession, and a very substantial concession, to the Soviets. In important situations like this, if the Soviets do not get a substantial concession, they don't even lift a finger (*lit.* move their fingers [to do what is needed]). The fact remains that the disappearance of a major Turkish presence in the Balkans suits the Soviet interest/purpose.

What concessions can Turkey grant to Soviet Russia or, with [Russia] as an intermediary, to Bulgaria? Even if we set aside the foreign policy of the present (*lit.* today's) government, which relies/leans too much on America, the possibility for such a concession is not available to (*lit.* is not present in the hand of) Prime Minister Ozal. Unless there should be (made) a very radical change in foreign policy that would be pleasing to the Soviets. Even if we do not approve of the present-day foreign policy of the government, we see very well also the dangers that such a radical change would create for Turkey.

One should not forget that the problem of our compatriots is mainly a trump card in Moscow's hand, rather than in Bulgaria's [hand, for use] against Turkey. And the price of this trump card is too expensive for us to pay. For this reason let us not be taken in/deceived by the illusion (saying) that Moscow will resolve the Bulgarian matter. Let us consider/look to using other possibilities/options that are at our disposal (*lit.* in our hand).

SELECTION TWENTY-FOUR

SECTION 1

THE MONEY TO PAY

Cahit DUZEL

The foreign trade figures for the first three months of this year do not appear to be very heartening. In comparison with the same period of last year, the difference between what we sold abroad and what we purchased from abroad has increased by half/by fifty-percent.

When we take a cursory glance (*lit.* look roughly) at the figures published by the State Institute of Statistics along with its "provisional" record, the picture which appears for the three-month period [is] as follows:

Exports: 1.872 billion dollars... In comparison with last year this showed a very trifling increase (five percent). If account is taken of the loss of value of the dollar this year with respect to other currencies, for example if it is compared with the German mark, it is actually possible to speak even of a real decrease.

Imports: 2.811 billion dollars... In comparison with the same period last year, this showed a tremendous increase/a complete explosion (seventeen percent).Furthermore, a rapid increase such as this was experienced despite the fifty-percent fall/drop by half in the prices of crude oil which constitutes an important part of our imports.

As a result, despite the decrease in the oil bill, the foreign trade deficit jumped from 655 million dollars to 928 million dollars. If we had paid last year's price for the oil, presumably/in all probability it would have been necessary to add up to 150 million dollars more to this figure.

In that case, what is the source of this abnormal development? There has been (*lit.* is) an increase in the import of raw materials other than oil. This is a development which indicates/points up an increase in economic development, particularly in industrial production, within the nation. But this item alone is not sufficient to explain the explosion in imports. Because the foreign/exchange currency we spent for consumers goods, rising from 253 million to 284 million dollars, has increased by twelve percent, but this increase also remained below the average.

SECTION 2

The reason why imports, and because of them the foreign [trade] deficit, have shot up like this lies with the major import group, that is capital goods, which is remaining behind. The foreign exchange paid into this category of goods soared to 702 million dollars, with an unprecedented difference of seventy-percent compared with last year. If this figure is examined [it becomes clear that] there is a tremendous surge of investment in the country. But what sort of investment is this investment? Who is making this investment and why?

Is it possible that the private sector initiated a run of investments in an atmosphere in which interest [rates] were moving at such high levels as this? We know that the answer is "no." In that case, the demand for these capital goods has its origin in the public sector. As for an answer to the question "what sort of an investment?", it is necessary more [than likely] to seek it in the infrastructure projects. That is to say, infrastructure expenditures being incurred on behalf of the government, some state enterprises, and most importantly of all, the municipalities, constitute the basic reason for the explosion/sudden increase in imports.

We are not opposed to developments in this area in an economy such as [that of] Turkey, in which the infrastructure has lagged far behind. It is sufficient that the financing of the investment be made in a proper manner. Since it is an investment on which profits can be obtained only after long years, the infrastructure makes it necessary that financing be carried out preferably with domestic savings, and in the event that a loan is obtained from abroad, by long-term credits.

If, [at a time] when there is no increase in exports, we cause a sharp rise in imports by means of a short-term foreign loan, it means that we will pay the bill for this in its entirety after a short period of time.

SELECTION TWENTY-FIVE

SECTION 1

THE ISSUE OF TURKS LIVING OUTSIDE OF THE TURKISH REPUBLIC

Professor Doctor Mehmet SARAY

We are striving today in our schools and in our universities to instruct and teach our young people about the Ottoman period of Turkish history. We accept this as a most natural right and duty. But to the younger generations we are neither giving any information about the descendants of the people who had the misfortune to remain outside of the border of the Turkish Republic that was established after the fall of the Ottoman Empire, nor are we, as a state and a people, concerning ourselves at all about the happiness and well-being of those individuals. World history records no [cases of] a state and a people that remains so indifferent and uninterested in people who are related to one's own people.

It is certain that the Turkish Republic of today bears a great deal of material and spiritual responsibility for the happiness and prosperity of Turkish communities remaining outside of its borders. The Turkish people who have founded and who give life to this state are under obligation in one way or another to carry out their responsibilities.

What We Must Do

The families of very many people living in Turkey, including the writer of these lines, could very well have been among the ones (*lit.* the families of people) who remained outside of the present-day national borders. As the result of a quirk of fate and the course of events taking place in the first quarter of the twentieth century, they and not we have remained outside of the present-day national borders. Among our inescapable duties are, to the extent that it is possible, to concern ourself with the troubles/difficulties of these compatriots of ours who today live in neighboring countries like Bulgaria, Rumania, Yugoslavia, Greece, the [Aegean] Islands, Syria, and Iraq, and whose number exceeds four million, and to make sure that they live (*lit.* assure their living) as good citizens of those countries, without [however] infringing on their self-respect and honor [as] Turks and Muslims.

SECTION 2

It is possible for us to least to develop cultural relations as well as economic and trade relations with those countries in which our compatriots live, and to become helpers in such matters as the language, the religion, the traditions, etc., of our compatriots, [all] within the framework of good-neighborly relations, and the principles of the United Nations and the Universal Proclamation of Human Rights. To do this is the most natural right and duty of the Turkish nation that founded and that gives life to the Turkish Republic. The understanding/interpreting of a policy such as this as interfering in the internal affairs of a country is in no way possible. Furthermore, every state conducts this kind of policy in a manner which conforms with international law. Why shouldn't Turkey do what every [other] states does?

To Preserve/Keep Alive Our National Existence

What has been mentioned so far includes matters for which Turkey and the Turkish people bear responsibility in the highest degree, and which, most certainly in one way or another require implementation (*lit.* matters whose bringing into place/carrying out is necessary). There also exists a moral responsibility that an independent Turkish nations bears for the Turkish communities living today in Soviet Russia, China, Iran, and Afghanistan, who exceed 100 million, and [who] are both fellow nationals and coreligionists. As was stated above, Turkey can carry out this responsibility within the framework of international law by developing cultural relations with the countries concerned, and by helping to defend (*lit.* being a helper in the defense) the material and moral existence of Turks living in those areas.

With Turkey carrying out this responsibility that falls on it, every Turk, wherever he may live, will (if it be) to some extent attain the possibility of living with the pride and honor of being a member of the Turkish nation/people. The self-confidence and consciousness of being a Turk that this will bring about, and the potentialities that the groups possessing this consciousness will bring into play, will form [such] a great deterrent force against (*lit.* for) anyone who is an enemy of the Turkish world that...; this will protect our people from a variety of unforseen dangers/calamities. Furthermore, when it comes to representing the widespread Turkish world, Turkey, while remaining within its [own] frontiers, will possess the possibility of maintaining its special characteristic of being a state [that is] always effective in world politics.

SECTION 3

In short, Turkish strength will consist not only of the Turks that settled in Anatolia and Thrace, but with the material and moral backing/support of Turkish communities that share the same culture, and that are spread over the continents of Asia and Europe, it will present an even more powerful picture. The cultural activities of Turkey aimed at/directed toward the Turkish communities remaining outside our national boundaries will show that they [the Turkish communities] are not a race that takes refuge among the Christians of the Balkans, Eastern Europe and Russia, nor do they get lost in/disappear among the Muslim countries of Asia, but on the contrary, they are each one of them communities that preserve/keep alive and defend their national existence/identity in every place in the world.

Making up for Past Neglects

Today in very many countries of the world extensive and serious research is being conducted on the history and culture of Turks living outside of the borders of Turkey. But how sad it is that Turkey, which should be the center for this type of research, (*lit.* its being the center of this type of research being necessary), has unfortunately remained very far behind in this field/sphere of activity, despite the order/command of Ataturk.

As was pointed out at the beginning of one series of articles, the great Ataturk, while issuing directives on research on Turkish history [to be undertaken] shortly, stated that the center of this research was to be Turkistan. Today nearly a hundred million people live in Turkistan. Ataturk founded the Turkish Historical Society for conducting studies of this type/sort. It is very significant that, despite the wishes of Ataturk, the Turkish Historical Society has produced no publications at all relating to the Turks of Turkistan who constitute ninety percent of the Turks now [living] abroad. However, the money sent to Ataturk by the Turks of Turkistan, Afghanistan and India (Pakistan) during the years of the National Struggle constitutes/represents the principal funding of the society. Would it have been a great mistake to earmark/allocate a part of that money for research on the history and culture of the Turks of Turkistan?

On the contrary, a great example of appreciation and loyalty would have been given. As soon as the history and culture of these unfortunate people (who form a part of our own national history and culture) came to light as a result of (*lit.* with) this type of research, then this nation would see and understand to what degree they [the Turkistan Turks] have been misrepresented by foreigners. If Turkey continues not to concern itself with our compatriots and fellow religionists who live today outside of our national borders, it will be blamed for the historic consequences, so that [coming] generations will arise one day who will ask us for an explanation/accounting for these consequences. Henceforth Turkey and the Turkish people are under obligation to avoid being the only country and people in the world that does not look after/serve as a protector of their own people

Our purpose is not to accuse this or that person or organization. Our whole aim is to bring forward the facts and to help (*lit.* be helpers) in the correction of errors that have been committed. We fully believe (*lit.* our faith is complete) that those concerned with the matter will show the magnanimity to turn away soon from [this] erroneous path.

Despite all the defects/deficiencies that have been pointed out, time has not yet passed/run out for Turkey and for those who direct Turkish cultural policy. And when new specialists to be trained are added to the [already] existing specialists, and when they are given full authority and responsibility, it will certainly be possible within a short period to make up for the neglect of the past. The beauty of the result that occurs will make us all happy.

SELECTION TWENTY-SIX

SECTION 1

NEWS

You Can Walk Around Forever in the Museum City That Walt Disney Created

TURKISH SHIRTS IN DISNEYLAND

At the door of the Hilton Hotel in Los Angeles Cuneyt Koryurek, Lufthansa's Official in Charge of Relations with the Press and the Public Relations Chief declared that, "They say that Disneyland is for children, but never mind. As soon as you see what adults/big babies do there you will be surprised."

I was not surprised. Because I too being one of the "big babies", was only able with difficulty to leave "Wonderland" in the evening, after having entered it in the morning. If our return to Turkey was not on the following day, I would have liked to experience this miracle of Walt Disney several days more.

It Is Astounding

Disneyland attracts the largest part of the tourist income for Los Angeles, America. From the moment you set foot in Disneyland (where one visits for about thirty-seven dollars per person), you don't put your hand in your purse a second time. Steam trains, submarines, boats/skiffs, motorboats, rafts, monorail trains, movies are all free.

Inside your only expenses are [for] food, drink and the (available) souvenirs of Walt Disney's creatures/characters, one more delightful that the other.

From spoons to dolls, from tee shirts to shoes, and masks, every day tourists clean Disneyland bare.

SECTION 2

Imagine the equivalent of almost a hundred of our Youth Parks in Ankara, and there you have Disneyland. There is nothing at all lacking in Disneyland which opened its gates on the 17th of July, 1955. It is divided into seven main divisions.

In "Adventure Land" you see life in the wild forests, a Swiss family, tropical birds, flowers, foxes. When you come from there to "New Orleans" square a jazz music group composed of five Black [musicians] welcomes you.

You experience the savage and cruel life styles of the ferocious pirates of the Caribbean, [moving] in the water with unbelievable beauty on boat-trains. Everything actually [consists of] manikins, a play of light... But all the parts of the pirates, the roosters and the bats are controlled by a computer. They have such harmonious and lifelike movements that you almost talk [to them].

Bear Land

After [waiting in] long lines you can board the Disney railroad train and go to "Bear Land." From Davy Crockett's canoes to the bears there are attractions/amusements, one more beautiful than the other.

In the stores selling gifts in each of the "lands", we saw "made in Turkey" tee shirts in great abundance. The fact that the most beautiful safari outfits were "made in Turkey" made our breasts swell with pride.

SECTION 3

Artificial Trees

Another interesting feature of Disneyland is that all the trees and plants are not real, they are made of plastic. Because of the nuisance of cleaning up the falling leave due to the [change of] seasons, they have found that adopting such a system is correct. If one of the directors had not said so, it would have been impossible for us to know about this .

Now the time has come to go to the "Wild West." River boats await you for a musical excursion. What do you say about a tour around Tom Sawyer Island in the boat Columbia? If you like you can go on the steamboat Mark Twain to the "Golden Horseshoe Revue." Or it is possible for you to go racing with small canoes. If is as if you are on the banks of the great Mississippi and are enjoying/experiencing this multicolored world.

And facing you there is "the World of Tomorrow." Here is the region that the children and adults who visit Disneyland like most and do not go away from. From a 360-degree movie screen to three-dimensional displays, from rocket jets to utopian sport cars [that] you can ride on. If you wish on a submarine. Mini submarines [each] carrying twenty people conduct visitors around with theatrical effects just as if [they were] under the sea. From small portholes we viewed with admiration fish, pearls, jellyfish, even though they were all artificial.

Fairy Tale Heroes

"In Fantasy Land" is another world. From "Sleeping Beauty" to "Pinocchio", from the "Flying Elephant" to Mickey Mouse, and Peter Pan, all the fairy tale heroes are waiting for the children with open arms.

SECTION 4

Once you raise your head the famous Matterhorn in the Swiss Alps faces you in all its majesty. And on it two mountain climbers are giving a performance.

It has almost become evening. In that case let us ride all together on the brightly shinning carriages drawn by Belgian horses, and go out to "USA Main Street," and take a rest at one of the cafeterias there. Either ice cream, or diet cola, or if you wish decaffeinated coffee.

When we asked one of the directors of Disneyland, this is the answer we received" "Up to today about 500 million people have visited/seen Disneyland. It is impossible to tour this place in one day. Further, what mysterious, what entertaining places there are on 6,250 acres (*lit.* 25,000 dönüm) of land! We give out season tickets either for a year or six months. Take it, and visit wherever you wish. Afterwards, do not stay in the hotels in the city. We have three gigantic hotels here. You go out in the morning, and return to your hotel in the evening."

You can talk forever about Disneyland which opens its gates at 8:30 in the morning, and closes them at 2200 at night.

How Will It Be With Us?

After leaving there one thing only stuck in my mind. I wish he could hear this (*lit.* may his ears ring). Our congenial mayor Bedrettin Dalan said that, "I will build a Disneyland in Istanbul." I wonder if Mr. Dalan has seen Disneyland in Los Angeles.

When we landed at Frankfurt Airport after a nonstop flight from Los Angeles of about eleven hours in Lufthansa's giant Boeing 'Jumbo' 747, Germany seemed like a "small town" to us. So then I was on to Istanbul... There is a ten-hour time difference between Los Angeles and Istanbul.

Next to us America is very large, very broad/expansive... Be that as it may ... But we have our humanity, our warmth, our friendliness, our laid-back attitude, our unconcern, our terrifying airline hostesses, our dirty streets, our telephones that don't work or...

At least we could know the value of our humanity, our people...

END

SELECTION TWENTY-SEVEN

SECTION 1

LET'S DO THE LOBBYING HERE!

Sami KOHEN

In the last weeks the flow of "important visitors" to Istanbul has increased considerably. Famous artists, businessmen, scientists and, just last week, members of European parliaments and American congressional members, have followed one after another.

Most of these people state frankly that "they have just discovered Turkey," and that the things that they have seen and heard surpassed by far the predictions and expectations [they had] before coming to our country.

For example, a member of Congress who is rather influential in the U.S. House of Representatives and who is also closely concerned with/interested in world problems, said in the course of our conversation, "Let me confess that, up to the moment I set foot in Istanbul, I had no idea at all about Turkey. To be frank, for me Turkey, Iran and Arabia were all the same (*lit.* one). Now I have understood that this is not so, that Turkey is a modern, Western country."

We heard words similar to this too from members of European parliaments. While one Spanish politician said that "in order to understand Turkey it is necessary to see Turkey," a Frenchman also spoke to the effect (*lit.* in the manner) that "The image of Turkey in Strasbourg is quite different from the actual scene (*lit.* face; aspect) here."

The conclusion that we have drawn from these conversations/discussions of ours is as follows:

The best way to lobby for Turkey in "influential circles" in the United States or Europe is to bring their prominent figures/leaders to our country.

In other words (*lit.* with another way of speaking), it is to carry on "lobbying" activity, at least partially, here instead of in Washington or Strasbourg or Brussels.

SECTION 2

Turkish diplomats in Washington or "lobbyists" hired by the government meet with a member of Congress for a half hour, or at most forty-five minutes, and convey to him Ankara's official view/position. For a politician this meeting is only one of the conversations he has had that day with a dozen (or more) individuals. Perhaps the next day he will forget the things he has heard at this meeting.

However, a member of parliament or congressman who comes here is in a relaxed state/comfortable, his head is not preoccupied/busy with other things, he is suitably disposed to talk with every type of person, to have discussions and to learn. In addition, as he actively tours and wanders about the places here he will see what he has been able to see in the brochures (if indeed he has been able to see a brochure). As a lady working in the Council of Europe said, "Minds/heads that are empty about Turkey when they come here, are full on returning, and besides full in a positive way."

But, you will say, does Turkey have the capacity/ability to invite a large number of people?

Yes, it does (*lit.* it is sufficient). Let us not forget that even abroad lobbying is not done without expense. We are not saying that lobbying in foreign countries (which in general is still not being done to a sufficient degree) should be curtailed, and that with that money a number of people should be brought here. But we believe this, that if the state, wishing to do more things in the matter of lobbying, would make expenditures in this direction, this would be a very good investment, and it would be possible to obtain a solid (*lit.* perfect, complete) return on the money expended.

SECTION 3

There remains the fact that in this matter many private organizations can also be involved.

In the most recent times organizations like SISAV (The Political, Economic and Social Research Foundation) and TUSIAD (Turkish Industrialists' and Businessmen's Association) and the "Turkish Foreign Policy Institute" have given a beautiful/fine example by bringing in important individuals from abroad and by arranging for seminars or conferences. We are sure that many associations, many cultural and social organizations like these - if they comprehend how productive and effective this method is - will gladly play host to foreigners (from abroad) who have a value for Turkey. And again we are sure that for such an "auspicious/advantageous work" many of our businessmen will not hold back/refrain from opening their purses (*lit.* opening the mouth of the purse).

This different approach to lobbying is not a new discovery. As a matter of fact many countries, including some of our neighbors, have been using (*lit.* doing) this. For example, the system applied by Greece for years has been to extend invitations immediately after the elections to those new (entering) members of Congress who can be of use [to them]. Israel and Egypt also are among the countries that continually bring in various committees from the United States and Europe.

One advantage of Greece's lobbying in the United States is that, to the extent that voters of Greek descent are numerically significant (*lit.* swollen), they have the possibility of constantly influencing members of Congress or administration officials through their well-known individuals, associations, and church. The newly formed Turkish lobby in Washington does not have such broad possibilities. In that case wouldn't it be more suitable to carry on the work of lobbying, even if partially, in Istanbul or Ankara rather than in Washington, Bonn or Paris, where a half-hour conversation with an official can only be had with difficulty.

It is both more effective and - believe it - cheaper!

SELECTION TWENTY-EIGHT

SECTION 1

TODAY

IS SECULARISM A MATTER FOR CONFLICT?

Mehmet BARLEY

Without finding a solution to the unending state of dissatisfaction of the Turkish intellectual, it is difficult to the point of being impossible to bring a multiparty democratic system to the state of being a stable regime.

Democracy produces regimes in which the majority, which has come in through elections, is all-powerful/dominant. From this point of view freedoms and democracy are both dependent on one another and also antithetical/contradictory to one another. A democratic regime that brings about the dominance of the majority puts a limit on the freedom of individuals and those who are in the minority... In democratic regimes based on the preeminence of law, all rights and freedoms are protected. Meanwhile, the right to be able to become the majority in future elections is always recognized for those who hold the views of the minority.

However, in the world of ideas of the Turkish intellectual, it is very difficult for this type of democracy to reach a stable state.

First of all, in the view of the Turkish intellectual, the governments that are acceptable are not those that represent the majority, but those that are close to his own opinion/views. From this point of view, in our experimentation with democracy for over a century, we have been witnesses to the fact that [those holding] the views of the minority have always accused the regimes based on majority [rule] of not being legitimate.

Secondly, the Turkish intellectual has not been able to bring into concrete form either his political or economic expectations.

Let us remember the criticism directed by the intelligentsia/the intellectuals against various governments since the 1950's.

SECTION 2

In Turkey, which does not have its own source of oil, the entrance of foreign capital has been blocked by the slogan "domestic oil."

In the first stages of the efforts at industrialization, those making this effort were accused of being (*lit.* in the manner of) an "assembly industry." But now with the assertion that, "the domestic market is being given away to foreigners," opposition is being directed against this domestic industry, which is reaching a level of importance, and against [the notion of] quality and price competition, that is desired to be introduced by means of imports.

Recent abstract criticism has also intensified to the effect that the Ozal Government wishes to Arabize Turkey and cut [it] off from Europe. But (look) now we see that immediately following/the day after the program for the economic restructuring of Turkey, the most serious steps were initiated for membership in the Common Market.

We have to say that there are indications that a very important subject, that is the principle of secularism, is being distorted and that it will be put on the agenda for discussion. We do not believe that making the religious beliefs [that exist] in society the subject of harsh and divisive debate, [and] in an atmosphere of daily political quarrels and dissatisfactions, will make a contribution either to the nation or to democracy. From this point of view it is absolutely essential that the government bureaucracy especially avoid sowing the seeds of discord in society, in a manner going beyond politics, either by taking a position against religious beliefs, or on the side of certain religious believers.

Our wish is that democracy take root not in spite of the dissatisfied intellectuals, but (also) with the support of the intellectuals. But so far this has not happened.

SELECTION TWENTY-NINE

SECTION 1

FROM METIN TOKER'S NOTEBOOK

"CYPRUS IS DEAR TO US"

Metin TOKER

Could the Cyprus issue have been analyzed differently at the beginning of the 1950's? I don't know. The beginning of the 1950's was the time that the British made the decision to abandon the island and began to plan its implementation.

I had the opportunity to follow this development from close at hand. At that time I was a "correspondent for Western Europe" in Paris, and the issue came up/surfaced in the General Assembly of the United Nations meeting in the French capital.

Turkey and Greece were continuing to live through/experience the honeymoon which had been begun in the era of Ataturk and Venizelos. Greece had the misfortune of being involved in the blood and fire of World War Two, but on the other hand received the Aegean islands. Thanks to the foresight, even genius, of Inonu, Turkey remained distant from this catastrophe. The Turks rushed to the material aid of their "Greek brothers" to the extent that they could afford, and although they themselves were also in straitened circumstances, they sent food to them, they sent clothing to them.

After the war when the allies, that is the Anglo-Saxons, were able to save Greece, unlike the other Balkan countries, from the clutches of communism, they began to view Turkey and this neighbor of it as (*lit.* with the eye of) "twins." In developments [such as] the Truman Doctrine, Marshall aid, and the Council of Europe, the name of the two states always appear together.

At the beginning of the 1950's, which I referred to, the Democratic Party was in power in Turkey, and the Foreign Minister was Professor Fuat Koprulu. Cyprus had begun to boil up/become a hot spot. The Greek majority was copying the method applied by the Jews in Palestine, that is terrorism, in order to make the British (whose abandonment of the island had become definite) be more rapid in giving up the land.

The word "enosis" [union] was brought into currency. The political aspect of the issue was to be opened up with the submission of the matter to the United Nations by Greece.

The official position/thesis of Turkey, put to sleep by/beguiled by Greece, was "For us there is no such problem as Cyprus." The fact that the British would depart was not being very [seriously] reckoned on. No thought at all was being given to the fact that, while Turkey was put into a state of sleep, Greece was moving toward/was in pursuit of the seizure of Cyprus.

SECTION 2

As was the case for every Turk at every time and at every place, during the days of being a correspondent for Western Europe in Paris also, my closest professional colleagues were Greek journalists. We chased down the news together, we gave each others clues and support. Toward the end of the session of the General Assembly, they informed me that Greece would take the matter of Cyprus to the United Nations, and would put forth its own candidacy for a new protectorship over the island. I conveyed this to Koprulu. He said that he did not consider it likely. Would the Greeks ever do such a thing without informing us?

In Turkey Sedat Semavi began a campaign in [the newspaper] Hurriyet [to show] that the Turks had a right to Cyprus. The Democratic Party was not pleased with this. Koprulu was of the opinion that this would lead to trouble.

What was it about Cyprus that ...? Perhaps in the Greek Government also there were people who thought like this. But the Cyprus issue is a witness and an illustration/an example of what will result (*lit.* to what state it will come) if nations pursue a claim, and if the parties do not reach an agreement on a reasonable/logical and just solution of that matter.

Thirty five years later (*lit.* from those days) Turkish Prime Minister Turgut Ozal is [now] on the island as the first head of the government of the republic officially visiting Cyprus. This visit is being conducted under conditions [that are] critical in the highest degree. On the one hand, outside of the island, on an international platform, and on the other hand, inside [of the island] there are opposing/contradictory but important positions being taken on the internal policy of this independent state. Future developments (*lit.* developments ahead of us) will surely be influenced by this visit. From the Turkish point of view the visit should emphasize certain particulars/matters. Just as Turkey itself has recognized without reservation the status of the independent state of the Turkish Republic of Northern Cyprus, it is surely initiating diplomatic representation for its recognition by its [Turkey's] friends and allies, including in the first place, the Muslim world. This republic is ready and willing to become federated part of a federal state. The Turkish side accepts the plans of the Secretary General of the United Nations [which are] on such a basis [and which provide] for this. But one cannot wait forever for a federal state. If the Greek side again does not agree to the conference that the Secretary General of the United Nations has made a final effort to initiate, [and] which is a way that would open the path for this, then everyone, including England and America, ought to proclaim openly their obligation to accept the Turkish Republic of Northern Cyprus as it is, [and this] in view of the fact that it will not be possible for it to become a federated part of a federal state that it not being made into a reality.

The Cyprus trip is an event perhaps that makes it an absolute necessity that Prime Minister Ozal, in contrast to his other trips, puts in a performance as a real statesman;[an event] that will not tolerate the usual excessive familiarity, bungling and frivolity [of the type] that took place (*lit.* that was experienced) on the last [trip] at the Bucharest metro.

The eyes of Turkey are on Prime Minister Ozal.

SELECTION THIRTY

SECTION 1

THE CORNER

WE ARE DOING AN INJUSTICE TO OUR DIPLOMATS

M. Ali BIRAND

Recently we were together with some Greek diplomats. They were explaining what they thought about relations with Turkey. They are all a very young, extremely well-informed, bilingual professional group. It is evident that the former elderly group has gone, and new ones have come instead. The Foreign Ministry of Greece has renewed itself and has also changed its system. The most modern equipment has been installed (*lit.* switched on, plugged in). The "policy towards Turkey" conducted by this new group has been sounding alarm bells in Ankara, particularly in recent months. In every sphere of activity, at NATO, at the European Economic Community, in other organizations and capital cities, not a day passes that Greece does not distribute a new document/report; that it does not make a reply to a Turkish claim. Meanwhile, the point that is attracting attention [is] Athen's highly effective conducting of a disinformation campaign; when you once look at the documents being distributed, [you see that] the information given at one point is completely contrary to the facts. False information repeated over and over is beginning to be treated as if it were in effect true. Viewing this [Greek] group on the one hand, and on the other hand glancing at the problems confronting Turkey in the international arena, force one willingly or unwillingly to give thought to the state of the professional staff of the Turkish [Ministry of] Foreign Affairs.

However critical a strategic position Turkey finds itself in today, [no matter] to what extent the training of Turkish military officers is important, [and] to what degree the modernization of the army is essential/necessary, the Ministry of Foreign Affairs is also in the same situation. Beginning with the training of our diplomats [to] equipping the ministry with the instruments/equipment required by the times and the modernization of the procedures employed, [all] have become a necessity (*lit.* have come to a necessary/essential point).

From time to time we do our diplomats a great injustice. We criticize unnecessarily, we even give them duties that belong to others, and we become annoyed, saying "Why (sir) aren't they doing it?" But in the event that a comparison were made with the other ministries, [it would be found that] the staff of the Ministry of Foreign Affairs is the place where the most of "the best" are gathered together.

SECTION 2

As it is in any cross section of society (particularly in the press), among them also are found (their) good ones, (their) very good ones, and (their) very bad ones. This is also normal. In spite of this their averages are high. However, one cannot help being worried/concerned when one thinks of those who will replace these staff members in the 2000's, and when one considers the equipment being used, the methods and conditions [that prevail]. Except for several well-intentioned individuals no one is seriously facing (*lit.* bending toward) the necessity of modernizing the [Ministry of] Foreign Affairs, no one is taking the matter seriously and having a long-term study made.

A study initiated at one time/once within the Ministry is proceeding at a snail's pace (*lit.* with the speed of a tortoise). Because at the highest level a political will/commitment has not been formed on this issue. What a pity it is that the minister who has given his life to this ministry cannot induce the professional staff to proclaim a [state of] mobilization; that he cannot make the government sensitive to this issue that concerns the future of the ministry. Perhaps he is doing what he is able, but he cannot get a reaction/response from the government.

What a pity that our members of parliament also remain indifferent/unmoved. When they go to a meeting or a conference in Europe, they are not helping/providing support for the Turkish diplomats whom some of them chase after with, Oh, please! "Write me up a speech," and then on their return to Turkey, they take their [the diplomats'] views and pass them off as if they were their own observations. But isn't it they [the members of parliament] who should be most alarmed? (*lit.* Isn't it their alarm that is most necessary?).

What a pity that the highest office [the President], who is closely concerned with the problems of the society in its every aspect/sphere of activity, is not showing any sensitivity to this matter either. He is not inquiring of the Foreign Minister (saying) "What is the (*lit.* this) situation?" Because if he were to ask, we know what things Halefoglu would say. In brief, we are watching the gradual dissolution of a ministry of ours, of a professional staff of ours, [that is] of vital importance from the point of view of the future of all of us. The delegated powers at its disposal (*lit.* in its hand) are being divided up, working conditions are gradually deteriorating. The level of competence is falling.

In the 2000's we perhaps will have a powerful army [and] a very well trained officer corps. But if our men who defend our interests at conference tables or international organizations (where today the real struggle is being conducted) are incompetent/unqualified/inadequate, what will this armed might be good for? Today an international war is being conducted in the sphere/realm (*lit.* branch) of information. What a pity that we are neither aware of this war, nor are we able to prepare ourselves [for it].

SELECTION THIRTY-ONE

SECTION 1

POINT OF VIEW

FIRST DUTY OF THE LEFT

Mumtaz SOYSAL

IN these days when one statement (*lit.* word) is being very frequently made, the statement, "Let the democratic left join hands with the right, and let a new constitution be made," it may be useful to consider together what sort of collective results such a collaboration would be able to produce.

But for this it is necessary that several determinations also be made with respect to the 1982 Constitution.

It is true that this Constitution is an erroneous and bad Constitution.

The error is in the basic philosophy of the Constitution and in its general approach; the state is placed ahead of the individual, and the present Constitution exists in order to protect the state, not the individual. But the history of constitutions is a history that proves the opposite of this [to be the case].

The error in the basic philosophy and the general approach of the 1982 Constitution sometimes reveals itself even in slight changes in terminology (*lit.* terms). For example, whereas in the 1961 Constitution the effort was made to make it clear/definite that the state must be a state "based on human rights," according to the 1982 Constitution, the state is merely a state "respectful of human rights." In other words, the securing, protecting and developing of human rights do not constitute its reason for being/raison d'etre. The state exists for other things. But while striving for these other things, if on the way it is confronted with human rights, since it is "respectful" of them, it greets [them] and passes on.

In addition, this basic error is reflected in the entirety of the Constitution by a defective/bad technique and [manner] of exposition.

This being the case, the idea that "The right thing is not to make partial changes in the Constitution, but to make an all together completely new Constitution," is not be considered a mistaken idea.

But is it realistic?

SECTION 2

First, from the point of view of possible supporters of this future "partnership in the making of a completely new constitution." If all of the parties of the left join together with the Correct Way Party (Dogru Yol Partisi), under today's conditions will all the changes that they (all together) will be able to bring about in the Constitution be sufficient to change its basic character? The truth of the matter is that (*lit.* if you look at its essence) there are very few matters on which they will immediately be able to reach an agreement except for the bans placed on former politicians. The 1982 Constitution in very large measure is a Constitution that achieved what the pre-12 September "democractic right" and, more than (*lit.* before) everyone [else], the Justice Party (Adalet Partisi) and its leader wanted [achieved]. If you were to say "Let us remove all the restrictions placed on labor unions, associations [and] professional organizations," how many supporters would you find in the "democratic right" who would willingly participate/take part? How many people do you say would become enthusiastic in the direction of eliminating [constitutional] provisions that place the state ahead of the individual, that make executive action extremely difficult, and that weaken judicial control?

In short, before setting forth together with feigned enthusiasm on the path of making a completely new constitution, the thing that basically must be accomplished between the democratic right and the democratic left is to reach an agreement on the minimums of the partnership, or to be more exact, to create the [necessary] apparatus/mechanisms for this agreement.

SECTION 3

One thing further, is such a project realistic from the point of view of the broad masses of people?

It is true that the 1982 Constitution was voted on under extraordinary conditions and with extraordinary restrictions/limitations. But of that extraordinary majority what number (*lit.* amount) voted without really believing that such a Constitution was necessary or essential? Is the number as small, as we suppose today, of those who believed that the things introduced by the 1982 Constitution were things that most certainly needed to be introduced, and further who through the years were conditional by the [political] right, which now, in reference to this matter, we call "democratic."

The occurrence/presence of a "Constitutional crisis" in today's Turkey that will stir up the masses and cause them to rush (*lit.* run) excitedly and in droves to the ballot boxes, cannot be said to be very realistic.

[And this] despite the Constitution's total faultiness, its badness, in essence its conflict with the interests of the masses.

But again in today's Turkey there are concrete and vital issues in abundance, such as a balanced and rapid development, such as social justice being made a reality, such as the conquering (*lit.* defeat) of poverty and unemployment, such as the acceleration of industrial progress, such as the removal of interregional imbalances, [all of] which will stir up the masses [and] will cause them to rush excitedly and in droves to the ballot boxes.

The first duty of the left, particularly the left that declares itself (*lit.* says it is) democratic, is not to be diverted by Constitutional abstractions, [but] by forming concrete programs for these issues, to be able to drag along the masses behind itself.

Only in this way will a force come into being that will change the Constitution, and that will also be able to pressure the right in the direction of [accepting] specific changes.

SELECTION THIRTY-TWO

SECTION 1

AS THE DEVIL SAYS, "SEE"

HIDDEN ISSUES

Çetin ALTAN

It appears that our politicians are experiencing difficulties in finding new issues.

We wish to be helpful to them to the extent that we are able.

As follows:

1 Every day in Turkey an average of six million couples make love. Moreover, every twenty-four hours ten thousand women become pregnant. When the number of women who daily become pregnant from the six million couplings goes down [from] ten thousand to five thousand, [then] our growth rate will go up one point.

In the matter of reducing pregnancies are our leaders in favor of decreasing matings, or in increasing preventative [measures]?

2 It is evident that our leaders know nothing at all about the telescope models that we use in space observations, nor [do they know] about their value.

[In view of] our backwardness in this field, are they thinking about what to do in order to reach the level of the member nations of the Common Market?

a) [By] making radical advances in the optics industry?
b) [By] bringing in from abroad new ultramodern electronic telescopes?
c) [By} forming foreign partnerships [for engaging] in space observation?
d) [By] handling the situation/getting along with old discarded telescopes?

Why is it not seen as a prominent goal for our politicians to prove to humanity that the star and crescent in our flag is also to be considered as a sign/symbol of our deep interest as a society in astronomy?

SECTION 2

3 The land survey/cadastral issue is never taken up. But the number of files piled up in the courts because of the ambiguity of land boundaries is one of the great dramas of society.

No matter how great [their] success may be in demonstrating to the crowds that politicking consists of engaging in futile/useless discussions, it must not be believed that, with [their] ignorance of concrete issues, it will be possible that votes will be gathered in in great abundance.

4 There is never a divorce suit brought by village women. Why not emphasize/stress this? For example, [something] like, "itinerant village courts will be established, and a facility will be provided for village women who want to get divorced."

5 The issue of secularism, ouch... A party leader does not come out and say that if there are Turks who are Christians, he will have a church built for them.

But Fatih ("The Conqueror," Sultan Mehmet II), in order to have a church built for his non-Muslim stepmother, ordered a thousand gold pieces to be given to her from the treasury. In one respect Fatih was more secular than all of us.

6 It is not at all clear what our politicians think about our relations with the countries of Africa and Latin America. We do not know who is in favor of which policy on Chile or Costa Rica or South Africa. Isn't it a sin to imprison our record (*lit.* literature) of democracy over and over again for forty years in a few threadbare patterns/molds?

SECTION 3

7 Nobody in Turkey knows yet about a kind of "egg scissors" that will cut into and open a soft-boiled egg from the top.

Isn't it among the duties of the politicians to enable the voters to obtain such a convenience while they are eating soft-boiled eggs?

8 Since village children have not been able to play with modern toys, their progress in the schools remains limited.

And the politicians are not bringing forward any proposal at all regarding the matter of being helpful in opening toy stores in the villages. How sad...

9 Every day three hundred and fifty children die from diarrhea and respiratory ailments. From the point of view of giving expression to Turkey's grief, not even one politician is giving thought to the fact that it would be a very magnificent gesture to maintain a posture of respectful [silence] every morning at the work place for three hundred and fifty minutes, one minute for each child that has died. However, such a proposal could have caught on very well.

10 One does not meet anyone who wants an intelligence test to be administered to those engaged in politics, and its results to be made public.

Is it not dangerous/perilous to have individuals, whose level of intelligence has not been determined scientifically, rise to become authoritative in the management of society?

We must absolutely, by means of modern control measures, avoid the risk of having stupid individuals in high-level positions (*lit.* the falling of stupid ones over us/on our heads).

SELECTION THIRTY-THREE

SECTION 1

EVENTS AND PEOPLE

YES, IT IS A DANGER

Hasan PULUR

Reaction (fundamentalist) is a danger; moreover it is a danger for the Turkish people, the majority of whom are Muslims.

Why is it?

Because reaction brings both tyranny and [the use of] compulsion/force along with it.

Yet compulsion does not exist in Islam.

If there had been compulsion in Islam, if there had been tyranny in Islam, then the Ottomans, who founded the largest and most powerful Islamic empire in the world, would not have permitted a single Christian to remain in [what is] today Yugoslavia, Bulgaria, Romania, and Hungary.

Open up and read article 11 of the Constitution dated 1876:

"The religion of the Ottoman State is the Islamic religion. In line with this principle of granting protection, under the condition of not violating public order and common decency, freedom of practice for all the well-known religions in the Ottoman empire, and the continuance of former (*lit.* the flow as it was) religious privileges granted to various communities, are under the protection of the State."

SECTION 2

The article [cited] is very clear; in brief it states that the religion of the state is Islam, but other religions and creeds/systems of thought are also free.

But reaction has no tolerance even for this.

It supports only free speech for itself; everything else is forbidden, is a sin, leads to a loss of faith (*lit.* religion is lost).

Do you want an example? It begins first with dress; it says that women will cover their heads, that those who do not cover [them] are infidels/non-believers; [when] heads are covered, but again not enough, it says that heads will be covered in such and such a way; that her veil/scarf will be tied on in such and such a way; you will tie up your head as it says; another (*lit.* this) time it interferes regarding the color of the veil/scarf, and come what may, it will be such and such a color.

Because of that, reaction is tyrannical, is coercive/committed to using force.

Here is where the conflict with the principle of secularism begins.

The Ottoman State was not secular, but it was tolerant, whereas reaction does not have a trace of tolerance.

In the past there was a masjid (a small mosque without a pulpit) in the middle schools; today [there is one] in the primary schools.

Do you know what this will lead to?

To the changing of the second article of the Constitution....

The second article of the Constitution states (*lit.* writes) with finality that the state is a secular state; on 10 December, 1931, this principle became a part of (*lit.* entered) the Constitution. How is this article to be changed?

Just like any other article of the Constitution.

As a matter of fact people are saying [this] openly.

"Secularism and the Islamic religion are alien to one another," they are saying.

And they are explaining:

"Islam is a religion which takes as a basis the direction of [one's] life. That is to say that personal duties and social duties are inseparably linked together. If the mechanism of society is not formed and directed in accordance with religious criteria, [then] it is not possible for us to live that religion in its fullness in the society. ...Therefore secularism and the Islamic religion are alien to one another. Perhaps in today's society the claim that these [two] endorse one another may be the view of those individuals who wish to reach certain positions, but it is not compatible with the truth. Secularism is opposed to the intervention of religion in life. Whereas Islam claims to direct/govern life."

(Posta Gazetesi [Post Gazette], June 1986)

SECTION 3

Could the issue be stated more clearly than this?

If you ask us, we are not against this (also) being said; everyone ought to be able to state openly what he wants to.

However, those who have sworn an oath of alliegiance to the Constitution, most of all the political group in power, ought not to take (*lit.* be in) a stand that encourages and is supportive of those who hold these views.

If you say, "No, I too think like them," you come to the [Turkish Grand National] Assembly, and you change the article that establishes the state as a "secular state," and it is done/it becomes an accomplished fact.

In this country those opposed to the principle of "secularism" have always existed and always will.

But also those who think the exact opposite...

Those also who say that the Republic of Turkey is a secular state...

We are among those...

Of those who are on the side of everyone being free in his/her religion, in his/her creed, but not [on the side of] mixing religion together with the affairs of state...

Especially governing the state in accordance with religious principles...

We cannot accept this.

Recently in an article of ours we wrote that three things would remove/destroy this government...

One of them is high prices, one is rumors of corruption, and one is sectarianism, that is a movement supporting the Shari'a (religious law).

The three of them are getting out of control (*lit.* taking the bit between the teeth).

Every vote that will be given to this government in power means nothing else than giving approval to these three [things]!

Very well, what about those who are in opposition to the government?

One of them, because of the fear [of losing] a few (*lit.* three five) votes, is being very quiet; another one who for years and years has been saying, "Don't inject politics into the mosque, the barracks [and] the school," you see how he has converted the Friday religious service into the site of a mass meeting/demonstration.

SELECTION THIRTY-FOUR

SECTION 1

POINT OF VIEW

ON A TENTH OF NOVEMBER

AMERICA FOR TWENTY-FIVE BILLION

Mumtaz SOYSAL

One of Naim Tirali's finest books bears the title "America for 25 Piasters/Kurus." In one of the stories in that book, the motorboat operators from Kabatash, in order to gather customers to take on a tour around the battleship Missouri, shout, "Come on, isn't there [anybody]? America for 25 piasters." The price of a one-hour motorboat tour at that time was 25 piasters.

When the Missouri comes again after forty years, in all probability it will cost at least 250 Turkish liras to take a tour around it.

That is, a thousand times more expensive.

But the really interesting thing is this: a flirtation that began 40 years ago with 25 piasters, has created today a Turkey that has a foreign debt of 25 billion dollars.

Perhaps Turkey's greatest failure of the last half century has been, under [the influence of] the conditions of that period (*lit.* those days), not to limit (*lit.* hold) the close relationship [with America] to a military level, considered absolutely necessary from a defense point of view, [but] to infect everything - from national education to the economic system; can a Turkey be considered to be successful that, desiring to become a "Little America," like the frog in Lafontaine's fables wishing to imitate the ox, has become destabilized at least three times in forty years, and has been dragged from a political crisis to an economic crisis, from an economic crisis to a social crisis?

Please do not mention the network of highways that, "thanks to America," are covering Anatolia from one end to the other; the markets being opened to the outside world; the younger generations acquiring new skills on the other side of the Atlantic. There are societies that in forty years have succeeded in achieving much better [results] than all of these, and in a more intelligent manner.

Those things that Turkey has been successful in "thanks to America" are nothing beside what the same Turkey will be able to achieve with planned development [measures] relying on cooperative/collective and justly shared self-sacrifice. [Can a Turkey] struggling desperately under a system of transportation dependent on foreign oil sources and foreign rubber, [A Turkey] in which American influence flows from every direction - from the schools to the [motion picture] screens, [a Turkey] that has made the Middle East, Asia and Africa angry at it because in foreign policy for years and years it has followed in the steps (*lit.* wake) of America, can [such] a Turkey come out with a profit from a flirtation that began with 25 piasters/kurus?

The worst feature of the forty-year balance sheet is that the model used (*lit.* entering into it) and the network of relationships are of a rigid and narrow (*lit.* closely knit) character to the extent that they will not allow room for any other alternative.

So much so that even Turkey's main opposition [party] is now in a position that, instead of producing a different [and] fundamental solution, a fundamental alternative that will turn the system inside out, it is not able to go beyond a social democracy that is satisfied with a mangy touch-up job. The forty-year relationship persuaded Turkey with soothing words, and using (*lit.* with) its opposition [parties], its trade unionism, its university and its press, created a Turkey that is cowed, condemned to its fate, far, far removed from the spirit of the National Struggle [for Independence].

Today the response/reaction of Islam is the only response that is working profoundly on society [and] that is using to the utmost the accumulation [of feelings] in the masses against the signs/evidence in daily living of forty pears of alienation/estrangement and existence as a political satellite. With the influence of America again saying that "it is an antidote against communism," the religion, having been appealed to for help, has gone far beyond the limited and prescribed duties expected of it, and thanks to the integrity and all-embracing nature inherent in it, has begun to produce a major and radical response, including [as] targets for attack the last forty years of Americanization.

History, particularly the history of Turkish-Soviet relations, will never forgive the errors of 1945 and the shortsightedness of Stalin that threw Turkey into the embrace of America.

The way that America profited from a Turkey that had fallen into [its] embrace, the way that [America] used it, the insensitivity shown to it, and the unjust embargo too that [America] put into effect in [response] to a just case, [these] are not things that will be forgiven.

But what really will not be forgiven are Turkey's lack of awareness/consciousness and the way it surrendered itself, letting itself be taken in by a 25 piaster [piece of] witchcraft [and then] being dragged into a 25 billion dollar swamp. Thus, the national independence that we thought we had won together with Mustafa Kemal of the National Struggle, never again to lose [it], [as well as] such feelings as pride, honor, and self-confidence, were weakened to the point that they could not even last/endure until 1946, that is to say a quarter of a century.

This is perhaps the mysterious significance of arranging to have the second coming of the Missouri take place on a 10th of November, that is, the anniversary of the death of Ataturk.

SELECTION THIRTY-FIVE

SECTION 1

FROM TIME TO TIME/NOW AND THEN

THE LANGUAGE OF THE SEPHARDIC JEWS

Beki BARDAVID, Researcher

The "Sephardim" are the Jews who, escaping from Spain in 1492 from the inquisition of Isabel and Ferdinand, scattered to every part of Europe where they would be able to escape death. Dispersing to the other European countries [in groups] of 1,000 and 3,000 each, 90,000 (?) Jews settled in the Ottoman Empire, mostly in Salonika and Istanbul. To the Spanish of Spain which they spoke when they arrived the Ottoman people gave (to this language) the name "Jewish" [= Ladino] (because it was a language spoken by Jews).

These Jews, whom Beyazit II received into his country with open arms, have been living a happy and a comfortable life for 500 years, first in the Ottoman Empire and afterwards in Turkey, sometimes increasing [in number], sometimes decreasing. They brought to Ottoman lands the language they had come with in 1492 (Spanish) [and other things] including romances, madrigals (music), refranos (expressions) proverbos (proverbs), dichas (sayings), konsejas (short stories), clothing... kinds of food, together with every activity that comes to mind/that one can think of, and a sorrow-filled yearning for Spain which they had known as their motherland.

These activities, formerly [meant] to preserve their identity, gradually became Ottaminized, and later Turkicized. These cultural activities, developing with additions, subtractions, alterations and embellishments, have taken on a special character (*lit.* have become a special type/genre) coming up to today. It is possible to observe these changes very clearly in the language. After 1530, with the entry of words from Turkish, Hebrew, Italian, French, Greek and Arabic into the language, the original Spanish became altered (*lit.* broken) and turned into Judeo-Spanish or Ladino (*lit.* Jewish).

With the establishment of the *Alliance Israélite Universelle* (The Universal Israelite Alliance) in 1860, 115 French schools were founded in Turkey, and thereafter, Judeo-Spanish being the language of the "klasa basha" (lower class), French, as the language of the elite, gradually became very popular (*lit.* built a throne in the hearts). And in this way "Judeo-Spanish" took a new form: "Judeo-Franish" [= French + Spanish]... Right up to the coming of Ataturk. The new alphabet, the abandonment of the Arabic letters, the consciousness on the part of the nation to "speak Turkish, compatriot," among the Jews exposed/subjected the language to a new change: Judeo-Turkish.

SECTION 2

Today in Turkey and in every part of the world [where there are] (*lit.* with) migrations from Turkey, the number of speakers of Judeo-Spanish or Judeo-Franish or Judeo-Turkish is gradually decreasing; the young people for the most part do not speak, and the younger (*lit.* new) generations in general do not understand this language that people over forty understand well and speak well.

Today for the first time in the world a chair of Judeo-Spanish, which brings together the entire inheritance [from] Spain of Turkish Jews, has been set up by the French Government at the Sorbonne Universities. On 4 November, 1984. My wife and I, invited [to come] from Turkey for that historic day, went and experienced [the occasion] with great pride. That unforgettable day was opened by the Chief Rabbi of France, René Sirat, and Professor of Oriental/Eastern Languages, Vincent Aubrun; and Professor of Oriental/Eastern Languages Vidal Sephiha was appointed to the chair. Professor Sephiha is inviting students [to come] to the Sorbonne from every part of the world and from France with the objective of carrying on and increasing the study and research on this subject, begun years ago. Sephiha, who attaches still more importance to linguistic research, is insistently calling for/requesting in-depth studies in every branch of linguistics, especially on the part of Sephardic students who live in Turkey and know Judeo-Spanish. I have a thesis that I have begun on this subject. [To quote] from two different works of Professor Berke Vardar:" ... As for how a relationship will be able to be established between the structure of society and the sphere of ideas/conceptual realm by means of the science of words/etymology... We started out with the idea that every language and in particular every group of words is related to a state of society, and that every manner of perceiving the world/Weltanschauung is conditioned by (*lit.* is the result of) the state of a language."

Actually, for years researchers have been coming to Turkey and Salonika from everywhere, have settled down for a while, and after collecting the necessary data - in written [but] mostly oral form - return to their countries or to important Sephardic centers of the world, and write their books. One group of these centers is concentrated in the universities of Madrid, New York and Jerusalem, and one group in radio stations, and now also at the Sorbonne Universities where there is a chair [on the subject]. All these organizations have entered the race to gather in the rich and rare harvest that the Jews of Turkey and Salonika, being a colorful and lively museum of the Spain of 1492, transmitted by word of mouth (*lit.* from ear to ear), from father to son, as it remained and to the extent that it remained in [their] memories.

SECTION 3

In this way a culture/harvest originating in the Ottoman Empire in 1492, carried about for years, for centuries, at a time when the grandfathers of their grandfathers had not yet been born, [held on to] unconsciously, not as something of value, without giving thought to it, [a culture] from which profit was gained, which was transmitted by word of mouth by [successive] generations, and [then] suddenly, leaping into a position of prominence, quickly took root at the Sorbonne Universities of France, and in many other prestigious/respectable centers. And it has become a very important and contemporary subject for (*lit.* of) scientists, professors, intellectuals, researchers, sociologists, anthropologists, historians, geographers, musicians, scientists in all fields, and artists.

An agreement has been reached between Prime Minister Turgut Ozal and the Chief Rabbi of Turkey, David Asseo, regarding the 500-year [anniversary] celebration - occurring in the year 1992 - of the arrival in Ottoman lands of the Sephardic Jews from Spain.

On Wednesday, 7 November, three days after the historic day of Sunday, 4 November, 1984, I had the honor of being invited to the chair to give the first lecture on Judeo-Spanish at the Sorbonne. And the chair was given to me on that day. Because I am one of the 90,000 Jews whom Bayezit II took to his heart (*lit.* embraced)in 1492. Because in Turkey, the only country of Europe in which Hitler did not operate, the Turkish government took under its protection my life together with that of my coreligionists.

The [professorial] chair was given to me on that day because for 500 years I have been living [first] in the Ottoman Empire, and later on in Turkey. Inseparable from my beautiful Turkish language (*lit.* with my beautiful Turkish language one inside the other). I shall always bear this honor.

SELECTION THIRTY-SIX

SECTION 1

TODAY

HUNGARIAN RHAPSODY

Mehmet BARLAS

When you, our dear readers, read these lines, we, together with President Evren, will be on our way to Hungary.

As soon as Hungary is mentioned, what come to our mind?

Its population is eleven million...from an economic point of view it is the most liberal country of the Eastern Block. Since 1972 foreign equity partnerships may be established in this country with the provision that they do not exceed 49% of the shares. Besides, since 1982 Hungary has been a member of the International Monetary Fund (IMF).

In Budapest there is the famous Karl Marx University... Sadullah Mermerci, the youngest of the Mermercis (of the Akfil Textile Group), who are among the wealthy industrial families of Turkey and relatives of the Koc's, received a doctorate in economics at Karl Marx University... But Hungarian Marxists are also to some extent followers of Friedman [the American economist at the University of Chicago]. For example, in a Karl Marx University report in which it was revealed that Sadullah Mermerci's doctoral thesis had been accepted, there is a sentence to be effect that, "With this doctoral study proof is given that inflation is fired up/encouraged in closed-market economies."

Yes...when Hungary is mentioned, [what] comes to our mind are the "Ikarus" [=Icarus] brand buses, and our foreign trade in which we had a continual deficit, selling five million dollars worth of merchandise a year, and making imports amounting to 55 million dollars.

In addition, Hungary is a country that desires that respect be shown (*lit.* one's becoming respectful) to the rights of the minorities in the Balkans that live beyond [their] various borders. Hungary is the East Block nation to whom we will best be able to explain the oppressive regime being applied to the Turks in Bulgaria... In order that the people of Hungarian [ethnic] origin [living] in Romania may not have the same fate, this understanding is necessary/imperative.

SECTION 2

When Hungary is mentioned [what] comes to our mind are the lands that the Ottoman Empire entered with [the battle of] Mohacs (1526), and left with [the peace of] Karlowitz (1699). The system of land ownership for these lands/territories was regulated by the "Code of Laws of Buda," compiled/codified by Kanuni's (The Lawgiver = Suleyman I) Minister for Religious Affairs (Sheikulislam), Ebussuud Efendi. In these lands are [located] Esztergom, Szigetvar, Kanjiza and Eger, [all of] which are the subject of folk songs and epics/epic poems.

When Hungary is mentioned, we remember the novel "The Paul Street Boys" by Ferenc Molnar, which has become firmly rooted in the mind/memory of one generation. We think of Lajos Zilahy's "Two Captives," the poetry of Sandor Petofi, George Lukacs's studies on "realism." Listening to Franz Liszt's "Hungarian Rhapsody," we immediately long for the compositions of Bela Bartok and Zoltan Kodaly. Then we think of the films of the motion picture director Korda.

As journalists taking part in a presidential tour (*lit.* tour on a presidential level), we do not wish to recall Hungary's unhappy periods. We put to one side the dictatorship of Admiral Horthy who, having overthrown Bela Kun in 1920, ruled the country until 1945, as well as the Hungarian independence movement that was suppressed with Soviet tanks in 1956.

Hungary, with its fertile fields, warm-hearted people and friendly atmosphere, is a beautiful country. We are now on our way to Hungary.

PART III

GENERAL GLOSSARY

A

A.A., a.a. *abbr.* **Anadolu Ajansı** Anatolian Agency

ABD *abbr.* **Amerika Birleşik Devletleri** the United States of America

abece alphabet

abluka blockade

ablukaya almak blockade; block off

abonman subscription

acaba I wonder (whether), do you think? is it possible that?

acı pain, ache; suffering, sorrow, grief

acı bitter, harsh, brutal

acımasız pitiless, cruel, hardhearted

açı angle; *fig.* viewpoint, point of view, standpoint

açıcı *a.* opening, that opens

açığa vurmak reveal openly, bring into the open

açık *a.* open; clear; unoccupied; *n.* deficit, shortage

açık açık openly

açık vermek have/incur a deficit

açıkça openly; clearly; frankly

açıkçası to be frank, frankly speaking

açıklama *vn.* clarification; explanation; statement; announcement; disclosure

açıklamada bulunmak make a statement/announcement

açıklamak (*p.* **açıklanmak**) clarify; explain; make public, reveal

açıkta kalmak be left out in the cold, to have lost one's home or job

açış opening

açmak (*p.* **açılmak**) open, open up

ad name; title (of a book)

ad koymak (-e) name, give a name (to)

ada island

adab-ı umumiye common decency

Adalar the Aegean Islands

adalet justice

Adalet Partisi the Justice Party

adam man; human being; person, individual

adap (-bı) regular customs and observances

adaylık candidacy

adeta nearly, almost; virtually, in effect

adım step; pace

adım atmak (*p.* **atılmak**) take the first step, begin

adil just; fair

adlı named; entitled

adres address

AET *abbr.* **Avrupa Ekonomik Topluluğu** the European Economic Community

affetmek (*p.* **affedilmek**) forgive, pardon

Afgan Afghan

Afganistan Afghanistan

Afrika Africa

ağ net; network

ağaç tree

ağır heavy; slow

ağır basmak be heavy; be influential; be important/dominant

ağırlık weight; heaviness; seriousness; importance; responsibility

ağırlık vermek (-e) attach importance (to)

ağız (-ğzı) mouth

ağızdan ağıza by word of mouth

ağzından girip burnundan çıkmak (-in) cajole, get around (someone) with persuasive words

aile family

ait (-e) relating/pertaining (to); concerning; belonging (to)

ajans agency; news agency

akciğer lungs

Akdeniz the Mediterranean Sea

akıbet consequence, result; fate, destiny

akıl (-klı) intelligence; reason; mind

akıl almaz incredible, incomprehensible, unimaginable

akıl etmek think of, give thought to

akıllara durgunluk vermek be astounding, be very surprising

akıllı intelligent; wise; clever

akıllıca intelligently; wisely

akla gelmek occur to the mind, come to mind

aklı başındaki... reasonable, intelligent, who has a brain in his head

aklına takılmak (-in) stick in (one's) mind and bother (one)

akın rush; flow; stream (of people)

akın akın in crowds, in droves

akış flow, course

akis (-ksi) reflection; converse; opposite

akmak flow; come in crowds/great amounts

akraba a relative; relatives

aksine on the contrary; *as post.* contrary to, in opposition to

akşam evening

aktarmak transfer; transmit

alakalanmak (-le) be interested (in), be concerned/involved (with)

alakasız indifferent; uninterested; unconnected

alan open space; *fig.* domain/sphere/field (of activity)

alarm alarm

aldırmak mind, pay attention to

aldırmak: aldırma never mind

aldırmamak *vc.(neg.)* take no notice of, disregard

âlem world; universe

aleyh *post. with dat. and loc.* against, in opposition to

aleyhtar *a.* against, opposed; *n.* opponent

alışılmış usual, customary, habitual

alışkanlık custom, habit

alışmak (-e) get used to, become accustomed to

alkol alcohol

almak (*p.* alınmak) take; get, obtain; buy; receive

almak : kendini alamamak (-den) be unable to resist, be unable to restrain oneself from

Alman German

Almanya Germany

Almanyalı (a) German; from Germany

Alpler the Alps

alt *n.* bottom; lower part; *a.* lower

alt tabaka the lower class

altı six

altın gold; gold piece, gold coin

altında under(neath); below

altyapı foundation; infrastructure

ama but, yet, still

amaç (-cı) purpose, aim, object, goal

aman *n.* mercy; *int.* for goodness sake! please!

amansız pitiless; cruel; deadly; relentless

ambargo embargo

amele worker, workman

Amerika America

Amerika Birleşik Devletleri the United States of America

Amerikalı *n.* (an) American; *a.* American

Amerikan American

Amerikancılık the American way

Amerikanlaşma *vn.* Americanization

amiral admiral

an instant, moment

an : bir anda instantly; suddenly

an : şu anda at this moment, now

ana *n.* mother; *a.* main, principal; fundamental

Anadolu Anatolia

Anadolu Ajansı Anatolian Agency

anarşist anarchist

anayasa *pol.* constitution

anayurt (-du) native country, motherland

ancak *conj.* however, but, on the other hand; *adv.* barely, hardly; just

Anglo-Saksonlar the Anglo Saxons

anlam sense, meaning; significance

anlamak understand; **(-den)** know (about)

anlaşılmak (*p.* of anlamak) be understood; be evident

anlaşma *vn.* agreement; pact, treaty

anlaşmak come to an agreement

anlaşmazlık disagreement; misunderstanding

anlatım explanation; exposition

anlatmak (*p.* anlatılmak) explain; describe; relate, tell

anlayış understanding; comprehension

anlayışsızlık insensitivity, lack of consideration

anne mother

apartman apartment building

aptallık stupidity; foolishness

ara interval (in time/space)

arada bir from time to time, now and then; here and there

ara : bir ara once, at one time

ara : bir araya gelmek come together; join together

ara : bu arada meanwhile

araba cart, carriage; automobile, car

Arabistan Saudi Arabia

araç (-cı) means; tool, implement; vehicle

Aralık December

aralıksız continuous(ly); nonstop

aramak look for, seek, search for

Arapça the Arabic language

Araplaştırmak Arabize

arasında *post.* between, among

araştırıcı *n.* researcher; *a.* inclined towards research

araştırma *vn.* research; investigation

araştırmacı researcher, investigator

araştırmak (*p.* **araştırılmak**) investigate, research, do research on

arayış search, (act of) searching

arazi land; ground

ardından *as post.* after; behind

arka back; rear part

arkasında *as post.* behind; after

arkadaş friend

arpa barley

arpa boyu very short (distance)

artık henceforth, in the future; at last, finally; *(with a negative verb)* no more, no longer

artırmak (*p.* **artırılmak**) increase, augment

artış increase

artmak *vi.* increase

arzetmek present; submit; offer

arzu wish; desire

arzu etmek wish; desire

asamble assembly

asayiş-i halk public order, public security

asgari smallest, least

asıl *n.* origin; basis; *a.* real, true, genuine; essential; principal; *adv.* really; essentially

asıllı of...origin

asır (-srı) epoch; century

asistan assistant (professor)

asker soldier; troops

askeri military

askerlik the military profession; the military service

asla never; in no way

aslına bakarsanız the truth of the matter, *lit.* if you look at its essence

aslında really, actually

asmak hang, suspend

Asya Asia

aşama degree, level; stage, phase

aşırı *a.* extreme; excessive; *adv.* extremely; excessively

aşk love; passion

aşkın past, over, exceeding, more than

aşmak (*p.* **aşılmak**) pass beyond/over, transcend; exceed; overcome

at horse

atak (-ğı) attack; surge, a run

atasözü proverb

ateş fire

ateş püskürmek (-e) be furiously angry (with)

ateşe vermek (-e) set on fire

ateşli burning; fiery; ardent

atılım progress; step forward; sudden advance, breakthrough

Atina Athens

Atlantik Atlantic

atmak throw; throw away; expel, discard

avantaj advantage

Avrupa Europe

Avrupa Ekonomik Topluluğu (AET) the European Economic Community (EEC)

Avrupa Konseyi the Council of Europe

Avrupalı European

ay month; moon

ay yıldız star and crescent (on the Turkish flag)

ayağa kaldırmak stir up; incite; excite

ayak foot; leg

ayak basmak (-e) set foot in/on

ayakkabı shoe

ayarlamak (*p.* **ayarlanmak**) regulate, fix, adjust

aydın *a.* bright; clear; *n.*, *fig.* intellectual

aydın kesimi the intellectuals, the intellectual class

aygıt equipment; apparatus; device; instrument

ayı bear

ayırım discrimination

ayırmak separate; divide; allocate, assign, set apart

aylık *a.* monthly; lasting...months

ayna mirror; *fig.* reflection

aynı same, identical

ayrıca separately; in addition; besides, also

ayrılmak (-den) depart, leave, go away; separate from one another; **(-e)** be divided/separated (into)

ayrım discrimination

ayrıntı detail

ayyuk highest point of the heavens

ayyuka çıkmak rise to the skies, reach an extreme peak

az *a.* small, little; few; *adv.* little; **(-dan)** less (than)

az da olsa no matter how slight/small

azalmak become less, diminish, decrease

azaltıcı şekilde in a way that reduces

azaltma *vn.* (act of) decreasing, reducing; decrease

azaltmak (*p.* **azaltılmak**) decrease, lessen, reduce

azgınlık fury, ferocity; madness, wildness

azı dişi molar tooth

azılı ferocious, savage; violent; dangerous

azınlık minority

B

baba father

badire unexpected calamity, unforseen danger; difficult situation

bağdaşmak (-le) harmonize (with); be compatible (with)

bağımlı dependent

bağımsız independent

bağımsızlık independence

bağır (-ğrı) bosom; breast

bağrına basmak embrace, take to one's heart, cherish

bağırmak (*vn.* **bağırma**) yell, shout, clamor

bağlamak (*p.* **bağlanmak**) tie, bind

bağlantı connection, tie, link

bağlı (-e) tied (to); dependent (on); connected (with)

bağlılık attachment; allegiance; loyalty

bahane pretext, excuse

bahar spring, springtime

bahçe garden

bahsetmek (-den) mention; discuss; talk about

bahtsız unlucky; unfortunate

bahtsızlık unluckiness; misfortune

bakan minister, member of a cabinet

bakanlık ministry

bakım care, upkeep; aspect; point of view

bakım : bir bakıma in one respect, from one point of view

bakımlı well-cared-for, well-kept

bakış look, glance

bakış açısı point of view; way of regarding

bakmak (-e) (*p.* **bakılmak**) look at; examine; look after, tend; look for

balayı honeymoon

bale ballet

balet male ballet dancer

balık fish

Balkanlar the Balkans

bana to/for me

Bangladeş Bangladesh

banka bank

barbar barbarian; barbarous

bari at least; for once; if only

barınmak (-de) take refuge/shelter (with)

barış reconcilation; peace; concord

barışçıl peaceful

basın the press, newspapers

basın toplantısı press conference

basın yayın organları the press and broadcast media

basiret insight, understanding

Bask Basque

baskı pressure; oppression

basmak stamp; print; raid, attack suddenly; set (one's foot) (on)

Basra Körfezi the Persian Gulf

bastırmak (*p.* **bastırılmak**) press, push down; suppress; repress

baş *n.* head; leader, chief; beginning; top, summit; (one)self; *a.* main, chief, principal

başa iş açılmak result in trouble

başına gelmek befall, happen to

başta before all; first; at the head

baş : bir baştan bir başa from one end to another

baş kaldırmak raise the head, look up

başarı success; accomplishment

başarılı successful

başarısızlık failure, lack of success

başarmak succeed in; accomplish, achieve

başbakan prime minister, premier

başbakanlık the office of prime minister/ premier

başka *a.* other, different; *post.* **(-den)** other than, apart from, besides

başka bir şey something else

başkan president; chairman; manager

başkanlık presidency; chairmanship

başkent capital city

başkonsolos consul-general

başlamak (*p.* **başlanmak)** begin, start

başlangıç (-cı) beginning, start

başlatmak (*p.* **başlatılmak)** *vc.* initiate, make/let begin

başlıca principal, chief, main

başörtüsü (woman's) veil, head scarf

başrol leading part/role

başsağlığı condolence

başvurma *vn.* having recourse to, applying for; application

başvurmak (-e) (*p.* **başvurulmak)** have recourse/resort (to); appeal (to)

batak swamp, bog, quagmire

batı west; the West, Western countries

batılı *a.* Western, occidental; *n.* Westerner

bayrak flag

bayram holiday; national holiday; a religious feast day

bazen sometimes

bazı some, a few; certain

bebek baby; doll

beceri skill; ability

bedava gratis, free, for nothing

bedel price

beğeni good taste; individual liking/taste

beklemek (*p.* **beklenmek**) expect; hope for; wait for, await

beklenti expectation

bekleyiş waiting; expectation

Belçika *n.* Belgium; *attr.* Belgian

belediye municipality

belediye başkanı mayor; chairman of a municipality

belediye başkanlığı office of mayor; chairmanship of a municipality

belge document; report

belirlenmek be determined; become definite

belirli definite, specific; clear

belirsizlik ambiguity, uncertainness, indefiniteness

belirti sign; indication; symptom

belirtmek (*p.* **belirtilmek**) make clear/known; reveal

belki perhaps, maybe

bellek memory

belli evident, clear; known; visible; definite, certain

belli etmek make evident/clear; make known

ben I

benzemek (**-e**) look like, be like, resemble; seem

benzer (**-e**) like, similar, resembling

beraber (**-le**) together (with)

bereketli blessed; fertile; fruitful

beri (**-den**) *post.* since, from the time of

beslenme *vn.* nutrition; diet

beste musical composition

beş five

beyanname manifesto, declaration

beyaz white

beyin (**-yni**) brain; mind, brains

bırakmak (*p.* **bırakılmak**) leave; abandon, quit; let go; allow; permit

biçim manner, way; form, shape

biçimde, -in biçiminde in a...manner; as, as being

bilakis on the contrary, far from it

bilanço balance sheet

bilcümle all; entire

bildirmek make known, inform; announce; report; communicate

bile even; already

bilfiil in fact, actually

bilgi knowledge; information; *pl.* **bilgiler** data

bilgi vermek brief, give a briefing

bilgili well-informed, knowledgeable

bilgisayar computer

bilgisayar-bilen computer specialist

bilgisizlik ignorance; unawareness

bilhassa in particular, particularly, especially

bilim science, branch of knowlege

bilim adamı scientist

bilimci scientist; scholar

bilimsel scientific

bilincine varmak (-in) become conscious of; comprehend

bilinç (-ci) consciousness; the conscious mind

bilinçsizce unconsciously, while unaware

bilinçsizlik unconsciousness, lack of consciousness

bilmek (*p.* **bilinmek**) know

bilmek : bilemediniz at most

bin thousand

biner one thousand each

binmek (-e) get up (on); ride; board; travel (on)

bir one; a, an; *adv.* once; just

bir buçuk one and a half

bir daha again, once more; *(with neg.)* never; no more; never again

bir de and, and another thing, moreover, in additon

bir şeyler, birşeyler some things, several things

biraz a little, rather, somewhat, to some extent

birbiri-, birbirleri + *case suffix* each other, one another (TG-U 365-366)

birbirinden + *a.* one more *[a.]* than the other

birçok many, a lot of

birdenbire suddenly, all of a sudden

birer one each; each one, each

birey *n.* individual

biri one of them; someone

birikim accumulation, buildup

birikmek assemble; accumulate; pile up

birileri some, some people, certain people

birinci first

birincisi in the first place, first of all

birkaç a few, some, several

birleşik united; joint

birleşmiş united

Birleşmiş Milletler the United Nations

birlik unity; union; *(mil.)* unit

birlik : hep birlikte all together

birlikte together; jointly

birtakım = bir takım some, a certain number of

bisiklet bicycle

bitim ending, end, conclusion

bitirmek finish, complete, bring to an end

bitki plant

bitmek end, come to an end, be finished

bitmek : *inf.* (+ **-le/-la**) **bitecek gibi değil** it will take forever to, there will be no end to the...

bitmek tükenmek bilmemek never come to an end, be unending

biz we

bizim our, ours

boğaz throat

Boğaziçi the Bosphorous

bol plentiful, abundant; wide; loose

bol keseden generously, abundantly

bombalamak bomb (from the air)

bombalı *a.* bombing-, bomb- *(attributive)*

bombardıman bombardment, bombing

borç (cu-) debt; loan

boş empty

boşaltmak (*p.* **boşaltılmak**) empty out, pour out, evacuate; unload

boşanma *vn.* divorce

boşanmak (-den) be/get divorced (from)

boşvermişlik *sl.* indifference, apathy; laid-back attitude

Botswana Botswana

boy length; height

boy : **yıllar boyu** for years, throughout the years

boykot etmek boycott

boyut dimension; size; scale

bozmak spoil; ruin; corrupt

bölge district; area; region

bölgelerarası interregional

bölgesel regional; local

bölücü divisive

bölüm division; part; section; department; chapter (of a book)

böyle *a.* such a, this kind of; *adv.* like this, in this way

böyle olunca this being so, since this is the way it is

böylece in this way, like this

böylesine such, such a; to such a degree as this

branş branch, field of work/operation

broşür brochure

Brüksel Brussels

bu (bun-), *pl.* **bunlar** this - these

bu arada meanwhile

buçuk and a half (after numerals)

budamak prune; trim

budatmak have pruned; have trimmed

Budin Kanunnamesi the Code of Laws of Buda

bugün today

bugünkü today's, of today

bugünlerde nowadays, at this time

buharlı steamy; *attr.* steam-

buharlı gemi steamboat

bulaştırmak smear; infect; contaminate; involve

Bulgar *n.* (a) Bulgarian; *attr.* Bulgarian

Bulgarca Bulgarian, the Bulgarian language

Bulgaristan Bulgaria

Bulgarlaştırma *vn.* Bulgarization

bulmak find; discover

bulundurmak have present/ready; keep, have in stock

bulunmak be found; be present/located; be, exist

bulunmaz rare; unobtainable

buluş act of finding; find; discovery; invention

bunalım crisis

bunca in this fashion; this much, so much

bundan böyle henceforth, from now on; from then on

burada here

buraları these places; around here

burası this place, here

burkmak (*p.* **burkulmak**) twist, turn

burkulmak : **içi burkulmak** be very unhappy (about something)

burnundan kıl aldırmamak be very conceited/standoffish; not to give an inch

burun (-rnu) nose

Bükreş Bucharest

bürokrasi bureaucracy

bütçe budget

bütün *a.* all; whole, entire; *n.* (the) whole, entirety

bütünlük wholeness; integrity

büyük big, large; great; old

büyükelçi ambassador

büyükelçilik embassy

büyüklük greatness; importance; magnanimity; generosity

büyümek become larger; grow; increase

büyütmek make big/large; magnify; exaggerate; bring up, rear

C

cadde main road in a city, avenue

caiz permissible, allowable, acceptable

cami mosque

can soul; heart; *(with a possessive suffix)* someone/something dear

canalıcı vital; crucial, critical

canavar monster, brute; wild beast

canlandırmak enliven, vivify, animate

canlı alive, living; lively, brisk, animated

caydırıcı dissuasive, deterrent

caz jazz

cazip attractive, alluring

cemaat (-ti) community; religious community

cemiyet society, association; assembly; meeting

cephe front(side); *pol.* front

cereyan flow; movement; course of events; tendency; (electric) current

cereyan etmek happen, occur, take place

cesaret courage, boldness, daring

cesaretlendirici encouraging, lending encouragement

ceset (-di) body; corpse, cadaver

-cesıne/-casina (TG-L 188-189) *v. suffix used with base of* **-miş** *past.* as if

cesur brave, courageous, bold

cesurca bravely, courageously, boldly

cevap (-bı) answer, reply

cezaevi prison

cız sizzling or hissing sound; ouch!

ciddi serious; earnest; important

ciddiye almak take seriously

cilve coquetry; quirk

cinayet murder

cinsel sexual

civar neighborhood; vicinity

civarında about, approximately

coğrafyacı geographer

cömert generous; liberal; bighearted

cuma Friday

cumhurbaşkanı president (of a republic)

cumhuriyet republic

cunta junta

cüretli bold, daring, audacious

cüzdan wallet

cüzi insignificant, trifling; small

Ç

çaba endeavor; effort

çaba göstermek work hard/strive/ endeavor (to do)

çağ time; age, era

çağdaş contemporary, modern

çağdışı out-of-date, outdated; backward

çağırmak (*p.* **çağrılmak**) invite; summon; call; shout, call out

çağrı invitation; summons; *(mil.)* call-up

çağrılı invited (of a person)

çaldırmak cause to strike; cause to play (an instrument); cause to ring/ sound

çalışma *vn.* work, working; effort, attempt, endeavor; study; *pl.* **çalışmalar** activities, actions, works

çalışmak work; strive; attempt, try; study

çamur mud; slime; sludge

Çanakkale Dardanelles(town)

Çanakkale Boğazı the Dardanelles (Straits)

çanta bag; handbag; pack; purse

çap diameter; scale, size

çapkın *n.* vagabond, rascal, rake; *a.* rakish

çarlık reign/government of the tsars

çarpıcı *a.* striking

çarpıtmak (*p.* **çarpıtılmak**) distort, contort

çarşamba Wednesday

çatışma *vn.* clash; conflict; skirmish; dispute, disagreement

çatlamak *vi.* crack, split

çehre face; aspect, appearance

çekilmek *vp.* be pulled; **(-den)** withdraw (from)

çekinmek (-den) refrain (from), abstain (from); beware (of)

çekmek pull, draw; attract

çelik steel

çelişki discrepancy, contradiction; contrast

çelişkili antithetical, contradictory; opposing

çerçeve frame; framework; confine, limits

çeşit kind, sort; variety

çeşitli different; various, of different kinds

çete gang, band

çevirmek (*p.* **çevrilmek**) turn, turn around

çevre circumference; environment; vicinity, surrounding area; *pol.* circle(s)

çevresinde around, in the neighborhood of

çeyrek quarter; one fourth

çıkar interest; profit, benefit

çıkarmak (*p.* **çıkarılmak**) take out, extract; remove; subtract; withdraw; pass (a law); lay off, discharge

çıkartmak *vc.* have taken out/removed

çıkıvermek suddenly become/turn out to be

çıkmak come out, go out, emerge; appear; depart from, leave; go up, climb; happen, occur; break out

çılgınlık madness, insanity, craziness

çınlamak ring (of the ears)

çınlamak : **kulakları çınlasın** may his ears burn, I wish he could hear this

çıplaklık nakedness, nudity, bareness

çırak apprentice

çiçek flower

çift pair; couple

çiftleşme *vn.* coupling, mating

Çin China

Çin Halk Cumhuriyeti The People's Republic of China

çizgi line; stripe; dash

çizmek draw, sketch

çocuk child

çoğaltılma *vn.* (the action/state of) being increased; increase

çoğu most, the majority (of); the greater part; *adv.* mostly, usually

çoğunluk majority

çoğunlukla by a majority; mostly

çok *a./adv.* much; many; too much/many; very

çok partili *pol.* multiparty

çokluk abundance; multitude

çöp chip; garbage, trash

çöp kutusu garbage can

çözmek untie; solve/resolve (a problem)

çözüm solution (of a problem)

çözümlemek (*p.* **çözümlenmek**) analyze

çözümlenme *vn.* analysis

çünkü because

D

da = **de**, *q.v.*

dağcı mountain climber

dağılmak *vi.* scatter, disperse

dağıtmak (*p.* **dağıtılmak**) scatter; distribute; issue

daha more; in addition; still, yet; so far, already, until now

daha az less

daha çok more, still more

daha doğrusu to be more exact

dahi also, too; even

dahil *n.* inside, interior; *adv.* inside; included, including

dahil olmak be included; (-e) participate in

daima always, constantly

dair (-e) about, concerning, related (to), in connection (with)

dakika minute

Dakka Dacca

dal branch (of a tree); branch, subdivision, category

dalgıç diver

damga brand; stamp; mark

damga vurmak brand; label

danışmak (-e) consult (with); ask advice (of)

daralmak contract, shrink; become narrow/tight

darbe blow, stroke; coup d'état

dava case; *leg.* lawsuit

dava açmak (-e) *leg.* bring a suit (against)

davet invitation

davet etmek invite; call, summon

davranış conduct, behavior; action

davranmak act, behave

dayak beating, thrashing

dayalı (-e) leaning (against); based (on); dependent (on)

dayanak support; base, basis

dayanışma *vn.* mutual aid, cooperation, solidarity

dayanmak (-e) lean (on); be based (on); rely/depend (on); last, endure

de/da/te/ta *conj.* and; also, too

debelenmek struggle in vain/desparately, thrash about

dede grandfather; ancestor

defa time, occasion

defter notebook

değer *n.* value, worth; *a.* worth

değer taşımak have value, be valuable

değer yargısı standard of judgment, value judgment

değerlendirmek (*p.* **değerlendirilmek**) appraise, evaluate; take into consideration; appreciate, realize the value of; put to good use

değerli valuable;worthy; estimable; honorable

değersiz worthless, valueless

değil *neg. particle* not; not only

değin (-e) *post.* up to, until; as far as

değinmek (-e) mention; touch upon

değirmen mill

değirmenin suyu the money to pay, the wherewithal

değişik changed; different; various, diverse

değişiklik change

değişim change

değişme *vn.* change, variation

değişmek *vi.* change; *vt.* change, exchange (for something else)

değiştirmek (*p.* **değiştirilmek**) *vt.* change

deha genius, extraordinary intelligence

dek (-e) *post.* until; up to; as far as

dekorasyon decoration

demeç (-ci) statement, declaration

demek (der, diyor, diyecek, diyen) say; tell; mean; call, give a name to

demek ki that is to say, thus, therefore

demektir it means

demir iron

demiryolu, *pl.* **demiryolları** railroad

demokrasi democracy

demokrat democrat; democratic

Demokrat Parti the Democratic Party

demokratik democratic

deneme *vn.* test; trial; experiment

denemek test; try; experiment (with)

denetim inspection; control; check; audit

deneyim experimentation; experience

denge balance, equilibrium

dengeli moderate; balanced; stable

dengesizlik imbalance; instability

denilmek (-e) be said; be mentioned; be named/called

deniz sea

denizaltı *n.* submarine

denizanaları jellyfish

denli to the extent/degree; so

denmek *vp.* be called; be said

derece degree; level; extent

dereceli of...degrees

dergi journal, magazine, review

derhal immediately, at once

derin deep, profound; in-depth

derinden derine deeply, profoundly; to the upmost

derken while saying; just then; just; at that precise time; all at once; in spite of the claim that; on the assumption that

dernek association; society; club

ders lecture, class; lesson

ders vermek give a lecture

dert (-di) trouble; sorrow; distress; pain; grief, suffering

dertleşmek (*vn.* **dertleşme**) (**-le**) have a heart-to-heart talk (with)

destan epic, epic poem

destek support; prop; *fig.* aid

desteklemek (*p.* **desteklenmek**) support; prop up

detay detail

dev *n.* giant; *a.* gigantic

devam continuation

devam etmek continue

devamlı continuous, continual, constant

deve camel

devede kulak a mere trifle, a drop in the bucket/ocean

devir (**-vri**) age, period, era

devir (**-vri**) *phys.* circle; circuit

devre sokulmak be included/involved; be installed; be activated, *lit.* be plugged into the circuit

devirmek overturn; knock down; overthrow

devlet state; government

devlet adamı statesman

devlet başkanı head of state, president

devlet başkanlığı presidency

Devlet İstatistik Enstitüsü State Institute of Statistics

devletlerarası international

devrim revolution

devrimci *n.* revolutionary

Devrimci İşçi Sendikalar Konfederasyonu (**DİSK**) Confederation of Revolutionary Labor Unions

deyim expression; idiom

deyiş manner of speaking; statement, what a person says; saying

deyiş : **başka bir deyişle** in other words

dış *a.* outer, external, exterior; foreign

dış ilişkiler bakanı minister of foreign affairs, foreign minister

dış kaynaklı having a foreign source/origin

dışarda out of doors; abroad

dışarı the outside/exterior; foreign lands, abroad

dışında *post.* outside of; except, with the exception of; besides, other than

dışişleri foreign affairs

dısişleri bakanı minister of foreign affairs

dışişleri bakanlığı ministry of foreign affairs, foreign ministry

DİE *abbr.* **Devlet İstatistik Enstitüsü** State Institute of Statistics

diğer other, another; different

dikkat attention

dikkat çekmek attract attention; (**-e**) draw attention (to)

dikkat etmek pay attention

diktatörlük dictatorship

dil tongue; language

dile getirmek express; speak out; give voice to

dilbilim linguistics

dilek wish, desire; request

din religion, faith (*esp.* Islam)

dinamik dynamic, forceful

dindaş coreligionist

dini religious

dinlemek listen to, hear

dinlenmek relax, rest, take a rest

diplomat diplomat

diplomatik diplomatic

direktif directive, order

disinformation disinformation

DİSK *abbr.* **Devrimci İşçi Sendikalar Konfederasyonu** Confederation of Revolutionary Labor Unions

divan divan, collection of Ottoman poetry

diyar country, land

diye *adv. form of* **demek** saying *(used after direct speech); as conj.* because; so that; by saying (TG-U 431-432)

diyet kola diet cola

doçent (*abbr.* **doç.**) docent; college teacher (with a doctorate)

doçentlik doctorate, status of having a doctorate

doğa nature

doğmak be born; originate; arise, appear; rise (of the sun)

doğru *a.* straight; correct, right, accurate; true; *adv.* correctly, accurately, properly; *as post.* (**-e**) toward, in the direction of; toward, near the time of

doğru bulmak approve of; find appropriate

doğrudan doğruya directly

doğru-dürüst *a.* real; proper, *adv.* really; properly

Doğru Yol Partisi the Correct Way Party

doğrulamak (*p.* **doğrulanmak**) verify, confirm, corroborate

doğruluk straightness; accuracy; truth; honesty

doğu *a.* east, eastern; *n.* the East, the Orient

Doğu Almanya East Germany

Doğu Bloku the Eastern Block

doğu dilleri oriental languages

doğumlu born in (the year...)

doğurmak give birth to, bear (a child); *fig.* give rise to, produce

doksan ninety

doktor doctor

doktora doctorate

doktrin doctrine

dokunmak *vp.* be woven

dokuz nine

dolar dollar

dolarlık for/amounting to...dollars

dolaşmak wander about, go around, walk around; tour

dolaştırmak take for a walk; show around, take on a tour

dolayı (-den) *post.* because of, on account of

dolayısıyla because of; consequently

doldurmak fill

dolu full

donatmak (*p.* **donatılmak**) equip; decorate

dondurma ice cream

dost friend

dost ortamı friendly atmosphere

dostluk friendship; cordiality, friendliness

dosya dossier, file

dökmek pour, pour out; empty; spill

döktürmek *vc.* have (something) poured/poured out/spilled/emptied

dökülmek *vp.* be poured out; be spilled; get old and shabby

döndürmek turn into; convert, transform

dönem period of time; age, era

dönmek turn; go/come back, return

dönüm land measure (about one-fourth of an acre)

dönüş returning; return journey

dört four

dört bir yanına (-in) in every direction, to every part (of), all around

döviz foreign exchange, foreign money

dövmek (*p.* **dövülmek**) beat, flog, thrash

DP = Demokrat Party the Democratic Party

dram drama

durdurmak *vc.* make stand still, stop, bring to a stop to

durgunluk inertness, apathy

durmak (-ur) stop; cease; stand, continue

durulmak *vp. impers.* stop; stand

...**üzerinde durulmak** dwell on; emphasize, stress, focus on

durum position; state, condition; situation; circumstances

duruş position; posture

duyarlılaştırmak make sensitive

duyarlık sensitivity

duygu feeling; impression; emotion

duymak feel; perceive; hear

duyurmak *vc.* divulge, make known; announce, make heard/felt/perceived

dükkân shop, store

dümen rudder

dümen suyunda gitmek *fig.* follow in someone's steps

dün yesterday; the past

dünkü yesterday's, of yesterday

dünya world

dünya görüşü *phil.* conception of the world, *Weltanschauung*

dürüst straightforward, honest

düşman enemy, foe

düşme *vn.* fall, drop; decline

düşmek fall, drop; (-e) behoove, fall (to one as a duty/a concern)

düşük fallen; low (of price, funds)

düşünce thinking; thought, idea; opinion

düşünmek (*p.* **düşünülmek**) think about/of; consider

düşünür thinker, intellectual

düşürücü causing to fall, tending to reduce

düşürülme *vn.* drop, fall, *lit.* being caused to fall

düşüş fall; manner of falling

düzeltmek (*pvn.* **düzeltilme**) make smooth; correct, rectify

düzen order, arrangement; system

düzenleme *vn.* arrangement; provision; regulation

düzenlemek (*p.* **düzenlenmek**) arrange, put in order, organize; regulate

düzey level; *fig.* importance, rank, value

düzine dozen

E

edebiyat literature

edepsizlik insolence, rudeness, impertinence

edinmek get, obtain, acquire

edyan *pl. of* **din** religions

efekt theatrical effects

efendi gentleman; *hist.* an Ottoman title

efendim *int.* sir; I beg your pardon

efsunlaşma *vn.* witchcraft, bewitchment

Ege the Aegean (Sea)

egemenlik sovereignty; dominance; pre-eminence

eğer if; whether

eğilim tendency, trend, inclination

eğilmek *vp.* (**-e**) bend; incline; *fig.* be inclined (toward)

eğitilmiş educated; trained

eğitim education; training

eğlence amusement; diversion

eğlenceli amusing, entertaining; diverting

eğlenme *vn.* entertainment; enjoyment, having a good time

eğlenmek have a good time, amuse oneself

ehemmiyet importance

ekin harvest, crop; culture

ekinsel cultural

eklemek add; attach; append

ekonomi economy; economics

ekonomik economic

ekran screen; motion picture screen

eksiklik deficiency, defect; lack

el hand

el ele veriş joining of forces, collaboration, cooperation

el ele vermek join forces; cooperate

el kitabı handbook, manual

el koymak (-e) seize, confiscate

elde etmek obtain, acquire, get hold of

elden gitmek be lost

ele alınmak be taken up/considered (a reason, a plan); be included

ele almak take up, consider (a matter)

ele geçirmek get control of; get possession of

elinde olmak be possible, be within one's power

elindeki available, on hand

elinden gelmek be able to do

elbet(te) surely, indeed, of course, certainly

elçilik embassy; diplomatic establishment

elektronik electronic

elektronik beyin computer

eleman element; staff member, member of the personnel

eleştiri criticism, critique

eleştirmek criticize

elli fifty

elverişli suitable, convenient

emekçi worker, laborer

emekli retired

emin safe, secure; sure, certain

emir (-mri) order, command

emretmek order, command, decree

en most *(used to form the superlative of adjectives and adverbs)*

en az at least

en aza indirmek minimize

endişe anxiety, alarm, worry, concern

endüstri industry

enfeksiyon infection

enflasyon inflation

enflasyonist inflationary

enformasyon information

engellemek (*p.* **engellenmek**) hinder, block

engizisyon inquisition

Enosis *Greek* Union (with Greece)

enstitü institute

Enternasyonal *pol.* the International(e)

epey rather, fairly, pretty; a good many, lots of

erdirmek *vc.* cause to reach/attain/arrive at

erimek *vi.* melt; dissolve

erkek man; male

erken early

Ermeni Armenian

ertesi the next/following (day, week, etc.)

esas *n.* foundation, basis; principle; *a.* basic, principal, main

esasında fundamentally, basically, actually

esaslı fundamental; essential; substantial

eser trace; written work; work of art

esir prisoner of war; captive

eski old; former

esrarlı mysterious, cryptic

eş mate; spouse; husband; wife

eşya things, objects; belongings; goods

ETA *acronym of a Basque liberation group*

etiketli labeled

etki influence; effect

etkilemek (*p.* **etkilenmek**) effect, influence, have an influence on

etkili influential; effective

etkin active; effective

etkinlik activity

etmek do; make

etnik ethnic

ettirmek *c. of* **etmek** cause to do, have done/made

etüt (-dü) [*Fr.* étude] study

ev house; home

ev sahipliği yapmak to host

evet yes

evlat (-dı) offspring; child; son

evrensel universal

eylem activity, action; operation

Eylül September

F

faaliyet activity

faaliyet raporu *fin.* director's report, operational report

facia tragedy, calamity, catastrophe

faiz *fin.* interest

fakat but

fakülte faculty; school/college of a university

falso false note; blunder, bungling

faltaşı pebble

faltaşı gibi (of eyes) wide open

fantezi fantasy

fark difference; distinction

farkında olmak (-in) be aware of, know about; notice

farklı (-den) diverse, different (than)

Farsça the Persian language

Fas Morocco

Fatih *pr. n.* the Conqueror (Sultan Mehmet II)

fatura invoice; bill

fayda gain; use

fazla too; too much; too many; **(-den)** more than

federal federal

Federal Almanya Federal (Republic of West) Germany

Federal Almanyalı (a) West German

federe federated

felaket disaster, catastrophe, calamity

felsefe philosophy

ferdi personal, individual

feribot ferryboat

fersah parasang

fersah fersah by far, far and away, greatly

fert (-di) person, individual

fırlamak jump, leap up; soar

fırsat opportunity, chance

fırtına storm, gale

fikir (-kri) thought, idea; opinion

fil elephant

Filistin Palestine

filizlenmek sprout up; begin to develop/appear

film film

filoloji philology

finansman finance, financing

firma firm, company

fiyat price

FKO *abbr.* **Filistin Kurtuluş Örgütü** the Palestine Liberation Organization

flört flirtation

fon fund

fraksiyon fraction; *pol.* faction, splinter-group; factionalism

Fransa France

Fransız *n.* (a) Frenchman; *attr.* French

Fransızca the French language

G

G. **Afrika** = **Güney Afrika** South Africa

garantörlük status of being a guarantor

gaye object, purpose, aim

gayet very, very much, extremely

gazete newspaper

gazeteci newsman, journalist

gebelik pregnancy

gece night

gece yarısı midnight

gecegündüz night and day, continually

geçen (the) past/last (week, year, etc.); passing, surpassing

geçenlerde lately, recently

geçici provisional; temporary

geçirmek make pass; spend (time); go through, experience

geçmek pass; exceed

geçmiş *a.* past; *n.* the past

gelecek *a.* future; next (week, month); *n.* the future

gelenek tradition, custom

gelgelelim but all the same, and yet, however.

gelince (-e) regarding, as for, concerning

gelir income, revenue

geliş manner of coming; coming, arrival

gelişme *vn.* development; growth, expansion

gelişmek develop, evolve, progress

gelişmiş developed; advanced

geliştirmek (*vn.* **geliştirme**) cause to progress; improve, make better

gelme *vn.* (act of) coming; arrival

gelmek come; arrive; seem, appear; prove/turn out to be

gem horse's bit

gemi azıya almak bolt, get out of control, *lit.* take the bit between the teeth

gemi ship; boat

gencecik very young

genç (-ci) *a.* young, youthful; *n.* young person

gençlik youth, youthfulness; the younger generation

gene again; moreover; still

genel general

Genel Kurul the General Assembly

genel sekreter secretary-general; general secretary

genellik generality

genellikle in general; usually

general general

geniş wide, broad; extensive

gerçek *a.* real; true; genuine; original; *adv.* really; *n.* truth; reality; fact

gerçekte in fact, in reality

gerçekçi realistic

gerçekçilik realism

gerçekleşmek prove to be true, materialize, become a reality; turn out to be

gerçekleştirilme *vn.* realization, being made into a reality

gerçekleştirmek (*p.* **gerçekleştirilmek**) realize, achieve, make real, make into

gereğince as far as is necessary, as required

gerek necessary

gerek...gerek(se) whether...or; either...or

gerekçe reason, motive; ground(s)

gereken (which is/are) necessary/needed/required

gerekli necessary

gereklilik necessity, need

gerekmek be necessary; be needed/ required

gereksiz unnecessary

gerektirmek necessitate, require, make necessary

gerginlik tension, strain

geri *n.* rear part; *a.* rear; *adv.* back, backwards

geri almak take back, repossess

geri dönmek come/go back, return

geri kalan the rest, the remainder; the remaining

geri olmak be behind, lag behind

gerileme *vn.* regression; cutback; decrease

gerilemek regress; worsen

gerilik backwardness

gerilim *lit. & fig.* tension; stress

gerilla guerrilla warfare; guerrilla

gerzek stupid individual/person

getirme *vn.* (act of) bringing/ bringing in; importing

getirmek (*p.* **getirilmek**) bring, bring in; import

getirtmek *vc.* cause to bring; have brought; send for; (**-den**) order (merchandise); import (from)

gezdirmek show (someone) around, take through

gezginci roving, wandering; itinerant

gezi excursion; outing; tour; trip, journey

gezilmek *vp.* be visited/toured; *impers. p.* wander, stroll through

gezinti stroll; pleasure trip; outing, tour

gezmek go about, travel, tour, visit

gibi *post.* similar to, like; *conj.* as

giderek slowly, gradually

giderilme *vn.* removal; abolishment

girilmek *impers. p.* enter, be entered

giriş entry, entrance

girişim undertaking; approach, advance; representation; démarche; intervention

girişme *vn.* undertaking; mounting (an attack)

girişmek (**-e**) meddle, interfere; undertake; set about

girme *vn.* act of entering; entry; admission

girmek (**-e**) enter; be included

gitmek go; go away, depart

gittikçe gradually, little by little; more and more

giyecek clothing, clothes

giyim clothing, apparel

giyim kuşam clothing, clothes

gizli hidden, concealed; secret; confidential, mysterious

gizlice secretly, furtively

göç migration; emigration; immigration

göğüs (**-ğsü**) chest; breast

göğsü kabartmak make proud, cause to swell with pride

gökbilimcilik astronomy

gömlek shirt

göndermek send

gönül (-nlü) heart; mind

gönülden sincerely; willingly, readily

gönüllerde taht kurmak become very popular, *lit.* set up a throne in the hearts

göre (-e) *post.* according to; suitable for; in comparison with

görev duty; work; function; office; service

görevden alınmak be removed from office; be dismissed/discharged

görevli *a.* having duty/function; on duty; *n.* government employee on duty

görkemli splendid, magnificent

görmek see; experience, undergo; consider, regard

görülmek *vp.* be seen; appear; be evident

görülmemiş unforeseen; unprecedented

görünmek *vi.* appear, be visible, show oneself; seem

görüş manner of seeing; opinion, point of view

görüşme *vn.* meeting, discussion, negotiation

görüşmek (ile) (*p.* **görüşülmek**) meet (with); confer (with); discuss (with); deal (with)

gösterge indicator, pointer

gösteri display; show, performance; (political) demonstration

gösteri yapmak put on a show/performance

göstermek (*p.* **gösterilmek**) show; demonstrate

götürmek take, take away; carry off; remove; destroy

göz eye

göz atmak (-e) glance (at)

gözden düşmek fall into disfavor, be disgraced

gözden geçirmek examine, look over, scrutinize, take under study

göze almak risk; resign oneself to

gözetleme *vn.* watching, observing; observation

gözükmek be seen; be/become visible; seem, appear

gözünü korkutmak daunt, intimidate

gözüyle görmek be an eyewitness (to); view as, regard as

gözlem observation

gözlemci observer

gözlemlemek observe

grev *ind.* strike

grup (-bu) group

gurur pride; vanity; conceit

gururlu proud; vain; conceited; haughty

güç difficult, hard

güç (-cü) strength, force; power; influence

güç gücü yetmek (-e) be able to, be capable of, be strong enough to

güçlendirmek make strong, strengthen; lend credit/support to

güçleştirmek make difficult, complicate

güçlü strong, powerful

gün day

günün adamı the person who is currently being talked about, the man of the hour (*lit.* day)

günah sin; fault

güncel contemporary, current

gündem agenda

güney south

Güney Afrika South Africa

Güney Afrika Cumhuriyeti the Republic of South Africa

günlük *a.* daily; for...days

güven confidence, reliance, trust; security; safety

güven: kendine güven self-confidence, self-reliance

güvence guarantee; protection

güvenlik security, safety

güzel beautiful; handsome, pretty; good, nice, fine

güzellik beauty

H

haber news; report; information; knowledge

haber : (-in) haberi olmak (-den) know about, be informed of

haber ajansı news agency

haberleşme *vn.* communication; correspondence

haberleşme bakanı minister of communications

haberli informed; knowing; knowledge-able

habersiz unannounced; uninformed; knowing;without giving advance notice

hadise event, incident, occurrence

hafiflik lightness; frivolity, levity

hafta week

hafta başı first day/begining of the week

haftalık weekly (publication); lasting... weeks

hahambaşı chief rabbi

hainlik treachery, perfidy

hak (-kkı) *n.* right; due; truth; justice; *a.* right; true

hakaret insult, affront

hakça justly, fairly, rightly

hakikat truth; fact

hakikaten really, acutally, in truth

hakkında about, concerning

haklı just, fair, right

haksız unjust

haksızlık injustice

hal (-i) condition, state; situation; circumstance

hal : -diği halde although (TG-L 186[22])

hal : bir hale getirmek bring up to a state/condition

hal : o halde in that case

hale gelmek come to/reach the state

haline gelmek become, turn into

hâlâ still, yet

halbuki however, nevertheless, but; whereas

halen at present, currently

halk *n.* people; *attr.* public

halletmek analyze; solve, resolve (a problem)

ham unripe; *ind.* raw, crude

hamile pregnant

hamile kalmak be/become pregnant

hamle attack; surge, sudden advance, great leap forward

hammadde raw material(s)

hangi which?

hanım lady

hapis (-psi) imprisonment; prison

hapsetmek imprison; confine

harcama *vn.* expense, expenditure; spending

harcamak (*p.* **harcanmak**) spend, expend, consume, use

hareket movement, action, activity; behavior

harf letter (of the alphabet)

harfiyen literally, word by word, to the letter

hariç (-ci) *n.* outside, exterior; foreign country; *adv.* apart from, not including, except for

harika wonder; miracle

harikalar diyarı wonderland

harp (-bi) war

hassasiyet sensitivity; touchiness

hasta sick, ill

hastalık sickness, illness; disease

haşmet majesty, pomp

hata mistake, error; flaw, fault defect

hatalı mistaken, wrong, erroneous

hatırlamak remember, recall

hatırlatmak remind, bring to mind, recall

hatta even, so much so that

hav nap, pile (of cloth)

havı dökülmüş threadbare

hava air; weather; climate

havaalanı airport, airfield

havan mortar (for pounding)

havanda su dövmek engage in fruitless discussion/useless labor

havayolları airline

hayal illusion; imagination

hayat life

hayati living; vital; essential

haydi *int.* come on!

hayır no

hayırlı good, advantageous; auspicious

hayranlık admiration; appreciation; adoration

haysiyet self-respect, personal dignity

hazır ready; prepared; present, in attendance

hazırlamak make ready, prepare

hazırlanmak be readied; be prepared

hazırlatmak have (s.o.) prepare/make ready

hazırlık preparation; readiness

hazin sad, pathetic, touching, moving

hazine treasure; treasury

Haziran June

hedef target; object, aim, goal

hediyelik suitable to be used as a present

hediyelik eşya souvenirs; items purchased as gifts

hegemonyacı striving for dominance

hele above all, especially; look here!

hem besides; and also

hem de moreover, and also, besides

hem de nasıl! and how!

hem...hem(de) both...and

hemen immediately, at once, right away; about, nearly; just

henüz yet, still; *(with neg.)* not yet

hep *pron.* all, the whole; *adv.* always, on every occasion; repeatedly

hep birden all together; all at once

hepsi all of it/them

her every, each

her biri everyone, each one

her gün every day

her iki both

her türlü every sort of

her yan every side; every part

her zaman always

hergün = her gün every day

herhalde presumably; in all probability

herhangi whatever, whichever; whoever; *(in neg. sentences)* any, whatsoever

herhangi bir any, just any

herkes everyone, everybody

hesap (-bı) account; reckoning; bill

hesaplamak (*p.* **hesaplanmak**) reckon, calculate; take into account/consideration

heves desire, enthusiasm, great interest

heveslenmek (-e) desire, long for

heyet committee; commission; delegation

heyecan excitement; enthusaism

heyecanlanmak be *or* become excited/ enthusiastic

Hıristiyan Christian

hız speed; acceleration

hızlandırmak gain speed/impetus/momentum, be accelerated

hızlanmak speed up, accelerate

hızlı rapid, fast; intensive

hızlı intikal kuvveti rapid deployment force

hiç *(with neg.)* never, not at all; *(with interrog.)* ever; *n.* nothing, nothing at all; zero

hiç olmazsa at least

hiçe saymak count as nothing; disregard

hiçbir no...at all, not even one

hikâye story, tale

hikâyeci writer of stories; story teller

himayet *lrnd.* protection

Hindistan India

hitap etmek, hitabetmek (-e) address (a need, a taste)

horoz cock, rooster

hostes stewardess, airline hostess

hoş *a.* pleasant, agreeable; *adv.* plesantly, with pleasure

hoşgörü tolerance; indulgence

hoşgörülü tolerant; indulgent

hoşuna gitmek be pleasing to, please

hudut border, boundary, frontier

hukuk law, jurisprudence; (*pl. of* **hak**) rights

hukukçu jurist; lawyer

husus peculiarity; particular point; matter

hususunda with reference to; in regard to

hususiyet peculiarity; special characteristic/ feature

huy disposition; character; temper

hücum attack, assault; harsh criticism

hüküm rule; provision; judgment

hükümet government

hükümet başkanı head of state/ administration/regime

hürriyet freedom; *(capitalized)* the name of a Turkish newspaper

hüzün sorrow, sadness, melancholy

I

Irak Iraq

ırk race; lineage

ırkçı racist

ırkçılık racism

ısınmak grow warm, warm up

ıskarta waste; discard

ıskartaya çıkarmak discard, throw away

ısmarlama *vn.* custom-built; prescribed; entrusted

ısrar insistence; persistence

ısrarlı insistent

ışık light

İ

iade return; giving back

iade etmek return; give back

ibare wording, phraseology; expression; sentence

ibaret olmak (-den) consist (of), be composed (of)

İbranice the Hebrew language

icap etmek, icabetmek be necessary/required

icra carrying out, execution; practice

iç *n.* inside, interior; *a.* interior; domestic

iç açıcı heartening, cheering, encouraging

iç içe one within the other, inseparably linked, interdependent

iç piyasa the domestic market

içecek *a.* drinkable; *n.* drink, beverage

içerde inside, within, in

içeri inside, interior

içi burkulmak be very unhappy, feel great regret

için *post.* for; on account of, about, concerning; in order to; *after a nominalization in* **-diği** because

içinde inside, within

içine to the inside; inside of it, into it

içine almak include, contain

içişleri internal/domestic affairs

içmek (*p.* **içilmek)** drink; smoke (cigarettes, etc.)

idare management, direction, administration

idare etmek manage; **(-le)** make do (with)

iddia claim, assertion; pretension

iddia etmek claim; pretend

ifade expression; explanation

ifade etmek express; explain

ifadesini kullanmak give one's statement; state

iftira slander, calumny; fabrication, forgery

ihlal etmek break (a law, a treaty); violate

ihmal negligence, neglect; inattention; carelessness

ihracat exporting; exports

ihracat etmek export

ihtilal revolution; riot

ihtimal probability; probably

ihtimal vermek (-e) consider (something) likely

ihtisas specialty; specialization

ihtisas sahibi specialist

ihtiva etmek hold, contain; include, comprise

ihtiyaç (-cı) need, necessity; requirement

ihtiyatlı cautious, discreet, prudent

İkarus *trade name* Icarus

iki two

iki dil konuşabilen bilingual

ikinci second

ikincisi in the second place, secondly

ikiz *n.* twin(s); *attr.* twin

iktidar ability, capacity; party in power, government

iktisadi economic

il province (of a country)

ila nihaye until the end; forever

ilan declaration; announcement; proclamation; advertisement

ilan etmek declare; announce; proclaim

ilave addition; appendix

ilave etmek (-e) add (to)

ile and; with, together with

ileri *n.* forward part; the future; *adv.* forward, ahead, to the front

ileri gelmek (-den) be due to, result from

ileri sürmek put forward/insist on (an idea)

ileride in front; in the future

ilerlemek advance, progress, go forward

iletmek send; convey, transmit; inform, communicate; report

ilgi connection; relation; interest

ilgilendirmek be of interest to, concern

ilgilenmek (-le) be interested (in), show concern (for), pay attention (to)

ilgili (-le) concerned/connected (with); interested (in)

ilginç interesting, interest-provoking

ilhak annexation

ilim knowledge; science

ilim adamı scholar, man of learning

ilişki relation, connection; relationship

ilişkiler sürdürmek conduct/carry on relations

ilişkin (-e) connected (with), relating (to), belonging (to), regarding

ilk first, initial

ilke principle

ilkokul primary school, elementary school

ille come what may, no matter what happens

imaj image

iman faith, belief; adherence to Islam; religion, creed

imdat (-dı) help

imkân possibility; opportunity

imkânsız impossible

imparatorluk empire

imtihan *educ.* examination, test

imtihana girmek take an examination

imtiyaz, imtiyazat *Irnd. pl.* privilege; government concession

imza signature

imza atmak sign

inanç (-cı) belief; trust

inanç sahipleri religious believers

inanılmaz unbelievable, incredible

inanmak (*p.* **inanılmak**) **(-e)** believe (a person); believe (something)

incelemek (*p.* **incelenmek**) study carefully, analyze in detail, explore; review

inci pearl

incitmek offend; hurt, injure; infringe on, violate

indirmek cause to descend, lower, bring down

indirtmek cause to lower, have...lowered

İngiliz *n.* Englishman; *attr.* English, British

İngiliz Uluslar Topluluğu The British Commonwealth of Nations

İngilizce the English language

İngiltere England

inisyatif initiative, enterprise

inisyatif sahibi one with initiative

inkâr etmek deny; refuse

inkıraz decline; collapse; extinction

inmek go down, come down, descend; land (of an airplane)

insan person, human being; *indef.* one

insan gücü manpower

insan hakları human rights

insanbilimci anthropologist

insanlık mankind; humanity; humaneness; kindness

insanoğlu man, human being; mankind

intikal movement; passage

ipucu, *pl.* **ipuçları** clue, hint, indication (*lit.* rope's end)

irade will; volition

İran Iran

irtica (fundamentalist) reaction, being reactionary

ise as for, with regard to, *lit.* if it is (TG-U 416-417)

ishal diarrhea

İslam Islam

İslamiyet Islam, the religion of Islam

İspanya Spain

İspanyol *n.* (a) Spaniard; *attr.* Spanish

İspanyolca Spanish, the Spanish language

İsrail Israel

İsrailli *n.* (an) Israeli; *a.* Israeli

istasyon station

istatistik statistics

istek request; wish, desire

istemek (*p.* **istenmek**) want; wish for, desire; ask for, request

ister...ister whether...or; either...or

ister istemez willingly or unwillingly, like it or not

isteyerek willingly, by one's own wish; on purpose

istifade etmek (-den) benefit (by), profit (from), avail oneself (of)

istikamet direction

istikrarsızlık instability, unsteadiness

İsveç *n.* Sweden; *attr.* Swedish

İsviçre *n.* Switzerland *attr.* Swiss

isyan etmek revolt, rebellion; riot

iş work; job, employment; business, commerce; matter, affair

işe yaramak be useful, prove useful

işine gelmek suit the purpose/interest of

işadamı businessman

işaret sign; mark; indication

işaret etmek (-e) point (to), indicate; point up, allude (to)

işbaşına geçmek come to power; take the lead

işbaşına gelmek come to power

işbirliği cooperation

işçi worker; laborer; employee

işgal occupation, holding by force

işgal etmek occupy (space); occupy, hold by force

işitmek hear; learn of

işkence torture, torment

işkence görmek undergo torture

işlemek *vt.* work over; work on, effect; commit (a crime); *vi.* function, work; operate

işletme *vn.* operating, running; managing (a business)

işletme bölümü department of business administration

işsizlik unemployment

işte here! here it is! see! look!

işyeri place of work/employment

İtalyan Italian

İtalyanca the Italian language

ithalat imports

itibaren (-den) from, dating from, from...on

itibarıyla considering; concerning, as regards; from the point of view of

itiraf etmek confess, admit, acknowledge

itmek push, shove; *fig.* compel; induce

iyi *a.* good; well, healthy; *n.* the good (side of something)

iyi niyetli well-intentioned

izin (-zni) permission, consent

izin vermek (-e) allow, permit, give permission (to)

izlemek (*p.* **izlenmek**) trace, track; pursue; follow; keep up with, follow (events); watch, view, observe

J

Japon *n.* (a) Japanese; *attr.* Japanese

jest gesture

jet jet; jet airplane

Judeo-Espanyol Judeo-Spanish

Judeo-Franyol Judeo-Franish (= French + Spanish)

Judeo-Türk Judeo-Turkish

K

kaba rough, coarse

kabaca roughly; coarsely

kabarık swollen, puffed out

kabartıcı causing to swell/puff up/rise

kabartmak cause to swell, make swell

Kabil Kabul

kabil sort, kind

kabilinde in the nature of, something like

kabul acceptance; approval; *soc.* reception

kabul etmek accept; agree to; approve; acknowledge

kaçakçı smuggler

kaçakçılık smuggling

kaçamak pretext; evasion; subterfuge

kaçınılmaz unavoidable, inescapable inevitable

kaçınma evasion, avoiding, abstinence

kaçınmak (-den) avoid, keep away from; abstain from

kaçırmak (*vn.* **kaçırma**) *vn.* make/let escape; miss (a chance, a train); kidnap; hijack; smuggle

kaçmak run away, flee; escape; avoid

kadar *n.* quantity; amount; extent, degree; *post.* as much as; to the extent of; (-e) until (a time); within (a period of time); up to,as far as (a place)

kadastro land survey, cadastral survey

kader destiny, fate; providence

kadın woman

kadirşinaslık appreciation

kadro permanent staff, professional staff/ group

kafa head

kafeinsiz without caffeine, decaffeinated

kafeterya cafeteria

kâfi sufficient, enough

kâfi gelmek be sufficient/enough

kâfir infidel; non-Muslim; unbeliever

kağıt paper

kahraman hero

kahramanlık heroism, bravery; heroic act

kahve coffee

kal- *used only with the dative suffix* **-e** speech; talk

kale almak (*p.* **alınmak**) take into consideration

kaldırmak *vc.* (*p.* **kaldırılmak**) raise, lift; take away, remove; abolish, cancel; tolerate, bear

kale fortress; bulwark

kalem pencil; category, class; item; entry (in an account

kalın thick, stout; coarse; dense

kalıp (-bı) mold; pattern; model

kalıt inheritance

Kaliforniya California

kalite quality

kalkınma *vn.* progress, development; growth

kalkınma hızı growth rate

kalkmak (*vn.* **kalkma**) get up, arise; leave, depart (for a journey)

kalmak remain, stay; be left; be left over; become; be

kalmak: kaldı ki the fact remains that, it only remains to say, and moreover

kalp (-bi) heart

kampanya campaign, drive

kamu the public

Kamu İktisadi Teşekkülü State Enterprise

kamu kesimi the public sector

kamuoyu (**-nu**) public opinion

kan blood

kanaat opinion; conviction; contentment

kanalizasyon sewer system, drainage

kanat (-dı) wing (of a bird); wing (of a party)

kanı opinion, view

kanıtlamak prove

kanlı bloody

kano canoe

kanser cancer

kanun law

kanun-i esasi *pol.* constitution

Kanuni *pr. n.* the Lawgiver (Süleyman I)

kanunname code of laws

kapalı shut, closed; covered

kapalı ekonomi closed-market economy

kapamak close, shut

kapasite capacity; ability, capability; volume

kapatmak shut; shut down, close down; suppress

kapı door; gate

kapıcı doorkeeper; maintenance man

kapılmak (*p. of* **kapmak**) be seized/ snatched/ carried off; **(-le)** be deceived/taken in

kaplamak cover over; envelop; include

kaplumbağa turtle; tortoise

kapmak seize; snatch; carry off

kapsamak include; contain; comprise

kapsamlılık comprehensiveness; all-embracing nature

kaptırmak cause *or* permit to seize/snatch/ take in

kâr gain, profit

kâr etmek make a profit

karakol police station

karamsar pessimistic

karanlık *n.* the dark, darkness; *a.* dark

karar decision; resolution; decree

karar vermek decide, make a decision

kararlaştırmak decide, agree on

kararlı determined, resolved, resolute

karartmak blacken, darken

Karayibler The Caribbean

karayolu main road, highway

kardeş brother; sister; sibling

karışıklık confusion, turmoil, disorder

karışmak (-e) meddle (in), interfere (with); become a part (of); be involved (in)

karıştırılma *vn.p.* mixing, (the act/state) of being mixed

karşı *n.* opposite side/direction; *as. post.* **(-e)** opposite to; opposed to; facing; against; to; toward, in contrast to

karşı çıkmak (-e) (*impers.p.* **çıkılmak**) oppose; prepare to oppose

karşı karşıya face to face

karşı karşıya kalmak remain face to face with, confront

karşılamak (*p.* **karşılanmak**) meet; greet; welcome; receive

karşılaşmak (-le) meet, encounter; be confronted (with)

karşılaştırma *vn.* comparison; confrontation

karşılık equivalent; recompense, compensation; return (on investment); **(-e)** in reponse to

karşılık : buna karşılık (but) on the other hand

karşılık vermek make recompsense

karşılıklı *a.* mutual, reciprocal; *adv.* mutually, together; face to face

karşın (-e) in spite of

kart card

kasaba small town, large village

Kasım November

kasıtlı deliberate, purposeful; premeditated

kaşık spoon; spoonful

kat layer, stratum; story, floor; time(s)

kat : bir kat daha still more, even more

katılmak *vp.* (-e) be mixed; be added; be included (in); take part/participate (in); join

katılmayış failure to participate/take part

katkı aid, help; contribution

katkıda bulunmak (-e) contribute, make a contribution (to)

katma *n.* additon; *a.* additional, supplementary

katmak add; mix

kavga quarrel, conflict, fight

kavram concept, idea, notion

kavramsal conceptual, relating to ideas

kavuşmak (-e) reach; attain; obtain

kavuşturmak *vc.* bring together; cause to meet; cause to reach/attain; cause to succeed in getting

kaybetmek lose

kaybolmak be lost/missing; disappear

kaydetmek note; record, write down; enroll

kaygılanmak be worried/concerned/anxious

kayık boat, skiff

kayıp (-ybı) loss

kayıt (-ydı) restriction; record; entry

kayıtsız indifferent; unconcerned; careless; *adv.* unconditionally, without reservation

kaynak fountain, spring; source

kaynak maliyeti prime cost

kaynaklanmak (-den) have (its) source in, be due to

kaynamak boil; *fig.* become a hot spot

kaza accident

kazançlı profitable; with profit, having profited

kazandırmak *vc.* cause to acquire/gain/earn

kazanmak (*p.* **kazanılmak**) acquire; gain; win; earn; *pol.* win over, persuade

kebap (-bı) shish kebab

kebapçı cook and seller of shish kebab

kemakan *archaic* as it was/used to be

kenar *n.* edge, border; rim; *attr.* remote; isolated; peripheral

kenar : bir kenara aside, to one side

kenar mahalle distant (and poor) suburb

kendi, kendisi *refl. and emphatic pron./a.* -self, -selves; own; he, she (TG-U 355-357)

kendine güven self-confidence, self-reliance

kent city, town

kese small bag; money bag; purse

kesenin ağzını açmak prepare/begin to spend money freely, open up (the mouth of) one's purse

kesim shape, form; section; sector

kesin definite; distinct; certain

kesinlik definiteness; finality; certitude

kesit cross section

kesmek cut; cut off; cut into

keşfetmek discover

kez time, occasion

keza also, too, likewise

Kıbrıs Cyprus

kıl hair

kılı kıpırdamamak remain indifferent/ completely unmoved, not to turn a hair

kılmak render, make; perform (ritual worship)

kımıldatmak *vc.* move; shake

kınamak (*p.* **kınanmak**) condemn; censure; blame

kıpırdamak *vi.* stir, move slightly

kırk forty

kırmak (*p.* **kırılmak**) break; crush; destroy

kısa short, brief

kısa görüşlülük shortsightedness

kısaca *a.* rather short; *adv.* shortly, briefly; in short

kısacası in brief, in short

kısım (-smı) part; portion; piece

kısmak (*p.* **kısılmak**) tighten; lessen, reduce; cut down

kısmen partially, in part

kışkırtma *vn.* instigation, incitement; provocation

kışla barracks

kıvanç pride

kıyafet clothing, clothes, dress, attire; costume

kıyas comparison

kıyaslamak (*p.* **kıyaslanmak**) compare

kıyı shore, coast, bank; edge

kıymet value, worth

kıymetini bilmek (-in) value, appreciate, realize the worth of

ki *conj.* that; so that

kilise church

kim who?; whoever

kimlik identity

kimse someone, somebody; person; *(with the neg.)* no one, nobody

kiralamak (*p.* **kiralanmak**) rent; hire

kirletmek make dirty, soil, sully

kirli dirty

kişi person, human being

kişi başına per head, per capita, per person

kişilik personality; of/composed of...persons

KİT *abbr.* **Kamu İktisadi Teşekkülü** State Enterprise

kitap (-bı) book

kitle, kütle mass; great quantity; group

KKTC *abbr.* **Kuzey Kıbris Türk Cumhuriyeti** the Turkish Republic of Northern Cyprus

klasa başa *Ladino* the lower class

koca old, ancient; great, large

koca bebek big baby

kol arm

kollarını açmak welcome with open arms

kolayca easily; quite/fairly easily

kolaylık easiness; convenience; facility

komisyon commission

komite committee

komşu *n.* neighbor; *a.* neighboring, adjacent

komşuluk neighborliness

komünist communist

komünizm communism

konfederasyon confederation

konferans conference

kongre congress

konmak (*p.* *of* **koymak**) be put/placed

konsey (administrative or consultative) council

konsolosluk consulate

kontrol control; checking; auditing

kontrollu controlled

konu theme, subject, topic; matter; issue

konusunda concerning, regarding

konum position, situation; site, location

konuşma *vn.* speaking; talk; discussion; lecture, public speech

konuşmacı speaker; lecturer

konuşmak (ile) talk/speak (with)

konuşulmak *vp.* be discussed/talked about

koparmak break off; detach

kopya etmek copy, reproduce

koreograf choreographer

korkmak (-den) be afraid of, fear

korku fear, dread, anxiety

korkusuz without fear, fearless

korkusuzluk lack of fear, fearlessness

korkutmak frighten; threaten

korsan pirate

koruma *vn.* protection, defense; conserving, conservation

korumak (*p.* **korunmak**) protect, defend; conserve, preserve

korunma *vn.* defense; *med.* prevention; preventive measures

Kostarika Costa Rica

koşmak run

koşturmak make run, cause to run

koşul condition; stipulation

koşullandırmak (*p.* **koşullandırılmak**) condition

kovalamak chase down, try to get

koymak (*p.* **konmak**) put, place; insert

koyulmak (-e) begin, set about to, embark on

koz walnut; *fig.* opportunity; trump, trump card

kökenli of...origin

köklü radical; fundamental, basic

körfez gulf

körüklenmek be fanned into flames; be heated up; *fig.* be encouraged

köşe corner

kötü bad; evil

kötüleşmek deteriorate, become bad/worse

kötülük badness, wickedness

köy village

kredi credit; loan

kritik critical

kriz crisis; *med.* attack

kucak embrace; armful; lap

kucak açmak (-e) welcome/receive with open arms

Kudüs Jerusalem

kulak ear

kulak asmak (**-e**) head, pay attention (to)

kulaktan kulağa by word of mouth, on the grapevine, *lit.* from ear to ear

kullandırmak *vc.* let/make (someone) use

kullanış use; manner/way of using

kullanmak use, employ; make use of; drive (a car)

kurbağa frog

kurma *vn.* the act of establishing/founding/forming

kurmak (*p.* **kurulmak**) establish, found; form; create

kurtarmak save, rescue

kurtulmak escape; be saved; (**-den**) avoid; evade

kurtuluş liberation; independence

kurul committee, council; assembly

kurulu formed, composed

kuruluş formation, foundation; organization; institution

kurum association; society; institution

kuruş piaster, kurus (a Turkish monetary unit)

kuruşluk amounting to...piasters/kurus

kusmak vomit

kusur defect, deficiency, flaw

kuş bird

kuşak sash, girdle; generation

kuşam (*cf.* **giyim**) anything girded around the waist

kutlama *vn.* celebration; congratulation

kutlamak (*p.* **kutlanmak**) celebrate; congratulate

kutu box; can (for canned food)

Kuveyt Kuwait

kuvvet strength; force; power

kuyruk tail; line, queue

kuzey north

Kuzey Kıbrıs Türk Cumhuriyeti the Turkish Republic of Northern Cyprus

kuzeydoğu northeast

küçük small, little

küçümsemek (*p.* **küçümsenmek**) underestimate

kültür culture

kültürel cultural

kültürlü cultured; well-educated

kürsü lectern; chair of study, professorship

küstürmek offend; (**-e**) make angry (at)

kütle, kitle mass; great quantity; group

kütüphane library

L

laf word(s); expression

laik secular

laiklik secularism

lakin but, however

lastik rubber; tire

Latin Amerika Latin America

laubalilik excessive familiarity

Lefkoşe Nicosia (Cyprus)

leh *post. (only with dat. and loc.)* in favor of

levha sign; signboard

liberal liberal

Libya Libya

lider leader

liderlik leadership

lira Turkish pound, lira

liralık worth/amounting to...liras

lisan language

lobi *pol.* lobby; lobbying

lobici *pol.* lobbyist

lobicilik *pol.* lobbying

lokanta restaurant

lomboz porthole

Londra London

Lübnan Lebanon

lüks *n.* luxury; *a.* luxurious, costly

lütfen please

lüzum necessity, need

lüzum bulundurmak make necessary, make into a necessity

M

maalesef unfortunately, with regret

Macar *n.* (a) Hungarian; *attr.* Hungarian

Macaristan Hungary

macera adventure

Maceralar Ülkesi Adventure Land

madalyon medallion

madalyonun bir yüzü one side of the coin/ picture

madde matter; material; article, clause, section

maddi material; physical

mağaza store, shop

mahalle neighborhood; quarter, district

mahiyet true nature, essential character; reality

mahkeme court of law

mahkûm *a.* sentenced, condemned; *n.* convict

makale article (for a newspaper, a magazine)

makam place; office, authority

makas scissors

makina machine, machinery

makina bölümü mechanical engineering department

maksat (-dı) aim, purpose, intention

mal property, possession; wealth; goods, merchandise

maliye finance

maliyet cost

manevi spiritual; moral

manidar meaningful, significant

manken mannequin, manikin; fashion model

mantık logic

mantıki logical

mantıklı logical; reasonable

manzara view, scene, spectacle

marifet skill; unique feature

mark mark (a German monetary unit)

marka make, brand; trademark

Marksist Marxist

marş *mil.* march; *mus.* march, hymn, tune

Mart March

maruf known; well-known

maruz (-e) subjected, exposed; submitted

masa table

masal fairy tale, fable

maske mask

Mayıs May

mazi the past

mecburiyet compulsion; obligation; necessity

meclis assembly; council; *with caps.* (Turkish Grand National) Assembly

meğer ki (+ optative) unless

mekanizma mechanism, apparatus

mektep (-bi) school

mektup (-bu) letter

memalik *archaic pl. of* **memleket** countries, lands

memalik-i Osmaniye the Ottoman Empire

memleket country; home town

memnun satisfied, pleased, content

memnuniyet pleasure; happiness; satisfaction

mendil handkerchief

menfaat advantage, benefit

mensup (-e) *a.* belonging (to); related (to); connected (with); *n.* member; employee; someone connected/affiliated (with)

mensup olmak (-e) be related (to)/connected (with); belong (to); be a member (of)

merak curiosity; deep interest; concern; anxiety

merkez center; headquarters, main office

Merkez Bankası Central Bank

mesafe distance

mesafe almak cover a distance, move ahead

mesaj message

mescit masjid, small mosque (without a pulpit)

mesela for example

mesele problem, question, matter, issue

meslek occupation; profession; trade; vocation

meslek arkadaşı professional colleague

meslek kuruluşları professional organizations

mesuliyet responsibility

meşgul (-ü) (-le) busy; occupied; concerned

meşhur famous, well-known

meşru legal, legitimate; permissible

metalürji metallurgy

metod method

metre meter

metro metro, underground, subway

mevcut existing; present

mevsim season

meydan public square; arena; open space, the open

meydan muharebesi a pitched battle

meydana gelmek occur, happen; come into the open

meydana getirmek bring into existence, create; produce; accomplish

meyve fruit; product; *fin.* profit

mezhebi religious; sectarian

mezhep religious sect; creed; system of thought

mezun (a) graduate

Mısır Egypt

mi/mı/mu/mü *interrogative particle*

miktar amount; quantity

milis militia

millet nation; people; the public

milletlerarası international

milletvekili delegate, member of parliament; representative (of a nation to an international body)

milli national

Milli Mücadele the Turkish National Struggle (for Independence)

Milli Savunma Bakanı Minister of National Defense

milyar billion

milyon million

minik small, mini

misafir guest; visitor

misil (-sli) the like, the equal, as much again

misilleme retaliation

miting meeting; mass meeting, demonstration

model model

modern modern

modernizasyon modernization

monoray monorail

montaj assembly, assembling

Moskova Moscow

motor motorboat

motorcu person who operates a motorboat

muamele treatment; dealing

muamele görmek be treated/handled

muazzam great; tremendous

mucize miracle; wonder

muhabir news correspondent

muhabirlik position of news correspondent

muhafaza etmek protect; preserve, maintain

muhakkak *a.* certain, sure; *adv.* certainly, undoubtedly

muhalefet opposition; *pol.* the Opposition

muhalif *a.* opposing, contrary; *n.* opponent

muharebe battle; war

muhtelif diverse, various

mukayese comparison

mukayese etmek compare

mutlaka absolutely, certainly; unconditionally

mutlu happy

mutluluk happiness

mutsuz unhappy

muvaffak successful

mücadele struggle; fight

mücadele vermek carry on a struggle; fight

mücadeleci fighter; contender

müdahale intervention; interference

müdahale etmek intervene; interfere

müdür director, manager; head

müdürlük directorate; management; head office

müessese organization, institution, establishment

müessir touching, moving; effective; influential

müeyyide *international law* sanction

mühendis engineer

mühim important

mükâfat reward; prize

mükemmel perfect; complete; excellent

mülkiyet ownership (of property); proprietorship

mümkün possible

münasebet connection; relation

müsaade permission, consent

müsaade etmek permit, consent

müsait favorable; convenient; favorably disposed; available

Müslüman *n.* (a) Muslim; *a.* Muslim, Islamic

Müslümanlık Islam; being a Muslim; the Muslim world

müspet positive; affirmative; favorable

müstakil independent, self-governing

müsteşar counselor (in an embassy); permanent undersecretary (in a ministry)

müşteri customer; buyer; client; visitor (to a public place)

mütehassıs specialist, expert

müttefik ally

müttefiklerarası interallied

müzakere discussion, deliberation; conference

müze museum

müzik music

müzikçi musician

N

nakletmek (*p.* **nakledilmek**) carry, conduct, transfer; narrate, relate, recount

nal horseshoe

namaz ritual worship, religious service

nasıl how?; what kind of?

ne what?; which; whatever; how

ne...ne neither...nor

ne olur please!

ne var ki but, however

ne zaman when?

neden *n.* cause, reason; *adv.* why?

nedeniyle because, because of

nedense for some reason or other, somehow or other

nehir (-hri) river

nehir gemisi riverboat

nerede where?

nereden from where?; *(with a following conditional)* from wherever

neredeyse, nerdeyse almost, very nearly, all but

nereye whither, (to) where?

nesil generation; descendants

neşriyat publication

neşriyatta bulunmak publish, engage in publishing

netice result; consequence

nezd...de (nezdinde, *etc.*) near/in/to (the presence of s.o.); in the opinion of; according to

niçin why?

Nijerya Nigeria

nimet blessing; good fortune; kindness; favor

Nisan April

nitekim just as, in just the same way

nitelik status, position; attribute, characteristic; character

nitelikli well-qualified, of high quality

niyetli intending, having the intention

nokta dot; point; item; position

noktalamak (*p.* **noktalanmak**) dot; punctuate; end, terminate

normal normal

not note

not defteri notebook

nüfus population, number of inhabitants; people, persons

nüve nucleus; focus

O

o (on-) *pl.* **onlar** that (those); he; she; it; (they)

objektif objective

Ocak January

odak center; focus, focal point

oğul (-ğlu) son

okul school

okumak read; study

okur reader

okutmak educate, instruct

olağan regular, normal, usual, routine

olağanüstü extraordinary

olanak possibility

olanak sağlamak make possible; facilitate

olanaksız impossible

olası probable; possible

olasılık probability

olay event; occurrence; incident; fact; phenomenon

oldukça rather, fairly, pretty

olmak be; become

olmak üzere being; be on the point of being

olmaz is not possible; doesn't happen

olsa gerek it must be [TG-L 273]

olsun let it be; so be it! all right!

olumlu affirmative; positive

olunmak (*vn.* **olunma**) *impers. p.* become

oluş formation; nature

oluşmak come into being; be formed; **(-den)** consist of, be made up/composed of

oluşturmak form, constitute; produce, create

on ten

onaylamak approve; ratify; endorse

onaylanma *vn. p.* (act of) being approved/ratified, approval

onur honor

opera opera

operasyon operation

optik optic

orada there

oradan from there

oralarda in those parts/places

oran rate; measure; scale; extent

oranla (-e) in comparison (with)

ordu army

organ organ

orman forest; woods

orta *n.* middle, center; *a.* middle, central

ortadan kaldırmak do away with, get rid of, remove

ortadan kaybolmak disappear

ortalarda görünmemek not to be seen in public

ortaya atmak put forward/advance (an opinion)

ortaya çıkarmak produce, create; bring to the fore

ortaya çıkmak appear; emerge; come to light; take place

ortaya koymak put forward; produce; carry out (acts)

ortaçağ the Middle Ages

Ortadoğu the Middle East

ortaokul middle school, secondary school

ortak *n.* partner; associate; *a.* common, communal; collective

Ortak Pazar the Common Market

ortaklık partnership; firm, company, corporation

ortalama *vn.* average, mean

ortam surroundings, environment; *fig.* atmosphere

ortaöğretim secondary education

Osmani *lrnd.* Ottoman

Osmanlı Ottoman

Osmanlılaşmak become Ottoman

otel hotel

otobüs bus

otomobil automobile, car

oturmak sit; live, reside

ova grassy plain; meadow; field

oy vote

oy vermek vote

oyunu kullanmak vote

oyalamak (*p.* **oyalanmak**) divert, distract; detain

oylamak (*p.* **oylanmak**) vote, put to a vote

oynamak play (a game, a role); **(-le)** play (with)

oysa however, yet, but

oyun game; play

oyuncak toy, plaything

oyuncakçı maker or seller of toys

oyuncakçı dükkânı toystore

Ö

öbek pile, heap; group

ödeme *vn.* payment; disbursement

ödemek (*p.* **ödenmek**) pay

ödev duty; obligation

öğrenci student

öğrencilik (state of) being a student

öğrenmek (*p.* **öğrenilmek**) learn; study; get familiar with/accustomed to

öğretim education; teaching

öğretim görevlisi (university) lecturer; education official

öğretmek (*vn.* **öğretme**) teach

öğünmek see **övünmek**

öküzlük acting like an ox; stupidity

ölçü measure; extent, degree

öldürme tehditleri death threats

öldürmek (*p.* **öldürülmek**) kill; murder

ölmek die

ölü *a.* dead; *n.* dead person; corpse; carcass

ölüm death

ömür life

ömür boyu lifetime

ön *n.* front, space in front; *a.* front, foremost

ön ayak olmak be a pioneer/promoter/ initiator

öne koymak (-den) place ahead/ before

öne sürmek put forward (as an excuse, an explanation); propose, suggest

önce *adv.* ago, before; first; early; *post.* **(-den)** before

önceki the previous; the preceding; the former

önceki gün the other day, recently; the previous day

önceleri at first; formerely, previously

öncülük leadership

önem importance; consideration

önem vermek (-e) consider important, emphasize

önemli important; considerable; significant

öneri proposal; project

önlem measure; step; precaution

önlemek avert, prevent; avoid

önüne, önünde *post.* in front of

örgüt organization, association

örneğin for example

örnek example; model; sample; specimen; illustration

örnek davranış model/exemplary behavior

örtmek (*p.* **örtülmek**) cover; veil; shut, close

örtülü covered; veiled; hushed up; covert

öte the farther side; the other side

öte : **bunun ötesinde** beyond this, in addition

öte yandan moreover; at the same time; on the other hand

öteki the other; the other one; the one over there

ötesinde *post.* on the other side of, beyond

ötürü (-den) *post.* because of, on account of

övmek praise, commend

övünmek (-le) take pride (in), be proud (of); brag, boast

öykü short story, folk tale

öyle *a.* such, that kind of; *adv.* like that

öylesine so, so very, to such an extent

öyleyse if so, in that case, if that is the case

öz self; essence; core

özde in essence, essentially, inherently

özel private; personal; special

özel sektör the private sector

özeleştiri self-criticism

özellik peculiarity, characteristic, special feature

özellikle particuarly, especially

özendirici supportive; lending support, encouraging

özendirici önlem incentive

özenmek wish to imitate

özerk autonomous

özet summary; résumé, digest

özetle in brief, in short

özgürlük freedom, liberty

özlem ardent desire; yearning

özveri self-sacrifice

P

pahalı high-priced, expensive, dear

pahalılık expensiveness; skyrocketing/ high prices

Pakistan Pakistan

pakt pact

panzehir antidote, panacea

papa pope

para money; cash

para-kredi loan, lending

paralel parallel

paramparça etmek tear to pieces, break into bits

parça piece; fragment; part

parça parça in bits and pieces; partially, in some parts

park park

parlamenter member of parliament

parlamento parliament

parmak finger

parmakla gösterilmek have great distinction/ prestige; have a prominent role

parti *pol.* party

patlama *vn.* explosion; sudden expansion/ leap forward

patlamak explode, burst; (-e) *colloq.* cost

patlatmak *vc.* cause to explode; *colloq.* cause to rise sharply (of prices)

patron owner, boss; employer

pay share; lot; part; role

paylaşmak (*p.* **paylaşılmak**) share, divide, divide up

pazar bazaar; market; Sunday

pazar günü Sunday

pazarlamacı marketing expert/specialist

pazarlamacılık occupation of marketing

pek very, extremely; very much, a great deal

pekâlâ all right; very well; most certainly

peki all right, very well

pembe *n.* rose color; *a.* rosy, pink

pençe paw; claw; *fig.* clutches, grip

perçinlenmek *vp.* be riveted; be/become rigid

perde curtain

performans performance

-perver *a. suffix* -caring for, -nourishing, -protecting

peş peşe one after another, successively

peşinde *as. post.* following, pursuing (something, someone)

peşinde koşmak follow (in the hope of getting)

peşinden sürüklemek drag along behind oneself/itself

peşine düşmek (-in) pursue/follow up in order to attain

peşkeş çekmek (*p.* **çekilmek**) give away what one has no right to dispose of

petrol petroleum, oil

pırıl pırıl brightly shining, glittering, gleaming

pilav pilaf (boiled rice with meat, raisins, etc.)

pislemek (-e) dirty, soil; relieve oneself

pisletmek make dirty, soil; mess up

pislik filthiness; filth, dirt

piyasa market place; *fin.* market

piyasaya çıkarmak bring into currency; make fashionable

plan plan

planlamak plan (something)

planlı planned

plastik plastic

platform platform

polis the police; policeman

politik political

politika politics; policy

politikacı politician

Polonya Poland

Posta-Gazetesi *the name of a newspaper*

potansiyel potential, potentiality

prof. = **profesör** professor

program program

proje project

protesto protest

protesto etmek protest against

puan mark; point, statistical unit

püskürmek blow liquid from the mouth; spray

R

radikal radical

radyo radio; radio station

rafadan soft-boiled (egg)

rağmen (-e) in spite of, despite

rahat *n.* rest; comfort; *a.* comfortable, at ease

rahatça easily, with ease; comfortably

rahatlık ease; comfort

rahatsız ill at ease; uncomfortable, disturbed, agitated

rahatsız etmek make uncomfortable, disturb, upset

rahatsızlık discomfort, ailment, indisposition

rahatsızlık duymak (-dan) feel anxiety/discomfiture (because of)

rakam number, numeral, figure

rapor report

rapsodi rhapsody

rastlamak (-e) encounter; come across; meet by chance; coincide (with), occur at the same time (as)

rastlanmak (-e) *impers. p.* run across, meet

rastlatış (act of) causing to coincide/take place at the same time

razı pleased, satisfied; willing

reddetmek (*p.* **reddedilmek**) reject, repudiate; disown

reel real

refah prosperity; affluence; comfort, ease

reform reform

rejim regime

rejisör motion picture director

rekabet competition; rivalry

rengarenk colorful; multicolored

renk (rengi) color

renkli colored; colorful

resmen officially

resmi *a.* official

revü *th.* revue; show

roket rocket

rol role

Roma Rome

romans romance

Romanya Romania

röportaj special feature/report/interview (in the newspaper, on radio or television)

rötuş retouch(ing); touch-up job

ruh spirit; soul; essence

Rum Greek (residing in Turkey or Cyprus)

Rumca the Greek language (as spoken in Turkey and Cyprus)

Rusya Russia

rüzgâr wind; *fig.* atmosphere

S

saadet happiness; prosperity

saat hour; watch; clock

saatlık lasting...hour(s)

sabah morning

sabır (-brı) patience, forbearance

saçmak scatter, strew

sadece simply, merely; just; only

sadık faithful, loyal, devoted

safari safari, journey; hunting expedition

sağ *a.* right, right-hand; *n.*, *pol.* the right

sağcı *pol.* rightist; conservative

sağlamak (*p.* **sağlanmak**) ensure, make secure/certain/sure; prove; provide

sağlıklı healthy; *fig.* sound, in good order

saha open space; field; *fig.* sphere, field, domain

sahil shore, coast; bank

sahip (-bi) *n.* owner; one who has/possesses; *a.* (-e) possessing; in possession (of)

sahip çıkmak (-e) claim ownership of; look after; stand as someone's protector/guardian; support, lend support (to)

sahip olmak (-e) possess, own, have

sahiplik ownership; protectorship

sahne stage (of a theater); *fig.* site/setting (of an event)

sakınca objection; drawback; inconvenience

sakıncalı dangerous, perilous

sal raft; coffin

salahiyet, selahiyet authority/right (to do something)

saldırganlık aggressiveness; belligerence

saldırı attack; aggression; offensive

saldırmak (-e) attack, assail

salon living room; lounge

samimi sincere, cordial, genuine

samimiyet sincerity, cordiality

sanat art; skill; craft, trade

sanatçı artist

sanayi industry

sanayici industrialist

sanayileşme *vn.* industrialization

sanayileşmiş industrialized

sandık chest; box; ballot box

sanık suspect, one charged/accused

sanki as if, as though

sanmak think, suppose, imagine

saplamak stick/thrust into

saplanmak *vp.* be thrust into; penetrate/sink into

saptama *vn.* fixing; determining, determination

saptamak (*p.* **saptanmak**) fix; determine; establish

sarfetmek spend (money); expend (effort, time)

satır line (of print/writing)

satmak sell; pass off, foist

savaş war; battle; combat

savunma *vn.* defense; protection

Savunma ve Ekonomik İşbirliği Anlaşması Defense and Economic Cooperation Agreement (DECA)

savunmak defend, protect

saye shade; shadow

sayesinde *as post.* thanks to, because of

sayfa page

saygı respect, esteem; consideration

saygılı respectful, considerate

saygınlıklı respectable; prestigious

sayı number; issue (of a magazine, newspaper)

sayın esteemed, estimable, honorable; *formal* mister, Mr.

saymak (*p.* **sayılmak**) number; *fig.* regard, consider, esteem

sebebiyle because of, on account of, owing to

sebep (-bi) reason, cause

seçenek alternative, option

seçim choice, selection; election

seçkin choice, select; exclusive; elite

seçmek (*p.* **seçilmek**) choose, select; elect

seçmen voter

Sefarad *n.* Sephardic Jew(s), Sephardim; *attr.* Sephardic

sefer trip, journey, voyage; time, occurrence

seferberlik mobilization (as if for war)

SEİA *acron.* **Savunma ve Ekonomik İşbirliği Anlaşması** Defense and Economic Cooperation Agreement (DECA)

sekiz eight

sekreter secretary

sekte interruption; stoppage, cessation

sekteye uğramak come to a halt, cease; be cut back; be interrupted

sektör sector

selam greeting, salutation

selam vermek greet

selamet safety, security; well-being

Selanik Salonika

seminer seminar

sempatik pleasant, congenial, likable, affable

sen *sing.* you

sendika labor union, trade union

sendikacı labor union member, trade-unionist

sendikacılık unionism, trade unionism

sendikal *a.* (relating to a) labor union, trade-unionist

serbest free; independent

serbesti freedom

sergilemek (*p.* **sergilenmek**) exhibit; display; show; perform

seri series

sermaye capital (cash or property)

sert tough, hard; stiff; harsh; severe

servis service

ses sound; noise; voice

seve seve gladly

sevimli attractive, appealing, likeable

sevişmek love each other; make love

sevketmek send, convey

sevmek love; like

seyahat journey, trip, voyage

seyahat şirketi travel agency

seyretmek *vt.* watch, view, look at; *vi.* move, proceed

sıcak hot; warm

sıcakkanlı friendly, genial; warm-blooded

sıcaklık heat, warmth

sıçramak jump, leap, spring

sığınmak (-e) take cover/shelter/refuge (in)

sık *a.* dense; close together; frequent; *adv.* frequently, often

sık dokunmuş tightly woven; *fig.* closely knit

sıkı tight; strict; compact, dense

sıkıntı distress, trouble, straitened circumstances

sıkıyönetim martial law; state of siege

sınav *educ.* examination, test

sınır frontier, border; boundary; limit

sınırlama *vn.* act of limiting; limitation

sınırlamak draw a boundary; set bounds, restrict, limit

sınırlı limited, restricted

sıra row; order, sequence; turn, time

sırada just when, while, as

sırasında in the course of, during

sırt back (of an animal); spine

sırt çantası backpack

sigara cigarette

sigaralık ashtray

sigorta insurance (life-, health-, etc.)

silah weapon, arm(s); armament

silah gücü armed might

silahlı armed

silip süpürmek make a clean sweep of, clean out (the stock of a store)

silmek wipe up/away

simge sign; symbol

sinema motion picture theater, the movies

sinema perdesi movie screen

sinirlenmek become irritable/irritated

SİSAV *acron.* **Siyasi İktisadi ve Sosyal Araştırmalar Vakfı** Political, Economic and Social Research Foundation

sistem system

siyah *a.* black; *n.* Black person

siyasal political

siyaset politics; policy

siyasetçi politician

siyasetçilik politicking

siyasi *a.* political; *n.* politican

Siyasi İktisadi ve Sosyal Araştırmalar Vakfı Political, Economic and Social Research Foundation

siz *pron. sing./pl.* you

Slav Slav, Slavic

slogan slogan

slogan atmak shout slogans

soğuk cold

soğukluk coldness, chill

sohbet conversation, chat, talk

sokak street, road

sokmak (-e) (*p.* **sokulmak**) insert; inject; introduce (into); involve

sol *a.* left; *n., pol.* the left

solunum *n.* breathing, respiration; *attr.* respiratory

somut concrete

somutlaştırmak concretize, give concrete form to

son *a.* last; final; the most recent; *n.* end, conclusion

son derece to the highest degree, extremely

son vermek finish, bring to an end

sonra *adv.* afterwards, later; **(-den)** *post.* after

sonradan later, afterwards, subsequently

sonuç (-cu) result; conclusion

sonuçlanmak come to an end/conclusion; end up

sonuncu last, final

sorgu question; interrogation, examination

sorguya çekmek interrogate, question

sormak (*p.* **sorulmak**) ask, question, inquire

soru question, interrogation

sorumlu responsible, answerable

sorumluluk responsibility

sorun problem, matter, issue

soruşturma *vn.* investigation, inquiry

soruşturmak investigate, inquire into

sosyal social

sosyalist socialist

Sovyet Soviet

Sovyet Sosyalist Cumhuriyetleri Birliği the Union of Soviet Socialist Republics

Sovyetler Birliği the Soviet Union

soydaş compatriot, one of the same nationality/race

soykırım genocide

soyut abstract; intangible

soyutluk abstractness; abstraction

söylemek (*p.* **söylenmek**) say; speak; tell; sing (a song)

söylenti rumor

söyleşi conversation; discussion

söz word; remark, utterance; statement

söz etmek (-den) talk about, discuss; mention

söz konusu matter in question/being discussed; person/thing being talked about

söz sahibi olmak be/become an authority

söz vermek (-e) give one's word, promise

sözcük word

sözcük bilim the science of words, etymology

sözcük öbeği group of words

sözde supposedly, so-called

sözlü oral, verbal

sözünde durmak keep one's word

spor sport, sports

SSCB *abbr.* Sovyet Sosyalist Cumhuriyetler Birliği the Union of Soviet Socialist Republics

staj apprenticeship; period of training

stratejik strategic

su (-yu) water

subay military officer

suçlama *vn.* accusation, charge

suçlamak (*p.* **suçlanmak**) accuse; charge

suçlu *a.* culpable, guilty; *n.* offender, criminal

suikast assassination; assassination plot

sulamak water, irrigate

sunmak (*p.* **sunulmak**) submit, present, offer, put forward

suret form, shape; manner, way; copy

suretiyle by (means of), by (doing something)

Suriye Syria

sus-pus silent, hushed up

susturmak silence, reduce to silence

süper devlet superpower

süpürmek sweep (a place); sweep away

sürdürmek *vc.* continue, carry on (an action); conduct (research, study)

süre period of time, interval; (work) shift

süreç (-ci) process; development

sürekli continuous; continual; ongoing

sürmek (*p.* **sürülmek**) *vt.* drive (a vehicle); drive away, banish; lead (a good life); *vi.* continue, go on; last (of time)

sürü head, flock; gang; crowd

sürü : bir sürü very many, a lot of

sürüklemek (*p.* **sürüklenmek**) drag (on the ground); drag (s.o. against his will)

süslemek decorate, adorn, embellish

sütun pillar; *pub.* column

Ş

şahıs (-hsı) person

şahit witness

şahsiyet personality; personage

şair poet

şantaj [Fr. chantage] blackmail, extortion

şantiyecilik the construction business

şapka hat

şart condition, stipulation, provision

şarttır it is necessary/essential

şaşırmak be surprised/amazed

şayet if

şehir (-hri) city; large town

şekil (-kli) manner, way; form, shape; kind, sort

şeref honor; glory

şerefli honored, honorable, esteemed

şeriatçılık a movement in support of the Shari'a (religious law)

şey thing; object

şeyhülislam Sheikulislam, minister for all religious matters *(Ott.)*

şeytan Satan, the devil

şiddet intensity; harshness; violence, fury

Şii Shiite

şiir poetry; poem

Şili Chile

şimdi now

şimdiki present, of the present time

şirin charming, attractive, sweet, affable

şirket company, firm

şöhret fame; reputation

şöyle *a.* such a, of this/that kind; *adv.* like this/that, in this/that way

şöyle ki as follows; that is to say

şu (*pl.* **şunlar**) *a.*, *pron.* this, that, the following

şuur mind; conscience; consciousness

şüphe doubt; suspicion

şüphesiz *a.* certain, sure; *adv.* certainly, without doubt

T

ta right up to; even until

tabaka layer, stratum; *soc.* class

tabi olmak (-e) be dependent (on), be subject (to)

tabii *a.* natural; *adv.* naturally, of course

tabir word; phrase; expression

tablo picture, painting

tahaküm tyranny, domineering behavior

tahakküm edici tyrannical, domineering

tahammül tolerance; toleration; patience

tahmin conjecture; guess; estimate

tahmin etmek conjecture; guess; estimate

tahrif etmek distort, falsify, misrepresent (the truth, facts)

tahsil education

tahsilli : **yüksek tahsilli** having a higher education

taht *lrnd.* under surface; *as prep.* under

taht throne

takdir appreciation; approval

takdirde in case, in the event that

takım a set/lot/number (of things)

takip pursuit; follow-up

takip etmek pursue; follow; follow up; keep up with, keep abreast of

takmak (*p.* **takılmak**) **(-e)** attach; affix

takviye etmek reinforce, strengthen

talep (-bi) request; demand

talep etmek request; demand

talihsiz unlucky

talihsizlik bad luck, misfortune

talimat instructions, directions

tam *a.* complete; full; perfect; *adv.* completely; fully; perfectly

tamamen completely, entirely, wholly

tane grain; seed; single thing/item

tanıdık acquaintance, person with whom one is acquainted

tanık witness, eyewitness

tanıma *vn.* acknowledgment; *dip.* recognition

tanımak (*p.* **tanınmak**) know; be acquainted with; recognize

tanınmış well-known, famous

tanıtım introduction, presentation; advertising; lobbying

tanıtmak (*vn.* **tanıtma**) introduce, present (someone); advertise, publicize (something)

tank tank

taraf side; aspect; direction

tarafından *designator of agent in a passive construction* by

tarafsızlık neutrality; impartiality

tarım agriculture, farming

tarih date; history

tarihçi historian

tarihi historical, historic

tarihli dated, having the date...

tarihsel historical, historic

tarikatçılık sectarianism

tartışma *vn.* debate, argument; discussion

tartışmak (-le) argue, dispute; have a discussion; size one another up, try each other's strength

tarz manner, way; sort, kind

tasarruf economy; savings, money saved

tasavvuf Sufism

tasvip etmek approve, approve of, sanction

taşımak carry; bear, hold up; bear (a responsibility)

tatbik etmek (-e) carry out, put into effect

tatil holiday, vacation; temporary closure/ cessation

tatminsiz dissatisfied, discontented

tatminsizlik dissatisfaction, lack of satisfaction

tatsız tasteless; disagreeable, unpleasant

tavır manner, mode; attitude

tavır almak take a stand, adopt an attitude

taviz concession

taviz vermek make a concession

tavsiye recommendation; advice

tavsiye etmek recommend; advise

taze fresh; new, recent

T.C. *abbr.* **Türkiye Cumhuriyeti** the Republic of Turkey

tecrit (-di) separation; isolation

tedavi medical treatment

tedavi görmek receive medical treatment

tedbir measure, step, course of action

tedrici gradual

tedvin etmek codify (laws); compile

tehdit (-di) threat, menace

tehdit etmek threaten

tehlike danger, risk

tek single; unique; lone, solitary

tek başına alone, apart, on one's own

tek tek one by one

teknik *a.* technical; *n.* technique, method

teknoloji technology

teknolojik technological

tekrar again, once more

tekrar etmek repeat, do again

tekrarlamak (*p.* **tekrarlanmak**) repeat, do again

tekrarlana tekrarlana repeatedly, over and over again

tekstil textile (industry)

telafi etmek make up for; compensate for; counterbalance

telaşlanma *vn.* (state of) being alarmed/ confused/agitated

telefon telephone

telefon etmek telephone (someone)

teleskop telescope

televizyon television

telkin suggestion; exhortation; admonition

temas touch; contact; dealing(s); communication

temcit (-di) predawn meal during the month of Ramadan

temcit : bir temcit pilavı the same old thing/song, something that grows wearisome with repetition

temel *n.* foundation, basis; principle; *a.* fundamental, basic; principal

temenni desire, heartfelt wish

temennide bulunmak wish, desire

temin etmek assure, ensure; obtain

temiz clean; pure

temizlemek (*vn.* **temizleme**) clean, clean up; clear away

temizlik cleanliness

Temmuz July

temsil representation; performance

temsil etmek represent

temsilci representative; agent

Temsilciler Meclisi (U.S.) House of Representatives

tencere saucepan

tepe hill; summit; peak; top

tepki reaction, response; negative reaction; opposition

tercih preference

tercih etmek prefer

tercihan preferably

tercüman interpreter; translator; *(capitalized)* the name of a Turkish newspaper

terim term, technical word or expression

terk-i diyar abandonment of the country, leaving the land

terketmek abandon, desert, relinquish; leave, quit

terör terror; terrorism

terörist terrorist

terörizm terrorism

ters back/reverse (of something); opposite

ters dönmek lose one's bearings, go wrong

tersine çevirmek turn inside out; turn back, reverse

tersyüz etmek turn inside out

tertemiz spotlessly clean, sparklingly clean

tesbit = **tespit**, *q.v.*

tesir effect; impression; influence

tesis establishment; institution, association; facility

teslim ediş way of delivering/surrendering/handing over

tespit etmek establish, fix; edit critically

test test

teşebbüs undertaking; initiative; attempt

teşebbüste bulunmak take the initiative; concern/involve oneself

teşekkül association; organization; enterprise

teşkil formation; organization

teşkil etmek form; constitute

teşvik encouragement; *pol.* incitement

teşvik edici encouraging, giving encouragement; inciting

tez thesis

tıp (tıbbi) the science of medicine

ticaret trade, commerce

ticari commercial, (relating to) trade

tilki fox

tip type, sort, kind

tişört T-shirt, tee shirt

titiz fastidious, scrupulous; finicky; hard to please

titizlik fastidiousness, scrupulousness, meticulousness

tiyatro theater

TL *abbr.* **Türk lirası** Turkish lira

tohum seed

top gun, cannon; *sp.* ball

toplamak collect, gather, bring together, accumulate

toplanmak *vn.* assemble, come together, gather; be gathered/gathered in

toplantı meeting; gathering

toplu *a.* collected, gathered; collective; *adv.* collectively, as a member of a group

topluluk community; society

toplum community; society

toplumbilimci sociologist

toplumsal social, societal, relating to society

toprak earth, soil; ground; land; territory

tören ceremony; ceremonial

Trablus Tripoli

trafik traffic

Trakya Thrace

tramvay streetcar, tramcar

tren train

tropikal tropical

turist tourist

turistik *attr.* tourist-

turizm tourism

turizmcilik the tourism industry

tutar total, sum

tutarlı consistent, coherent; balanced

tutmak *vt.* hold; hold on to; keep, retain; capture; catch, seize; restrict, limit; *vi.*, *fig.* catch on, become popular/acceptable

tutuklamak (*p.* **tutuklanmak**) arrest, take into custody

tutun (-den) = *imperative of* **tutmak** *as post.* from; beginning with, starting with

tuvalet toilet

tükenmek be used up, come to an end; die out

tüketim *econ.* consumption

tüketim maddeleri consumer goods

tüm *a.* whole; entire; total; all; *n.* the whole of

tümen great quantity; *mil.* division

tümenlik having/consisting of...divisions

tünel tunnel; *as a proper noun* the name of an underground railway in Istanbul

tür kind, sort; category; *art.* genre

Türk *n.* (a) Turk; *attr.* Turkish

Türk lirası Turkish lira

Türk Sanayiciler ve İşadamları Derneği Turkish Industrialists' and Businessmen's Association

Türkçe Turkish, the Turkish language

Türkistan Turkistan

Türkiye Turkey

Türkiyeleşmek become Turkish, adopt Turkish habits

Türklük quality of being a Turk; the Turkish community

Türkolog Turkologist

Türkoloji Turkology

türkü folk song

türlü kind, sort, category

türlü : **bir türlü** *(with neg.)* not at all, on no account

TÜSİAD *acron.* **Türk Sanayiciler ve İşadamları Derneği** Turkish Industrialists' and Businessmen's Association

tütün tobacco

U

uçak airplane

uçan fil flying elephant

uçmak fly

ufak small, little; minor, trifling

ufuk (-fku) horizon

uğramak (-e) touch (at); visit; drop in (on); encounter; meet; suffer (a loss)

uğraşmak struggle, exert oneself; **(-le)** be occupied (with), be engaged (in)

uğratmak cause to encounter; make undergo; subject; expose

ulaşım transportation, transport

ulaşmak (-e) reach, arrive at

ultramodern ultramodern

ulus nation, people

ulusal national

uluslararası international

uluslararası hukuku international law

Uluslararası **Para Fonu** the International Monetary Fund (IMF)

umde *n.* principle

umumi general, common; public

umursamazlık unconcern, indifference

unutmak forget

unutulmaz unforgetable

usta master (of a trade or craft)

uşak male servant; shop assistant; underling; puppet

utanç (-cı) shame; modesty

utanç verici shameful, which produces shame

uyanmak wake up; *fig.* become aware of what is going on

uyarı warning; caution

uydulaşma *vn.* (state/act of) becoming a satellite nation, satellization

uygar civilized

uygulama *vn.* putting into practice, application, implementation

uygulamak (*p.* **uygulanmak**) carry out, put into effect/practice, apply

uygun (-e) suitable, appropriate, fitting; in accord (with); conforming (to)

uymak (-e) comply with; conform to; follow

uyumak sleep; be asleep; go to sleep

uyumlu harmonious, concordant; congenial

uyutmak (*p.* **uyutulmak**) put to sleep; deceive, beguile

Uyuyan Güzel Sleeping Beauty

uyuz *n.* itch; mange; *attr.* mangy

uzak far, distant, remote

uzaklaştırmak remove, take away; drive away, banish; displace

uzama *vn.* prolongation, extension in time

uzay outer space

uzay bilim space science

uzlaşmak come to an understanding/agreement; compromise

uzlaşmaz uncompromising, unyielding

uzman expert, specialist

uzun long

uzun vadeli long-term

Ü

ücret wage, salary; price; fee

üç three

üç boyutlu *a.* three-dimension

üçte bir one-third

üçüncü third

ülke country, political state

ümit hope

ümit verici hopeful, *lit.* hope-giving

üniversite university

ünlü famous, celebrated

üretim production

üretmek (*p.* **üretilmek**) produce

ürkek timid, fearful

ürün product; produce

üs (-ssü) base, basis; *mil.* base

üst *n.* upper surface, top; *a.* uppermost; highest

üstünde *as. post.* on; on top of; above

üstelik in addition, furthermore

üstünlük superiority, preeminence

ütopik utopian

üvey not related by blood, step-

üvey anne stepmother

üye member (of a group)

üyelik membership

üzere *following an infinitive* on, upon; on the point of, about to; for the purpose of

üzerine *as post.* on, onto; upon; after, following; against; on the subject of

üzülmek be upset/distressed/saddened

üzüntü distress, sorrow, anxiety

V

vadeli maturing at a certain date

vadeli : uzun vadeli long-term

vahşi wild; savage

Vahşi Batı the Wild West

vaka event; occurrence; *med.* case

vakıf (-kfı) pious foundation; foundation

vakit (-kti) time

vali governor (of a province, a state)

valilik governorship

var existent; it exists; there is/are

var olmak be, exist

varana değin up to, including

varılmak *impers. p.* be arrived at/reached

varlık existence; presence; wealth; *pl.* **varlıklar** assets

varmak (-e) arrive at; reach; attain

varsıl rich, wealthy

Varşova Warsaw

vasıta means; agency; intermediary, go-between

vatan one's native country, fatherland

vatandaş citizen; fellow citizen, compatriot

vazgeçilmez indispensable; essential, necessary

vazgeçirmek cause to give up/abandon/ discontinue; dissuade; deter

vazgeçmek (-den) give up, abandon; discontinue; renounce

vazife obligation; duty; responsibility; job, employment

vaziyet position; condition, state; situation

vaziyet alış position taking, taking of sides

vb. *abbr.* **ve başkaları, ve benzerleri** and so forth, etc.

ve and

vebal (-li) sin; (evil) consequences (of an evil action)

vefakârlık loyalty, faithfulness

vergi tax

verici *n.* giver; *a.* giving

verimli productive; efficient, effective; fruitful

vermek (*p.* **verilmek**) give, give out

vermek : ver elini so then I went to...; and then I'll go to...

vesile means; pretext; opportunity

veya or

vikaye protection

Viyana Vienna

vurgulamak accentuate, stress, emphasize

vurmak (*vn.* **vurma**; *p.* **vurulmak**) strike, hit; beat; shoot

Y

ya well then, so, what about; *particle used to express strong emotion*

ya or

ya...ya either...or

yabancı *a.* foreign, alien; *n.* foreigner; stranger

yabancı sermaye ortaklığı foreign equity/capital partnership

yabancılaşma *vn.* alienation, estrangement

yağ oil

yağdırmak cause to rain down/shower; **(-e)** heap (upon)

yağmalamak (*p.* **yağmalanmak**) loot, plunder, pillage

Yahudi *n.* Jew; *attr.* Jewish

Yahudice the Jewish language; *(in some contexts)* Ladino

yahut or

yaka collar

yakası açılmadık hidden, concealed; unheard of

yakalanmak be seized/caught; *med.* **(-e)** be infected (with), contract (a disease)

yakın (-e) near; close

yakın zaman recently

yakında soon; nearby

yakından closely; from nearby

yakınlaşma *vn.* drawing near; drawing closer, rapprochement

yakınlık nearness, closeness; sympathy, rapport

yakıt fuel (for heating)

yaklaşım approximation; approach (to a problem)

yaklaşık *a.* approximate; *adv.* approximately

yaklaşmak approach, come near

yakmak (*p.* **yakılmak**) burn, set on fire

yalan *n.* lie, falsehood; *a.* false, untrue

yalı waterfront house/mansion

yalnız only; however

yan side; aspect; feature

yan : bir yandan...öte yandan on the one hand...on the other hand

yana olmak (-den) be on the side of, support

yanaşmak (-e) draw near (to); accede (to), be willing to agree (to)

yandaş supporter, advocate; partisan

yanında at the side of, beside; besides, in addition to; in the presence of; in comparison with

yanıt answer, reply

yanıt vermek (-e) make a reply (to), give an answer (to)

yani that is, that is to say, i.e.

yanlı (-in) advocate/supporter/adherent (of)

yanlış *n.* error, mistake; *a.* wrong, incorrect, erroneous; false

yanlışlık error, mistake; erroneousness

yansımak be reflected; echo

yansıtmak reflect; echo (sound, words)

yapay artificial, synthetic

yapı building, edifice; structure, build, construction

yapısallaştırma *vn.* structuring

yapıt work (of literature, art)

yapma *vn.* (act of) making/doing; *a.* artificial, imitation; feigned; fake

yapmak (*p.* **yapılmak**) make, do

yaprak leaf

yaptırmak *vc.* have...done/made, cause to make

yaramak **(-e)** be useful/good

yaramak : **işe yaramak** be useful/serviceable/of use

yararlanmak **(-den)** benefit/profit (from); make use (of)

yararlı beneficial, useful, effective

yarasa *zoo.* bat

yaratık creature, living thing

yaratmak create; produce, make

yardım help, assistance

yardımcı helper; assistant, aide; deputy; vice-

yargı *n.* decision; judgment; *a.* judicial

yargılamak (*p.* **yargılanmak**) *leg.* try (someone, a case)

yarı *n./a.* half

yarı yarıya in half; by half, by fifty-percent

yarıya indirtmek have...lowered to half-mast

yarım *a.* half

yarın tomorrow

yarış competition; race

yarışmak compete; **(-le)** race against (each other)

yasa law

yasadışı illegal, unlawful

yasak *n.* prohibition, ban; *a.* prohibited, forbidden, banned

yasaklamak forbid, prohibit, ban

yasal legal, lawful, legitimate

yaslanmak **(-e)** lean (against); rely (on)

yaş age

yaş günü birthday

yaşam life; lifetime

yaşam sürmek lead a life

yaşama *vn.* life, living

yaşamak *vi.* live; dwell; exist; *vt.* live through, experience

yaşanmak, yaşanılmak *impers. p.* live; be lived through, be experienced; take place, happen

yaşatmak cause to live; keep alive

yaşlı old, aged, elderly

yatak bed; riverbed

yatırım investment

yatırım malları capital goods

yatırımcı investor; depositor

yatmak lie; lie down; go to bed

yavaş slow

yavaş yavaş slowly; gradually

yavaşlamak slow down, become slow

yaygın widespread; worldwide; extensive; prevalent

yayılma *vn.* expansion, spread, diffusion

yayılmak *vp.* be spread, be spread out; be scattered, be dispersed

yayımlamak (*p.* **yayımlanmak**) publish; broadcast

yayın publication; broadcast

yayınlanmak = **yayımlamak**, *q.v.*

yaz summer

yazar writer; author

yazı piece of writing, (written) article

yazık a pity; a shame

yazılı written; in written form

yazıvermek write quickly, dash off

yazmak write

yegâne single, sole, unique, only

yeme *vn.* eating; food

yemek eat

yemek food; meal; dish

yemin oath

yemin etmek swear, take an oath

yeni *a.* new; recent; *adv.* recently

yeni yeni only recently; just

yeniden again, anew; from the beginning

yeniden yapısallaştırma restructuring

yenilemek renew; renovate

yenilme *vn.* being defeated; defeat

yenilmek be defeated/overcome; succumb (to a disease)

yepyeni brand-new, completely new

yer earth; ground; floor; place; position; space, room

yer almak (-de) be involved (in); be located/situated/have a place (in); appear (in)

yerinde suitable, to the point, on the mark, correct

yerine *as. post.* instead of, in place of; in its place

yerine getirmek do, accomplish, fulfill; carry out (an order, a responsibility)

yerleşik settled, established, stable

yerleşmek settle down; become established, take root

yerli local; locally produced, domestic

yeter enough, sufficient

yeteri kadar adequately, to a sufficient degree

yeterince enough, adequately, sufficiently

yeterli sufficient, adequate; competent

yeterlilik sufficiency; competence

yetersiz insufficient; unqualified, incompetent

yetinmek (-le) be satisfied/contented (with); content oneself (with)

yetiştirmek *vc.* (*p.* **yetiştirilmek**) get (someone/something) to a place on time; train; educate; develop

yetki authority, delegated power

yetkili *a.* authorized; having authority; *n.* (an) official, a responsible authority

yetkisiz not having authority; unauthorized

yetmek be sufficient/enough, suffice

yığın heap; crowd; mass (of people)

yığmak (*p.* **yığılmak**) collect in a heap, pile up

yıl year

yıllar yılı for years and years

yıldız star

yıldönümü anniversary

yılgın intimidated, cowed

yıllık ...years old; for/lasting...years

yırtmak rip, tear up, tear to pieces

yine again, once again; still

yirmi twenty

yirminci twentieth

yitirmek lose

yiyecek *a.* edible; *n.* food

yoğun thick, dense; intense

yoğunlaşmak become dense, thicken; be concentrated; intensify, become intense

yok it does not exist; there is/are not

yok olmak die out, disappear, vanish

yok yok there is nothing at all lacking, there is everything

yoklama *vn.* examination; inspection; survey

yoksa or; or else, otherwise; if not

yoksulluk poverty, destitution

yol road; path; way; means, medium; method

yol açmak (-e) open the way, cause, bring about

yola çıkmak set out on a path/journey; *fig.* set out, start

yolcu traveler, passenger

yolsuzluk corruption

yolunda to the effect that, in the sense that; on the way to, en route to

yoluyla by way of, via; by means of

yorum interpretation; comment

yorumlamak comment on; interpret; explain

yön direction; quarter; side; aspect

yönelik (-e) directed/aimed (at); devoted (to)

yöneliş direction, course; moving towards

yönelmek (-e) head towards, turn towards; move in the direction of

yöneltmek direct, turn towards, steer towards

yönetici director, manager, administrator

yönetim government; regime; administration; management, direction

yönetmek direct, control, manage, administer

yönetmen director, manager; director (of a theatrical production)

yönlenmek (-e) be directed/steered/oriented (toward)

yönlendirmek (*p.* **yönlendirilmek**) direct, steer, guide; conduct (policy)

yöntem method, way; technique; procedure; system

Yugoslavya Yugoslavia

yukarı *n.* upper part; *adv.* upward, up

yukarıda, yukarda above; upstairs

yumurta egg

Yunan Greek, Grecian

Yunanca Greek, the Greek language

Yunanistan Greece

Yunanlı *n.* (a) Greek

yurt (-du) homeland, fatherland, native country

yurttaş citizen; fellow countryman, compatriot

yüksek high

yüksekokul institution of higher learning

yürümek walk, go for a walk; *fig.* proceed, go on

yürütmek cause to walk; carry out, put into effect, apply

yürüyüş walking; walk, stroll; (protest) march

yüz face

yüz hundred

yüzde + *[a number]* ...percent

yüzünden *as post.* because of, on account of

yüzyıl century, 100 years

Z

zaman time; when

zaman : bir zamanlar once, at one time, formerly

zaman zaman from time to time, occasionally

Zambiya Zambia

zarar damage; harm; injury

zarar çekmek suffer harm

zarar vermek damage; harm; injure

zaten as a matter of fact, in any case, anyway

zayıf weak

zayıflatmak weaken

zekâ intelligence

zenci Black person, Negro

zengin rich, wealthy

zerre atom; minute particle; trace

zevk taste; pleasure, enjoyment; preference

zırhlı battleship

zihniyet mentality

zikretmek mention; cite

zil bell

Zimbabve Zimbabwe

zira because

ziraat agriculture, farming

zirve peak; summit

ziyaret visit

ziyaret etmek visit

ziyaretçi visitor

zor *n.* force; compulsion, obligation; *a.* difficult; hard; *adv.* with difficulty, barely

zorunda olmak have to, be obliged/ forced to

zorlama *vn.* coercion, force, compulsion

zorlamak (*vn.* **zorlama**) coerce, force; put pressure on, press

zorlayıcı coercive

zorluk difficulty

zorluk çekmek experience difficulty

zorunlu obligatory, compulsory, essential